LA TROISIÈME GUERRE MONDIALE A COMMENCÉ

Laurent ARTUR DU PLESSIS

La Troisième Guerre mondiale a commencé

Jean-Cyrille Godefroy

Je remercie cordialement mon ami Francis Gelin (FirstQuant Systems@wanadoo.fr) pour l'aide précieuse qu'il m'a apportée dans la rédaction de la partie économique et financière de cet ouvrage.

12, rue Chabanais, 75002 Paris
ISBN : 2-86553-158-9

Introduction

Le retour de l'Histoire

L'attentat du 11 septembre 2001 contre les Twin Towers *et le Pentagone a déclenché le processus infernal de la Troisième Guerre mondiale. Il a brisé le rêve de paix universelle né de la chute du Mur de Berlin en 1989. Et consacré le retour de l'Histoire, qui est d'essence tragique.*

APOCALYPSE NOW

« *Islamabad et Karachi rayées de la carte par des bombes atomiques indiennes* » : PPDA ouvre le jité de 20 heures sur cette annonce sépulcrale, prononcée sur un ton précipité qui lui est tout à fait inhabituel. Le présentateur-vedette de TF1 semble frappé de stupeur. Il marque une pause, tout en compulsant fébrilement des dépêches étalées devant lui.

Levant les yeux de ses dépêches, PPDA, essayant de retrouver un peu ses esprits, explique que l'Inde a lancé il y a quelques minutes une bombe atomique sur Islamabad, la capitale du Pakistan, et Karachi, le plus grand centre industriel du pays. «*Nous aurons des précisions d'une minute à l'autre,* ajoute PPDA. *Nous vous tiendrons informés tout au long de la nuit. On s'attend à une prompte riposte atomique pakistanaise. Nous essayons en vain de joindre Arlette Michaud, notre correspondante permanente à Islamabad. Silence complet à Islamabad. Islamabad ne répond plus* ».

PPDA a les larmes aux yeux : à l'évidence, il ne se fait pas d'illusion sur le sort d'Arlette Michaud.

Maintenant, il se lance dans un bref historique : putsch militaire à Islamabad il y a trois semaines portant les intégristes au pouvoir ;

imprécations menaçantes du nouveau président, contre l'Inde et l'Occident ; panique à New Delhi, obsédée par l'arsenal atomique pakistanais ; forte inquiétude aussi dans les capitales occidentales.

Surgissant derrière PPDA, une jeune fille pressée lui tend une dépêche qu'il lit d'un trait. Il s'emballe à nouveau. « *Une dépêche de l'agence Reuter vient de tomber à l'instant,* dit-il : *selon certains milieux proches de la présidence américaine, les États-Unis seraient sur le point de prêter main forte à l'Inde contre le Pakistan, leur ancien allié devenu leur ennemi depuis la récente destitution du président Musharraf. Pour l'instant, la Maison Blanche ne fait aucun commentaire* ».

PPDA égrène solennellement les réactions des capitales étrangères, au fur et à mesure que tombent les dépêches d'agences. Le monde est en état de choc. Partout en Occident commencent à se former des cortèges de pacifistes. Et en terre d'Islam s'organisent des manifestations de soutien au Pakistan : elles font le siège des ambassades indiennes et américaines. Ceux des régimes non-intégristes encore en place n'osent pas les réprimer, de peur d'irriter encore plus « leurs » fanatiques islamistes. Et de subir le même sort que l'ex-président Musharraf, lynché par une foule ivre de colère.

Ces gouvernements plus ou moins favorables à l'Occident se sentent dans une position très précaire. L'attaque de l'Irak par les États-Unis et leurs alliés occidentaux ainsi que l'invasion par Israël de l'ensemble des territoires palestiniens ont exacerbé la fureur des foules musulmanes. Ce qui a eu pour effet l'arrivée au pouvoir des intégristes dans plusieurs pays, notamment en Jordanie, en Égypte, en Syrie et au Liban. Avec tous les risques de contagion que cela comporte.

Autour de PPDA prennent place des spécialistes de politique étrangère et des généraux à la retraite invités à analyser la crise en cours. La discussion s'engage sur les forces militaires en présence. Qui aura la victoire ? L'Inde, sans doute, beaucoup plus puissante que le Pakistan, démographiquement (960 millions d'habitants contre 145 millions), économiquement et militairement.

Cette fois-ci, c'est un jeune homme qui apporte précipitamment une nouvelle dépêche : « *On apprend à l'instant qu'une riposte atomique pakistanaise a frappé New Delhi,* s'écrie PPDA, tout en lisant la dépêche. *La capitale de l'Inde serait détruite. En outre, l'Iran, allié du Pakistan, vient de lancer un ultimatum à l'Inde.* »

Brouhaha sur le plateau.

« *Le conflit monte en puissance*, reprend PPDA. *Quel est le climat à Washington ? Nous avons en ligne Christian Robert, notre correspondant permanent là-bas.* »

Apparaît le visage de Christian Robert, privé de sa jovialité habituelle. Il annonce que le président Bush est sur le point de faire une déclaration en direct. Aussitôt, le chef de la plus puissante nation du monde se campe sur les écrans de télé, contracté et solennel derrière son bureau. Il appelle l'Inde et le Pakistan à cesser les hostilités. Mais il dénonce aussi l'intégrisme islamique, « *fléau de l'humanité* », et met en garde « *les Fous d'Allah, qui sèment le chaos et la terreur* ». Le masque empreint d'une énergie guerrière, il prévient que l'Amérique, « *animée d'une volonté sans faille, se tient prête à toute éventualité. Que ses ennemis le sachent : elle ne faiblira en aucun cas.* » Il annonce que l'armée des États-Unis est en état d'alerte maximum.

La brève allocution du président américain prend fin et Christian Robert rend l'antenne à Paris.

PPDA reprend la parole sur un ton enflammé :

« *L'on vient maintenant d'apprendre que la ville pakistanaise de Lahore a été détruite par le feu nucléaire hindou. Et voilà que tombe une nouvelle dépêche : cette fois-ci, c'est Bombay qui a été ravagée par une bombe atomique pakistanaise. Le riposte pakistanaise ne s'est donc pas fait attendre longtemps. Entre l'Inde et le Pakistan, c'est la montée aux extrêmes. Ce conflit intervient dans un contexte international déjà extrêmement tendu : aussi risque-t-il de s'étendre rapidement à d'autres pays. L'heure est gravissime.* »

Les dépêches continuent de pleuvoir : violents affrontements conventionnels entre les armées indienne et pakistanaise ; sévère mise en garde adressée par la Chine à l'Inde (sa rivale en Asie), la sommant de stopper sans délai « *son odieuse agression, faute de quoi elle prendra les mesures qui s'imposent* », et autre avertissement, adressé cette fois par la Russie (alliée de l'Inde) au Pakistan ; montée en puissance des manifestations pro-pakistanaises dans le monde arabo-musulman où agonisent les derniers régimes pro-occidentaux ; mise à feu et à sang de grandes villes européennes par des émeutes islamistes d'une violence sans précédent ; avertissement lancé par l'État hébreu aux pays arabes voisins : si ceux-ci l'attaquent, Israël utilisera sans hésiter l'arme atomique contre eux.

Le monde franchit une étape décisive dans l'escalade vers un embrasement planétaire, dont chacun pressent qu'il est imminent.

Cette scène anticipée de la Troisième Guerre mondiale s'inscrira bientôt dans la réalité. Sans doute pas tout-à-fait à l'identique : peut-être sera-ce le Pakistan qui attaquera le premier l'Inde. Peut-être aussi Israël aura-t-il précédé l'Inde et le Pakistan dans l'emploi de l'arme atomique contre ses propres voisins. Quoi qu'il en soit, ce conflit indo-pakistanais aura lieu, avec emploi de l'arme atomique. L'irrésistible ascension de l'intégrisme islamique en aura été le détonateur, comme au Moyen-Orient. Ces affrontements entre États s'étendront par effet domino à l'ensemble de la planète. La Troisième Guerre mondiale battra alors son plein.

Aujourd'hui, serait-il possible de bloquer l'engrenage de cette Troisième Guerre mondiale ? Non, personne n'en a le pouvoir, pas même le président des États-Unis, pour peu qu'il soit conscient du danger. Les processus psychologiques à grande échelle qui travaillent sourdement l'humanité dans ses profondeurs depuis plusieurs décennies et ont été accélérés par le 11 septembre, ne sont pas maîtrisables par ses dirigeants, aussi visionnaires puissent-ils être. « *Ca tombe toujours par là où ça penche* », avait coutume de dire la grande historienne Annie Kriegel.

Le monde est un haut-fourneau porté au rouge. Des tensions énormes s'y accumulent. Elles exploseront sous peu. Le pire est certain.

Le surgissement de l'irrationnel

Le 11 septembre a stupéfié l'Occident, qui ne pensait pas les terroristes islamistes en mesure de frapper en plein cœur son Saint des Saints : New York. Mais très vite on s'est rassuré : après tout ce ne sont que des terroristes. C'est-à-dire un ramassis de vains marginaux, de grands aliénés mentaux, de recalés du mondialisme réfugiés dans le délire mystique, qui donneront certes beaucoup de fil à retordre : le combat contre ces fanatiques suicidaires sera long, coriace, c'est entendu. Mais de là à penser que leurs agissements puissent déclencher une Troisième Guerre mondiale, non. Tout cela restera une affaire de services secrets, de spécialistes des coups tordus agissant dans l'ombre. Et quelquefois aussi de frappes au grand jour, mais très localisées, comme en Afghanistan.

D'ailleurs, l'idéologie dominante en Occident répudie l'idée même de Troisième Guerre mondiale. La chute du Mur de Berlin semblait assurer le triomphe de la pensée rationaliste d'Auguste Comte, polytechnicien-philosophe du XIXe siècle, qui influence l'Occident depuis 150 ans.

Auguste Comte, né en 1798, grandit au milieu des guerres napoléoniennes qui faisaient suite à celles de la Révolution de 1789. Traumatisé par ces hécatombes, il fut très tôt soucieux de « *terminer l'époque révolutionnaire... en faisant converger les esprits vers une doctrine unique* » : le positivisme ; c'est-à-dire de réorganiser la société en faisant de la politique « *une science positive et physique* ».

Cela lui semblait tout à fait possible, parce qu'il pensait que l'humanité comme l'individu, passe par trois étapes. La première, théologique et militaire, est caractérisée par une explication imaginative et surnaturelle des phénomènes. Cela s'exprime dans le fétichisme, puis le polythéisme et enfin le monothéisme. En somme, des fantasmagories pures et simples, au nom desquelles on s'étripe sauvagement. Pas question de quelque science que ce soit à ce moment-là. La deuxième étape est métaphysique et légiste : ce n'est qu'une simple modification de la première, dont les agents surnaturels sont remplacés par des forces abstraites, des entités. Évidemment, il y a encore beaucoup de délire là-dedans. Enfin, survient le stade positif et industriel où les hommes, renonçant à chercher les causes profondes et l'essence des choses, se contentent de découvrir par l'observation et le raisonnement les lois effectives qui régissent les faits. Là, ça y est : l'esprit humain ne prend plus des vessies pour des lanternes, il ne se disperse plus en vaines élucubrations. Il est arrivé à maturité, il s'occupe de questions sérieuses. Ainsi, tout peut et doit être géré rationnellement, les hommes comme les choses : c'est le «*positivisme scientiste*». Afin que s'étende à toute l'humanité une prospérité génératrice d'une paix universelle et définitive. Le monde tout entier sera alors baigné d'une morale ayant pour devise : «*L'Amour pour principe, l'Ordre pour base et le Progrès pour but*».

Auguste Comte était le rejeton d'une prestigieuse lignée de rationalistes. Dont un gentilhomme de la petite noblesse française du XVIIe siècle, René Descartes, militaire, philosophe et savant, fut le père fondateur : il était convaincu qu'il suffit de «*bien juger*» pour «*bien faire*». Et il considérait la morale comme la branche la plus élevée de l'arbre unique de la connaissance.

Un continuum court de Descartes à Comte en passant par le Siècle des Lumières, et se prolonge jusqu'à aujourd'hui, imprégnant la philosophie pratique, les sciences sociales. Et toute la vision occidentale du monde. Mais des voix discordantes se firent entendre, comme celle du sociologue Max Weber, qui en 1919, au lendemain des boucheries insensées de la Grande guerre, proclamait «*l'impossibilité de se faire le champion de convictions pratiques au nom de la science*». Pourquoi ? Seule «*la discussion des moyens nécessaires pour atteindre une fin fixée au préalable*» relève de la raison scientifique. Mais pas la fin elle-même, car «*divers ordres de valeurs s'affrontent dans le monde en une lutte inexpiable*».

L'effondrement de l'Union soviétique, provoqué par l'écrasante supériorité du libéralisme économique américain, mit un terme à la Guerre froide avec son équilibre de la terreur : voilà qui semblait donner raison à Auguste Comte. En 1989, porté par l'optimisme ambiant, un universitaire américain, Francis Fukuyama, se taillait un succès international en constatant «*La Fin de l'Histoire*» et le règne de l'hégémonie bienveillante de la démocratie américaine : l'Amérique ne se connaît plus d'ennemis, l'ère des grands conflits a pris fin. L'humanité s'achemine vers un gouvernement mondial à base de démocratie, de libre-échangisme et de droits-de-l'hommisme. C'est du positivisme scientiste pur sucre.

Dans l'euphorie du moment, Israéliens et Palestiniens signaient les accords d'Oslo : la paix au Moyen-Orient devenait inéluctable.

À ce moment-là, tout commentateur prétendant que l'application de ces accords deviendrait impossible à cause de l'inexorable montée de l'intégrisme islamique passait pour un pessimiste forcené et absurde.

Mais « *l'Histoire arrive sur des pattes de colombe* », disait Nietzche.

La décennie quatre-vingt-dix vit l'ascension des intégristes barbus dans le monde arabo-musulman. L'Occident ne s'en inquiétait pas. Ce qui l'intéressait, c'était la santé de l'économie, faiblissante à partir de 91, et en voie de prompt rétablissement dès 95 grâce à la révolution de la net-économie. La marche comtiste du monde reprenait donc, avec quelques accrocs : krach boursier de 98, dégonflement de la net-économie.

Les intégristes islamiques ? Comme leur influence grandissait de-ci de-là, l'Occident faisait des affaires avec eux. D'autant qu'ils sévissaient généralement dans des coins riches en pétrole et en gaz : Maghreb, Golfe persique, Caucase, Asie mineure. Les Américains (et beaucoup d'Européens aussi) étaient donc leurs alliés. Ils finançaient sans états d'âme les talibans afghans massacreurs de femmes adultères ou réfractaires au port du voile islamique, pour obtenir le droit de faire passer un pipe-line à travers l'Afghanistan vers la mer d'Oman. Ils flirtaient avec le GIA égorgeur d'enfants, pour mettre la main sur le pétrole et le gaz algériens sans être fâcheusement dérangés. Ils aidaient aussi les fanatiques islamistes en Afghanistan, dans les Balkans, en Tchétchénie : tout ce qui était mauvais pour les Russes et permettait de rafler « leur » pétrole et leur gaz (situés dans leurs chasses gardées du Caucase et de l'Asie centrale) était bon pour l'Amérique. Les décideurs occidentaux pensaient qu'il n'est pas de dirigeant islamique, si fanatisé soit-il, que l'ouverture à son intention d'un compte en banque aussi discret que bien garni dans une banque offshore ne puisse ramener progressivement à des vues plus aimables.

Certes, Ben Laden prenait l'habitude de mordre la main qui l'avait nourri en Afghanistan du temps de la guerre contre les Russes : il multipliait les attentats anti-américains, notamment contre le croiseur USS Cole à Aden et les ambassades américaines de Nairobi et Dar es-Salam. Mais cela concernait plus les services secrets américains que le grand public, assez indifférent à ces événements, pourvu que l'économie tourne rond et que les marchés financiers soient euphoriques. Aussi la Maison Blanche ne voyait-elle dans ces attentats terroristes rien qui pût remettre en cause sa stratégie d'alliance avec l'Islam, même dans ses formes les plus outrées.

En l'espace de vingt minutes, le 11 septembre, l'Histoire, qui s'était donc approchée silencieusement sur ses pattes de colombe, retrouva soudain tous ses droits : elle déboulait à grand fracas sur les *Twin Towers* et le Pentagone, faisant voler en éclat le grand rêve comtiste de paix universelle, au nom d'une pensée identitaire et religieuse digne de l'archaïque période théocratique et militaire de l'humanité (c'est-à-dire la première, celle marquée par les bouffées délirantes, évoquée par Auguste Comte). Tout cela sous la houlette d'un personnage surprenant, dont les masses occidentales découvrent soudain l'existence : Oussama Ben Laden, ce milliardaire saoudien issu des meilleures universités, qui fréquenta dans sa jeunesse les boîtes de nuit branchées mais préféra ensuite les rigueurs du combat intégriste islamique à la jouissance tranquille de son immense fortune. Ses kamikazes eux aussi sont, pour la plupart, gens éduqués, diplômés, ne manquant de rien et capables de s'intégrer parfaitement à la vie occidentale avant de se jeter, rasés de près, sur un gratte-ciel aux commandes d'un avion de ligne.

Ne se laissant pas démonter par tant de bizarrerie, la pensée dominante a posé d'emblée un dogme : ces intégristes islamiques constituent une espèce tout à fait étrange et belliqueuse, soit. Mais ils n'expriment pas l'Islam dans son ensemble, ils n'en sont que l'écume vénéneuse et éphémère. Rien à voir avec l'écrasante majorité des musulmans modérés qui, eux, maintiendront toujours en lisière ces desperados et resteront accrochés à l'idéal comtiste de l'Amour, de l'Ordre et du Progrès. Il n'y a aucun conflit de civilisation entre l'Occident et l'Islam qui, par une bonne et saine coopération, viendront finalement à bout de ces intégristes islamistes en proie à la déraison.

Certains comparent ces derniers aux nihilistes russes du XIXe siècle, qui luttaient pour détruire le tsarisme sans souci de le remplacer par un ordre nouveau. C'est une façon de se rassurer : en effet, ce ne furent pas les étudiants nihilistes ivres de vodka et saisis par le vertige du vide, mais les froids stratèges marxistes-léninistes aux idées nettes et précises, qui se saisirent du pouvoir en 1917. Ces derniers luttaient méthodiquement contre l'ordre tsariste en ayant à l'esprit une vision « *constructive* » de ce qu'il faudrait mettre à la place : la dictature du prolétariat.

C'est une erreur de croire qu'à l'instar des nihilistes russes, les intégristes islamistes soient dépourvus d'un projet de remplacement et voués eux aussi à demeurer des marginaux.

Ces intégristes islamistes adeptes d'une interprétation littérale du Coran, la pensée dominante, sous ses différentes facettes, ne les imagine pas du tout étendre leur influence sur l'ensemble du monde arabo-musulman. Et s'y emparer des appareils d'État, avec leurs armées, leurs arsenaux, leurs armes bactériologiques et chimiques, financés par l'argent du pétrole et de la drogue, pour les lancer contre l'Occident. La pensée dominante estime impossible que ces « *barbus obscurantistes* » soient en mesure de déclencher une Troisième Guerre mondiale, c'est-à-dire un conflit dépassant le cadre terroriste, dans lequel s'entrechoqueraient selon une ligne de clivage l'ensemble des États existant sur la planète.

La pensée dominante reste donc sereine. Les forces du Progrès veillent. Le positivisme scientiste triomphera.

LES CIVILISATIONS, CHAUDRON
DE LA TROISIÈME GUERRE MONDIALE

Chapitre I

Le remplacement des luttes idéologiques par le choc des civilisations

Il y a choc des civilisations. Comme en témoigne, à partir des années quatre-vingts, la montée des fondamentalismes islamiste et hindouiste et la « réindigénisation » *du monde. Les deux civilisations universalistes, l'Occident et l'Islam, s'affrontent, déclenchant ainsi la Troisième Guerre mondiale.*

Le Citoyen du monde nez au vent

Le Citoyen du monde se promène donc, le nez au vent.

Ce loisir, jadis réservé à une élite, est chose commune depuis la dernière guerre mondiale. Et confirmée par la chute du Mur de Berlin. À la fin des années quatre-vingts, l'affaire était entendue : le monde s'ouvrait en son entier à tous les zéphyrs de la fraternité. Hormis quelques poches belliqueuses et anachroniques, qui sont à la guerre ce que le taux incompressible de demandeurs d'emploi est au chômage : une fatalité résiduelle qui n'empêche pas la marche du Progrès. Le Citoyen du monde pourrait désormais baguenauder partout, même en Chine populaire. En short ou en costume de yuppie, il était maintenant en mesure d'accéder à tous les recoins de la planète, à toutes les civilisations.

Celles-ci, d'ailleurs, perdraient de leur sens, elles feraient figure d'anachronismes charmants, de curiosités touristiques, de particularismes folkloriques qu'il serait tout de même dommage de voir disparaître, sous peine de périr d'ennui. Tourisme et affaires : voilà, pour l'éternité, les maîtres de l'Univers. Un gouvernement mondial finirait bien par consacrer tout cela, comme un mariage le fait d'un concubinage prolongé. Ce qui éliminerait alors tout risque de Troisième Guerre mondiale, et assurerait à la Raison une victoire totale et définitive...

Ben Laden, le 11 septembre 2001, brisa soudain les rêves du Citoyen du monde. New York, « la Grosse pomme », la Tour de Babel des temps modernes, avec ses yuppies, ses *workalcoholics*, ses pacifistes, ses branchés, ses décontractés, en est toute retournée. Jusqu'à huer le charmant Richard Gere venu faire sa énième conférence sur le bouddhisme devant des jeunes quelques semaines après le 11 septembre. Le Dalaï Lama n'y fait plus recette. La non-violence est devenue exaspérante, tout d'un coup. Une sainte colère s'est emparée des New-Yorkais, et de tous les Américains. L'Amérique frappe sur les boucliers de guerre, comme une tribu franque se préparant au combat.

Voilà le Citoyen du monde déboussolé. Devant lui se lèvent des murailles bien étranges à ses yeux : celles des civilisations. Il connaissait le rideau de fer, celui de la Guerre froide, mais pas ces obstacles grandioses venus du fond des âges, c'est-à-dire d'une bande dessinée. Personne ne l'avait mis en garde contre ce phénomène étonnant. Toujours est-il que sa liberté de mouvement est sérieusement entravée. Veut-il flâner au pied des pyramides égyptiennes, sur l'île tunisienne de Djerba ou dans les rues moyenâgeuses et pittoresques de Sanna au Yémen ? Il y renonce désormais, craignant d'être kidnappé ou égorgé, ainsi que sa compagne et ses enfants, par des intégristes islamiques qui le considéreraient comme un « *infidèle* ».

Il y a quelques années, il ne se posait pas ce genre de questions. Rien de ce qui était humain ne lui était étranger. Maintenant, il se rabat prudemment sur un pré carré touristique circonscrit aux Amériques, à l'Europe (hors les Balkans) à l'Australie, à l'Extrême-Orient non-musulman. Surtout, éviter tout ce qui est terre d'Islam.

Le Citoyen du monde le sent bien, la planète se charge en électricité : conflit israélo-palestinien, renvoyant les accords d'Oslo au musée des antiquités, guerre d'Irak, face-à-face indo-pakistanais ressemblant à celui de deux coqs de combat, terrorisme islamique un peu partout...

Cependant, le Citoyen du monde ne veut pas penser à la Troisième Guerre mondiale. L'esprit humain se persuade volontiers que ce qui a été sera : c'est la réplication du schéma précèdent.

Dans les années 1780, c'est pareil : personne ne se doute qu'en 1789 éclatera, dans la douce et paisible France, première puissance mondiale de l'époque, une révolution qui enflammera l'Europe jusqu'en 1815. Personne, à commencer par ceux qui la feront, cette révolution, les Robespierre, les Danton... En 1787, un voyageur anglais faisant son tour de France consigne dans son carnet que la monarchie française vivra mille ans encore. Au soir du 14 juillet 1789, alors que la forteresse de la Bastille vient d'être prise d'assaut par des émeutiers, le débonnaire roi Louis XVI résume la journée dans son journal quotidien par ce seul mot : « *rien* ».

Juillet 1914 : l'été est somptueux, les femmes plus ravissantes que jamais, la France rayonne d'insouciance. C'est la Belle Époque. Aucune menace de guerre en vue. Seule ombre au tableau : l'assassinat de l'archiduc d'Autriche, François-Ferdinand, le 28 juin dernier, à Sarajevo, capitale de la lointaine Bosnie, par un jeune nationaliste serbe. Pas de quoi fouetter un chat : une crise balkanique de plus, c'est tout. Une affaire interne à l'empire des Habsbourg. La France et l'Allemagne n'ont rien à voir là-dedans. Cette crise balkanique n'est pas la première. En 1912-1913, il y en a eu une d'apparence autrement sévère, décomposée en deux phases appelées « guerres balkaniques ». La première de ces deux guerres a sévi en 1912, opposant victorieusement la Bulgarie, la Serbie et la Grèce à l'Empire ottoman dont elles s'emparent des dépouilles balkaniques. Après quoi, se jugeant lésée lors des partages territoriaux, la Bulgarie déclenche « la Seconde guerre balkanique » en se retournant contre ses anciens alliés.

Plus loin dans le temps, en 1911, une gravissime crise franco-allemande fit trembler l'Europe, celle d'Agadir. Une canonnière allemande, la *Panther*, était venue mouiller imperturbablement dans ce port marocain, narguant la France. Qui considérait le royaume chérifien comme sa chasse gardée, et surveillait depuis plusieurs années d'un œil sévère les tentatives allemandes d'y organiser un soulèvement contre elle. Cette fois encore, on n'était pas passé loin d'une guerre franco-allemande.

Et la crise de Tanger... Le 31 mars 1905, l'empereur Guillaume II vint au Maroc faire une déclaration pour affirmer, contre l'influence française, la souveraineté du Maroc. Pour le coq gaulois, un affront intolérable ! Mais, le clash franco-allemand tant attendu ne se produisit pas : l'année suivante, la conférence d'Algésiras, plaçant le Maroc sous contrôle des puissances européennes, mit fin à la crise.

Toutes ces crises ont fini par blaser les esprits européens. Alors, un conflit de grande envergure maintenant, à l'été 1914, à cause de l'assassinat de cet archiduc d'Autriche empanaché comme un geai ? Personne n'y songe.

Mais cette fois-ci, ce ne sera pas comme les fois précédentes : le 28 juillet, l'Autriche-Hongrie, en déclarant la guerre à la Serbie, met en mouvement un catastrophique mécanisme d'alliances internationales. Dès le lendemain, la Russie, alliée de la Serbie, décrète la mobilisation générale. Elle se précipite ainsi parce qu'il lui faut trois semaines pour mobiliser, vu l'immensité de son territoire et la rareté de ses chemins de fer. Et elle ne veut pas être prise de court face à l'Autriche et risquer d'être envahie par elle. Voyant la Russie mobiliser, l'Allemagne mobilise à son tour le 1er août et le soir même lui déclare la guerre. Ce même 1er août, la France, pour ne pas être en reste face à l'ennemi teuton, bat le rappel des troupes. Et le surlendemain reçoit la déclaration de guerre de l'Allemagne, qui a déjà allègrement violé la neutralité belge. Le 4 août, la Grande-Bretagne, alliée de la France, ne peut pas faire autrement que de déclarer la guerre à l'Allemagne.

Cette guerre qui démarre à un moment imprévu, les opinions publiques la prévoient courte et joyeuse. *« À Berlin dans trois semaines »* crient les soldats français qui s'engouffrent d'un cœur léger dans les trains à destination du front. Les Teutons, eux, s'imaginent à Paris dans le même délai. Les deux camps voient cette guerre à l'image de l'affrontement franco-allemand de 1870, qui fut bref. Personne ne pressent que ce conflit durera quatre ans, qu'il sera mondial (l'Italie entrera en guerre en 1915, les États-Unis en 1917) et qu'il sera suicidaire pour l'Europe qui en sortira saignée à blanc.

Lorsque prend fin l'insondable cauchemar de la Première Guerre mondiale, tout le monde en est sûr : c'est *« la der des der »*.

Vingt ans après, tout recommence. La Seconde Guerre mondiale (qu'il faut rebaptiser deuxième, puisque la troisième a commencé) survient au moment où les craintes s'apaisent : quand Hitler émet des prétentions sur la Pologne, les opinions publiques française et anglaise s'inquiètent beaucoup moins qu'au moment de la crise précédente, celle de Munich ; la Pologne, ce n'est après tout qu'une crise de plus, qui sera dénouée elle aussi, et la guerre n'aura pas lieu.

C'est également ce que s'imagine Hitler. Son ministre des Affaires étrangères, Ribbentrop, l'a persuadé qu'il pouvait attaquer la Pologne, en jurant ses grands dieux que les Britanniques n'entreraient pas en conflit. D'autant que le même Ribbentrop venait de signer le pacte germano-soviétique, rendant l'URSS complice des mauvais coups de l'Allemagne. Le 1er septembre 1939, sans déclaration de guerre, Hitler lance ses troupes à l'assaut de la malheureuse Pologne. Quelle n'est pas sa surprise, quand la Grande-Bretagne et à sa suite la France, lui déclarent alors carrément la guerre : ça s'était bien passé pour lui lorsqu'il avait réoccupé la Rhénanie, donné un coup de main à Franco durant la guerre d'Espagne, intégré l'Autriche au Reich (*Anschluss*), et avalé la Tchécoslovaquie. Alors, pourquoi ces démocrates, jusque-là résignés, prennent-ils le mors aux dents, tout d'un coup ? « *Alors, maintenant, que fait-on ?* », dit Hitler en se tournant, furieux, vers Ribbentrop, lorsque tombe la déclaration de guerre britannique. Là encore, la réplication du schéma précédent a sévi, favorisée par des apparences trompeuses : au fur et à mesure que le nazisme s'installait en Allemagne, avec ses pompes, ses autels et ses orateurs possédés comme des tragédiens du XIXe siècle, les démocraties le prenaient pour un phénomène anachronique et carnavalesque qui ne durerait pas longtemps.

Les mêmes attitudes se répètent aujourd'hui. Dans les années quatre-vingts, disent les optimistes, la première guerre du Golfe, qui a opposé l'Irak à l'Iran, et fut une des plus meurtrières de la seconde moitié du XXe siècle, n'a pas dégénéré en Troisième Guerre mondiale. Pas plus que la seconde guerre du Golfe, mettant l'Irak aux prises avec une coalition dirigée par les États-Unis. Ou que les guerres de Yougoslavie. Pourquoi voudriez-vous que les tensions indo-pakistanaises, ou l'actuelle guerre en Irak, enflamment l'ensemble de la planète ? Et, tout comme l'émergence du nazisme, celle de l'intégrisme islamique n'a pas été prise au sérieux tout au long des années quatre-vingts et quatre-vingt-dix. Celui-ci, avec ses imams barbus, ses moudjahidines en djellabas et ses invocations à Mahomet, ressemblait à une carte postale exotique. Il apparaissait comme un phénomène anachronique, passéiste, ne pouvant pas connaître une destinée ample et durable.

Les classes dirigeantes actuelles ne sont pas plus lucides que celles qui les ont précédées. Les hommes en vue, les spécialistes de la politique, pondérés et raisonnables, ne parlent pas de Troisième Guerre mondiale. À l'instar de Talleyrand, ils enseignent que *« tout ce qui est excessif est insignifiant »*.

Dans les années trente, les Chamberlain et autres Daladier tenaient, eux aussi, des propos très lénifiants. Pourtant, Chamberlain, dont le nom est devenu synonyme de naïveté politique, était ce que le Royaume-Uni faisait de mieux en matière de gentleman surdoué et surdiplômé. En cette période, ceux qui sentaient venir la catastrophe, les Churchill, les de Gaulle, ne pouvaient pas se faire entendre, eux. Ils passaient pour des excessifs et des illuminés.

Winston Churchill, duc de Malborough, était une destination touristique pour jeunes gens de grande famille américaine faisant leur voyage initiatique en Europe. Ce vieil aristocrate alcoolique et fauché passait pour un *has been* de la politique, racontant ses pittoresques aventures de correspondant de guerre en Égypte en 1898, où il avait participé à une charge de cavalerie, et en Afrique du sud pendant la guerre des Boers : il s'était évadé d'une prison afrikaner. Sa carrière politique avait connu son apogée de 1911 à 1915, où il avait été Premier lord de l'Amirauté.

À ce moment-là, personne ne se doutait que Churchill avait son avenir devant lui : il deviendra Premier ministre du Royaume-Uni en mai 40, à soixante-six ans, et il jouera un rôle clé durant la Deuxième Guerre mondiale.

Et Charles de Gaulle ! Cet officier écrivait des livres (*« Vers l'Armée de métier »*, *« Au Fil de l'épée »*) qui se vendaient très mal (environ 3000 exemplaires) malgré de grandes qualités de style et de lucidité. Pendant ce temps, certains de ses camarades de promotion de Saint-Cyr faisaient des carrières plus brillantes. De Gaulle avait bien fini par se faire de relations dans les milieux politiques de la IIIe République, mais il passait le plus souvent pour un songe creux obsédé par ses théories sur les chars. Un de ses professeurs de l'École de guerre, agacé, lui avait trouvé des allures de *« roi en exil »*. On ne lui prédisait pas un parcours grandiose. Son livre sur l'armée de métier, qui mettait l'accent sur l'arme blindée et fut très apprécié de Guderian, théoricien militaire allemand d'avant-garde, inspira à un journaliste français ces lignes mémorables : *« On est gêné pour apprécier avec la courtoisie qu'on voudrait, des idées qui avoisinent l'état de délire. Disons simplement que monsieur de Gaulle a été devancé, il y a nombre d'années, par le père Ubu »*.

Le père Ubu deviendra le chef de la France libre, puis le fondateur et président de la Vème République. Il sera un géant de l'Histoire, lui aussi, comme Churchill.

Ces deux visionnaires savaient prendre du recul.

Ses fonctions d'officier du temps de paix laissaient à de Gaulle des loisirs pour la méditation, la lecture et l'écriture. Parmi ses auteurs favoris, figurait le philosophe Henri Bergson, qui privilégiait le rôle de l'intuition dans la pensée. Winston Churchill, lui aussi, lisait, méditait et écrivait beaucoup, et avec talent. En 1953, il reçut le Prix Nobel de littérature. C'était un passionné d'histoire générale, et d'histoire des civilisations. Il connut une traversée du désert : de 1929 jusqu'à la Seconde Guerre mondiale, il ne joua plus de rôle politique officiel. Mais il ne cessa pas de s'informer sur la marche des événements, mettant à contribution les relations qu'il avait conservées dans les milieux dirigeants.

Churchill et de Gaulle savaient qu'une nation doit être constamment sur ses gardes, qu'elle n'est jamais définitivement à l'abri de périls parfois aussi déroutants par leur soudaineté que par leur provenance. C'est une vérité que le 11 septembre a brutalement rappelée aux dirigeants occidentaux.

Mais cette Troisième Guerre mondiale, le Citoyen du monde ne la discerne pas. La vie internationale, pense-t-il, s'est émaillée d'institutions de concertation, de dialogue, de coordination dans les domaines politiques, économiques, sociaux : l'ONU, le Fonds monétaire international, la Banque mondiale, etc. Et outre, Internet crée une explosion des échanges individuels. Tout cela semble constituer autant de garde-fous mettant la planète sous le contrôle de la raison.

Mais c'est une illusion. Le psychanalyste Lacan disait : « *La scène de l'Histoire est la scène de l'inconscient* ». Cette scène-là n'est pas gouvernée par la raison. Le psychanalyste suisse Karl Jung, disciple de Freud, et le médecin et sociologue français Gustave le Bon, mirent en évidence la force torrentielle des pulsions collectives.

La planète est un haut fourneau qui vomit deux guerres mondiales le siècle dernier, alors qu'il était en moindre surchauffe que maintenant. Comment les températures actuelles, sans précédent, dues à la surpopulation et au mondialisme ne déclencheraient-elles pas la troisième ?

Les physiciens emploient l'expression « *milieux instables et chaotiques* ». Un exemple : une casserole d'eau sur le feu. La température de l'eau s'élève progressivement jusqu'à 99°, sans que l'eau change d'état, elle ne cesse pas d'être de l'eau. Seulement, ses molécules s'agitent de plus en plus, ce qui se traduit par un frémissement grandissant. Ensuite, la température de l'eau gagne un degré supplémentaire, passant à 100°. Soudain, l'eau commence à changer d'état, se transformant en vapeur. Cette soudaine transmutation résulte de ce que les physiciens appellent un effet de seuil, ou bien une percolation. Ce phénomène est universel. Dans la première étape d'un incendie de forêt, quelques arbres brûlent ça et là, le feu ne se propage que lentement. Mais la température ambiante monte, jusqu'au moment où soudain, tous les arbres de la forêt s'embrasent.

L'humanité est elle aussi un milieu instable et chaotique. En ce moment, plus que jamais, parce que la température monte un peu partout. Et le 11 septembre 2001, s'est produit l'effet de seuil : la Troisième Guerre mondiale a commencé.

Elle exprime l'essence tragique de l'Histoire, faite de la confrontation belliqueuse des contraires. En aucun cas éternelles, les périodes de paix ne sont que des intermèdes entre les guerres. Et sont ensemencées par elles : vecteurs de civilisation, les guerriers ouvrent la voie à la cohorte des industrieux (agriculteurs, artisans, commerçants, artistes, intellectuels...). Les guerres agissent sur les civilisations comme les incendies sur les prairies et les forêts, qui reverdissent après leur passage.

La « paix romaine », génératrice d'un formidable développement économique, culturel et artistique, fut imposée d'une main de fer par les Romains à des zones immenses qu'ils avaient préalablement conquises par la force impitoyable de leurs légions.

Les Vikings, qui terrorisèrent les côtes européennes aux VIIIe et IXe siècles en débarquant de leurs drakkars pour piller les monastères, fondèrent en Normandie une colonie de peuplement : l'arrivée de leurs guerriers précéda celle de leurs artisans, de leurs commerçants et de leurs administrateurs. De cela naquit ce que les historiens appelleront le miracle culturel normand.

Un phénomène identique se reproduisit en Angleterre. Guillaume le Conquérant, duc de Normandie conquit l'Angleterre saxonne en emportant la victoire à la bataille d'Hastings (1066). Il réprima ensuite les tentatives de révolte en anéantissant de nombreux villages, femmes et enfants compris. Mais il donna à l'Angleterre l'élite dirigeante et l'ossature institutionnelle qui fondèrent sa puissance.

Ailleurs, le génie de l'organisation des Vikings fit également merveille : une de leurs tribus, les Varègues, fonda la Russie, et les Normands bâtirent le royaume de Sicile, après avoir chassé les occupants musulmans de l'île. Ces deux régions prospérèrent sous la férule de ces hommes du Nord, administrateurs avisés et commerçants habitués à importer et exporter très loin. Ceci grâce à l'efficacité du drakkar, qui fait figure, aujourd'hui encore, d'exploit technologique : ce bateau est le seul au monde capable de naviguer aussi bien en haute mer (dans l'Atlantique) que dans des rivières peu profondes. Les drakkars les plus grands avaient des capacités d'emport considérables : ils convoyaient chevaux ou bœufs.

Même les conquêtes de Gengis Khan eurent elles aussi certains effets positifs. Ce chef d'une tribu mongole parmi d'autres, perdue dans des immensités herbeuses, se rendit maître de toute la Mongolie en 1206, et construisit ensuite en une vingtaine d'années un empire s'étendant de la Chine à la Volga. Au prix d'atrocités à très grande échelle, comme l'édification de pyramides constituées des crânes des vaincus. Quand était annoncée l'approche des troupes mongoles, un tel effroi hérissait le poil des populations qu'elles en perdaient leur force combattive, assurant par avance la victoire des envahisseurs : la force souveraine de la terreur... Les invasions mongoles firent régresser les civilisations chinoise et islamique, mais elle profitèrent aux nations turco-mongoles : Gengis Khan, brute sanguinaire venue des steppes de Mongolie, fit appel à des lettrés (bouddhistes notamment) pour créer un gouvernement équitable et une bonne administration.

Un gouvernement équitable ? Cela paraît incroyable, mais Gengis Khan présentait son œuvre de destruction et de terreur comme celle d'un justicier guidé par un sévère moralisme : « *Le ciel,* disait-il, *s'est lassé des sentiments d'arrogance et de luxe poussés à l'extrême par la Chine. Moi, je demeure dans la région sauvage du Nord, où l'homme a des dispositions qui empêchent les convoitises et les désirs de prendre naissance ; je reviens à la simplicité et je retourne à la pureté* ». Pureté, que de crimes on commet en ton nom...

Cependant, Gengis Khan eut le mérite d'unifier l'Asie, préparant un siècle de paix, et favorisa l'ouverture de routes commerciales vers l'Extrême-Orient dont profitèrent les Européens. Le commerçant vénitien Marco Polo, accompagné de son père et de son oncle, put ainsi entreprendre un voyage qui, à travers la Mongolie le mena en 1275 jusqu'à la lointaine Cambaluc (aujourd'hui Pékin). « *Le Livre des Merveilles du monde* » qu'il écrivit à son retour, raconte son long séjour à la cour du grand Khan Kubilaï, dont il avait capté la confiance. À tel point que ce dernier l'avait envoyé en mission dans ses territoires. Grâce à l'Empire mongol, Venise établit des circuits commerciaux jusqu'en Chine, ce qui accéléra encore la fabuleuse croissance économique (déjà dopée par les croisades) de cette ville patricienne de marchands et de banquiers, ouverte à la fois sur l'Orient et sur le monde germanique. Venise la Sérénissime et la richissime fit profiter de son dynamisme commercial l'Europe, dont elle devint un des hauts lieux culturels. Aux yeux de l'historien, un fil d'Ariane relie en quelque sorte les instincts de conquête de Gengis Khan, qui fit ses débuts comme cruel petit chef de tribu mongole, aux splendeurs de Venise.

Les agressés d'aujourd'hui sont souvent les agresseurs de jadis. Les Saxons, vaincus par les Normands à Hastings, avaient été cinq siècles auparavant les affreux qui, à partir du continent européen, multipliaient les raids sur les autochtones celtes, une peuplade appelée les Bretons. Les envahisseurs Saxons n'y allaient pas de main morte, massacrant, violant et pillant sans retenue. Mais, vers l'an 500, un chef militaire breton, Arthus, prit en main la situation, regroupa les tribus désunies, et infligea avec brio défaite sur défaite aux Saxons. Les chaleureux bardes gallois qui enchantaient les veillées de leurs histoires merveilleuses ne tardèrent pas à en faire un héros de légende, dont s'inspirèrent des auteurs de chroniques. Au XIIIe siècle, tout cela donnait naissance en France à la fameuse légende du roi Arthur et des chevaliers de la Table ronde, qui symbolise les idéaux de la chevalerie moyenâgeuse.

La ville ô combien vulnérable de Rome au Ve siècle, successivement conquise et pillée par le Wisigoth Amalric (410) le Vandale Genséric (455) et Odoacre, roi des Hérules (476), n'était plus celle qui, pendant des siècles, avait envoyé ses légions lui tailler un empire dans les territoires de ce qu'elle appelait « *les Barbares* ». Ces mises à sac successives de Rome allaient consacrer la chute du très vieil Empire romain d'Occident, bientôt remplacé par un monde nouveau.

Les Maures austères et farouches passant en 711 le détroit de Gibraltar sous la conduite de Taricq et déferlant sur l'Espagne, étaient bien différents des musulmans esthètes et raffinés de Grenade succombant en 1492 à la Reconquista.

La guerre renverse la table à jeux, refondant les économies, les sociétés, les civilisations. Elle revient constamment sur le devant de la scène. « *Pas un siècle,* écrit Charles de Gaulle, *ne s'est écoulé sans que le monde ait reçu plusieurs fois la détestable visite de la guerre. Pas une nation n'a pu naître, grandir, vieillir, mourir en paix. Hélas ! l'histoire des hommes est celle de leurs armes* ». Il résume par une de ces formules dont il avait le secret : « *l'épée est l'axe du monde* ».

Même le monde de la préhistoire obéissait à cette loi d'airain. Selon certains paléontologues, il y eut au Moyen-Orient et en

Europe une longue explication entre le massif homme de Neandertal, autochtone de longue date, et l'homo sapiens, plus délié, qui venait occuper les lieux. L'affaire se régla à coup de massues, de haches et de lances. Les deux camps se lancèrent dans une course aux armements acharnée, perfectionnant sans cesse leur matériel. Ils allèrent jusqu'à aménager des grottes en ateliers de fabrication d'armes. Cette formidable compétition guerrière stimula les cerveaux, au point d'engendrer un bond en avant culturel, attesté par la sophistication croissante des armes, des ustensiles et des œuvres d'art produits durant cette période. Homo sapiens, plus subtil et créatif, et mieux apte à l'action de groupe, emporta une victoire totale sur ce pauvre bougre de Neandertal, provoquant sa disparition pure et simple. Disparition accélérée par le refroidissement climatique, raréfiant les forêts chères à Neandertal. Son intelligence insuffisamment agile ne lui permit pas de s'adapter en développant de nouvelles techniques de chasse. Il se réfugia dans les forêts subsistantes, qui diminuaient comme peau de chagrin.

Ce sont là des paradoxes très douloureux, que le Citoyen du monde n'a pas eu l'occasion d'apprendre dans ses consoles de jeux électroniques, ses *reality shows* et ses *bizness plans.* Ni dans l'idéologie soixante-huitarde, qui s'ébat dans les verts paradis de la pensée enfantine, où l'utopie est systématiquement mise en avant comme solution aux grands problèmes de l'humanité.

Mais, si les leçons du passé lui sont inconnues, le Citoyen du monde ne jouit quand même plus de la parfaite tranquillité d'esprit qui était naguère la sienne.

Le venin du doute s'insinue en lui.

Non pas dans les canaux tracés au cordeau de sa raison, qui est la partie consciente de son esprit, celle du néo-cortex, de la « matière grise », hypertrophiée chez l' homo sapiens. Mais dans les profondeurs obscures et mystérieuses de son système limbique, son cerveau primitif, celui de l'émotion, hérité des animaux. Qui avertit du danger avant que l'intellect ne se doute de quelque chose.

Ce cerveau limbique est actuellement en surchauffe dans les profondeurs de l'humanité, travaillée par les démons de la haine et de la guerre. Comme avant 1914 et 1939. Les contaminations à grande échelle ne sont pas que microbiennes. Jung parlait du « *danger monstrueux d'épidémie spirituelle* ». Le cartésianisme n'a aucune prise sur ces folies collectives. « *La confrontation avec l'ombre,* écrit Jung dans son ouvrage Mysterium conjonctionis, *n'est pas une affaire anodine que l'on puisse régler avec la « raison ». L'ombre est le primitif qui vit et opère encore dans l'homme civilisé, et notre raison, fruit de la civilisation, ne signifie rien pour elle. (...) La raison est sans prise sur la conception primitive de l'ombre, même chez les hommes les plus intelligents* ».

Cette ombre, cette part obscure de l'esprit, Jung dit qu'elle « *réclame ses moyens, qui se sont concentrés dans les religions* ». C'est le cas, plus que jamais, avec la montée des fondamentalismes religieux dans le monde depuis les années quatre-vingts. Quand ces raz-de-marée se déclenchent, « *l'honnête homme* », prévient Jung, » *(...) a besoin d'aide car la raison se dérobe. Dans de telles situations, en effet, il s'avère que ce qui est raisonnable est ce que monsieur x, y, z déclarent convenable, et la question se pose alors si ces choses convenables ne sont pas, tout bien pesé, ce qui est déraisonnable au mauvais sens du terme* ». C'est pourquoi le flot de la déraison de masse emporte tout sur son passage, faisant sauter les digues sociales, politiques, institutionnelles, culturelles, qui semblaient les mieux assurées.

Quand la frénésie belliqueuse submerge tout, certains peuvent être tentés de se réfugier dans ce qu'Annah Arendt appelait « *l'émigration intérieure* » : le retrait dans son délicieux petit jardin secret, loin des vains fracas du monde. L'impétueuse Annah Arendt considérait cela comme une lâcheté. Aujourd'hui, ça devient aussi une impossibilité. Plus que jamais, prévaudra dans les prochaines années cette vérité énoncée par Léon Trotsky : « *Peut-être la guerre ne vous intéresse-t-elle pas, mais la guerre s'intéresse à vous* ».

Le choc des civilisations : un retour du déterminisme

« *Pour imaginer la pacification universelle,* affirmait le philosophe et politologue Raymond Aron, *il faut se donner, par l'imagination, les peuples et les États convertis à la même vérité politique et religieuse* ».

On en est fort loin, comme le démontre *« Le Choc des civilisations »* : c'est le titre d'un best-seller publié en 1995 par un professeur américain de l'université Harvard, Samuel Huntington, qui ne cesse de faire scandale.

Huntington est la bête noire de la bien-pensance universelle, qui reproche à son « choc des civilisations » de réintroduire le déterminisme dans la vie de chacun. Finie la radieuse liberté individuelle, la capacité à assumer son destin sans être écrasé par la chape de plomb d'anachroniques normes culturelles et religieuses. La liberté individuelle a été placée au centre de la vie européenne au XVIIIe siècle. Elle ne l'a plus quittée ensuite. Tout l'Occident est basé là-dessus. Et le monde entier semblait lui emboîter le pas depuis quelque temps. L'Union soviétique qui s'effondre dans les années quatre-vingts... La Chine elle-même, symbole de la fermeture totale, qui depuis peu s'ouvre et assouplit son autoritarisme. L'humanité s'oriente vers un modèle de société fondé sur la liberté individuelle.

Huntington dit que la fin de la Guerre froide a laissé une place toute chaude pour ce conflit de civilisations. Non pas que celui-ci ait complètement disparu pendant ladite Guerre froide. Mais il était fortement diminué et occulté par elle, il couvait sournoisement par en dessous sans qu'on le remarque, comme la braise sous la cendre. À tel point qu'on l'avait complètement oublié. Sauf le général de Gaulle : il s'obstinait jusqu'à la fin de sa vie à dire *« Russie »* au lieu d'*« Union soviétique »*, parce qu'il estimait que le communisme ne serait qu'une très courte parenthèse dans l'Histoire ; les civilisations resteraient au centre de tout. Du Huntington avant la lettre. Évidemment, le général de Gaulle ne pouvait pas être soupçonné de fascisme, lui qui, à Londres en 1940, avait mis sur pied la France libre pour lutter contre l'Allemagne nazie. Mais enfin, les analyses de ce vieil homme né en 1890, semblaient dépassées...

Ce sont donc les civilisations qui provoquent cette Troisième Guerre mondiale. Mais qu'est-ce qu'une civilisation ?

C'est la forme la plus haute de l'organisation humaine, en ce sens qu'au dessus, il n'y a plus rien. Elle englobe le village, la tribu, le groupe ethnique, la région. Et enfin la nation (elle en regroupe généralement plusieurs). Les membres d'une même civilisation considèrent de la même façon la guerre, l'amour, la famille, le travail, l'argent, la mort. Ils vibrent de la même manière aux choses essentielles de la vie. La civilisation est une subtile alchimie, faite de culture et plus encore de religion. Cette dernière joue un rôle primordial, même si on se déclare athée, ou bien croyant en Dieu mais indépendamment d'un credo religieux officiel : en Occident, cela donne le christianisme laïcisé, qui irrigue largement la vie politique et sociale. Cette religion bimillénaire, d'abord uniquement catholique puis scindée par la Réforme, a laissé d'innombrables réflexes conditionnés. Les personnes concernées n'en sont pas conscientes. C'est en contemplant les autres civilisations qu'on prend pleinement conscience de son appartenance à une civilisation et pas à une autre.

Une civilisation, ce n'est pas éternel, cela naît, grandit, mûrit, vieillit, et trépasse. Comme l'individu. Mais cette évolution peut s'étaler sur plusieurs millénaires.

Il y a environ 7000 ans apparaissaient les premières civilisations, qui se sont ramifiées ensuite. Certaines ont disparu. Les échanges entre elles furent d'abord assez rares, à cause de la difficulté de se déplacer à cheval ou avec des embarcations rudimentaires. Puis ils s'intensifièrent, surtout à partir du XVe siècle, pour atteindre une haute intensité aujourd'hui grâce aux développement des transports de masse et des moyens de communication modernes.

On peut distinguer sept civilisations : l'occidentale, l'orthodoxe, l'islamique, l'hindouiste, la confucéenne, la japonaise, l'africaine.

Chapitre II

Occident et monde slavo-orthodoxe : des valeurs communes

Les civilisations occidentale et orthodoxe sont proches cousines : elles partagent les mêmes valeurs, issues du moule judéo-chrétien. Avec des variantes : les Occidentaux attribuent une place centrale à la liberté individuelle, tandis que les orthodoxes sont plus communautaires.

Les libertés, matériau de construction de l'Occident

Le terme « Occident » est bien étrange pour désigner une civilisation : il signifie à l'Ouest. Mais à l'Ouest de quoi ? Tout dépend de l'endroit où l'on se trouve. Ce terme fait référence au lieu où, il y a douze siècles, naquit l'Occident : l'Europe de l'Ouest, qui à l'époque constituait l'ouest du « monde connu », c'est-à-dire connu des Européens. De même, le terme d'Orient, tout aussi arbitraire aujourd'hui, désignait en ces temps anciens l'Est du monde connu.

La genèse de l'Occident, c'est la chrétienté occidentale : elle a émergé en Europe, en tant que civilisation distincte, vers les VIIIe ou IXe siècles ap. J-C. et comprend aujourd'hui trois grandes composantes : l'Europe, l'Amérique du Nord et l'Amérique latine. S'y rattachent l'Australie, la Nouvelle-Zélande.

Né sur les décombres de l'Empire romain, influencé par la science et la philosophie hellénistiques, l'Occident possède un patrimoine linguistique « indo-européen » commun aux Celtes, aux Latins, aux Germains (et aussi aux Slaves). Tout ça unifié par l'apport judéo-chrétien.

Résultat de ces croisements d'influences : la civilisation occidentale privilégie la liberté, l'individualisme, la démocratie.

Mais toutes ces valeurs n'ont pas surgi d'un seul coup. Elles étaient déjà en gestation, ô surprise, dans le ténébreux Moyen Âge, période stigmatisée par la bien-pensance universelle. Ce Moyen Âge tant décrié comme soit-disant obscurantiste par le progressisme et le marxisme, et redécouvert par les historiens depuis une quarantaine d'années.

Ces derniers nous font remarquer que la société moyenâgeuse a été marquée par un fort pluralisme associationniste. En effet, dès le départ, l'Occident s'est distingué *« par la montée et la persistance de divers groupes autonomes qui ne sont pas fondés sur les liens du sang et du mariage »*, dit l'historien Deutsch. Au VIe et VIIe siècles, ces groupes ont englobé les monastères, les ordres monastiques et les guildes, pour s'étendre ensuite à d'autres associations et sociétés.

À ce pluralisme associationniste, s'est ajouté un pluralisme de classe. Les médiévistes expliquent que, inscrit dans le cadre des trois ordres (ceux qui travaillent, ceux qui font la guerre, ceux qui prient), le système de classes n'avait pas que des inconvénients, contrairement à ce qu'a rabâché la pensée marxiste. Une aristocratie procédant d'elle-même et non pas du monarque, était à même de tenir celui-ci en respect et de l'empêcher d'écraser tout le monde sous sa botte. En tant que strate intermédiaire faisant écran entre lui et le peuple, elle empêchait la tyrannie d'un seul sur tous. *« La plupart des sociétés européennes,* explique Huntington, *comprenaient une aristocratie puissante et autonome, une paysannerie nombreuse et une classe réduite mais agissante de marchands et de commerçants. La puissance de l'aristocratie féodale a empêché l'absolutisme de s'enraciner en profondeur dans la plupart des sociétés européennes. Ce pluralisme contraste avec la pauvreté de la société civile, la faiblesse de l'aristocratie et la puissance des empires bureaucratiques qui caractérisent la Russie, la Chine, l'Empire ottoman et d'autres sociétés non occidentales »*.

On est loin du seigneur qui saccageait le champ de blé travaillé par ses serfs (c'est-à-dire le sien, puisqu'il en était propriétaire) parce qu'il galopait derrière un sanglier. Une fable inventée par l'historien français Michelet au XIXe siècle, qui s'est propagée dans le monde entier par les livres et le cinéma. Imagine-t-on un propriétaire d'usine bousillant ses machines-outils par amusement ? Michelet fabriqua un autre mythe lui aussi très connu : le droit de cuissage, qui n'exista que dans son imagination enfiévrée, comme l'ont établi les historiens modernes.

Le Moyen Âge favorisa donc le pluralisme social. *Celui-ci,* souligne Huntington, « *a fait naître des parlements et d'autres institutions chargés de représenter les intérêts de l'aristocratie, du clergé, des marchands et d'autres groupes. Ces corps intermédiaires ont permis des formes de représentation qui, au fil de la modernisation, ont évolué pour donner les institutions modernes de la démocratie. Certains de ces corps ont été abolis, ou bien leurs pouvoirs ont été considérablement affaiblis pendant la période absolutiste. Même lorsque c'était le cas, ils ont pu, comme en France, renaître pour favoriser la participation à la vie politique. Aucune autre civilisation n'a reçu en héritage de tels corps intermédiaires datant d'un millénaire* ».

Se développèrent aussi, à partir du IXe siècle, des formes de gouvernement autonomes dans les villes italiennes puis ailleurs. Étonnant Moyen Âge européen, décidément, qui instaura à la fois une représentation à l'échelon national et une autonomie locale « *ce qui est,* précise Huntington, *sans équivalent ailleurs dans le monde* ».

Autre caractéristique majeure du monde Occidental dès ses débuts : la place centrale qu'il accorde au droit. Cela vient de l'antiquité gréco-latine, à laquelle le Moyen Âge doit tellement. Plus particulièrement des Romains, qui avaient développé un système juridique d'une très haute sophistication, codifié par écrit. Ce droit a aidé au développement économique, en même temps qu'il a favorisé l'essor des libertés. Ainsi, le Moyen Âge a approfondi le concept de droit naturel régissant l'exercice du pouvoir par les monarques, donc limitant leurs emballements autoritaires : c'était les prémices d'un État de droit. Le Moyen Âge européen s'abreuve aussi à une autre source de droit : la coutume. Celle-ci a force de loi aussi bien que les textes écrits. Sa part dans le dispositif légal est considérable : elle constitue la première source de droit en France jusqu'à la Révolution de 1789. L'essentiel du droit anglais résulte de la *common law* (droit coutumier). La coutume s'est cristallisée dans les tribus celtes, germaniques ou vikings dans la nuit des temps. Ces rudes peuplades, considérées comme barbares par les Romains, avaient une sensibilité plus démocratique qu'on l'imagine : ainsi, les Vikings avaient l'habitude d'élire leurs rois.

Sur ces bases écrites et coutumières, s'est développé au Moyen Âge un système juridique de protection des droits individuels et communautaires. Même aux XVIe et XVIIe siècles, dans les débordements de l'absolutisme, persistait le principe selon lequel le pouvoir humain devait être limité. « *La tradition de l'État de droit,* dit Huntington, *a jeté les bases du pouvoir constitutionnaliste et de la protection des droits de l'homme, notamment du droit de propriété, contre les abus de pouvoir. Dans la plupart des autres civilisations, le droit exerce une influence moindre sur la pensée et le comportement* ».

Au XVe siècle, cette organisation sociale plurielle, hautement différenciée, donna naissance à la modernité, caractérisée par la rationalisation de la production et le développement des échanges. Elle fut inventée par l'Occident, et reprise à leur compte par la plupart des autres civilisations.

Il ne faudrait pas oublier ce que l'Occident doit à l'héritage grec. Ce n'est pas rien : la Grèce antique inventa la logique, et la lui transmit. Cette rationalité hellène, ce souci de rigueur méthodologique, est une composante majeure de l'esprit occidental.

L'Occident est un cocktail dont chacun des éléments se retrouve, isolé, dans telle ou telle autre civilisation. C'est la réunion en un seul mélange de tous ces ingrédients qui fait sa spécificité.

Cependant, aujourd'hui, si l'on devait définir l'élément primordial qui distingue l'Occident du reste du monde, celui susceptible de fournir à l'occidental une raison de se battre et de mourir dans cette Troisième Guerre mondiale, quel serait-il ? C'est clair et net : l'individualisme, donc les libertés. L'évolution occidentale depuis le Moyen Âge (et, au-delà, l'antiquité gréco-latine) « *a fait émerger,* dit Huntington, *une conscience individuelle et une tradition de protection des droits et des libertés qui est unique. L'individualisme s'est développé aux XIVe et XVe siècles. Le respect des droits individuels – ce que Deutsch a appelé* « la révolution de Roméo et Juliette » – *a prévalu en Occident à partir du XVIIe siècle. Même le droit à l'égalité pour tous – pauvres aussi bien que riches – a commencé à être revendiqué, à défaut d'être universellement admis. L'individualisme reste aujourd'hui encore un signe distinctif de l'Occident* ». Huntington ajoute que « *l'individualisme est dominant en Occident et le collectivisme ailleurs. Occidentaux et non-Occidentaux font de l'individualisme le signe distinctif essentiel de l'Occident* ».

Ces valeurs définissent sans conteste Israël comme une partie parfaitement intégrante de l'Occident, bien qu'il ait été peuplé d'immigrants non pas chrétiens mais juifs, venus de mondes très différents (occidental, mais aussi orthodoxe et arabo-musulman). Christianisme et judaïsme sont en osmose. Le christianisme naquit il y a vingt siècles en Judée et fut largement influencé par le judaïsme. À tel point que la Bible est *le* texte de référence du protestantisme.

La composante latino-américaine de la civilisation occidentale est un peu particulière : son catholicisme exclusif n'est pas entré en interaction avec la Réforme, contrairement à ce qui s'est passé en Europe. En outre, les apports des cultures indigènes, précolombiennes, y sont importants. Cette ambiguïté identitaire se traduit par le fait que certains latino-américains se disent Occidentaux, d'autres non.

L'Occident bienfaiteur et voyou

L'Occident a arraisonné le monde à partir du XVe siècle. Conquérant le Nouveau monde, développant des empires coloniaux, inventant dès cette époque la globalisation, c'est-à-dire l'établissement d'un réseau d'échanges commerciaux enserrant le monde entier. Et répandant partout ses valeurs, par ses missionnaires, ses médecins, ses instituteurs. L'Occident mit ainsi la planète sens dessus-dessous, subvertissant les ordres établis, télescopant les économies, les cultures et les croyances, bien plus qu'aucune civilisation ne l'avait fait jusque-là.

L'Occident fut tout à la fois bienfaiteur et voyou.

Bienfaiteur par ses médecins coloniaux qui, avec des trésors de dévouement, mirent sur pied des dispensaires médicaux, combattirent la mouche tsé-tsé et le paludisme, vaccinèrent les populations indigènes et les inondèrent d'antibiotiques. Bienfaiteur aussi par ses ingénieurs qui lui donnèrent routes, ponts, voies ferrées, réseaux d'irrigation pour l'agriculture et adductions d'eau potable.

Voyou, l'Occident le fut par ses pillages de matières premières, sa transformation des agricultures vivrières en monocultures. Ou bien le « jeu des avantages comparatifs », comme disait l'économiste libéral Ricardo : dans le cadre du libre-échangisme établi par les Britanniques jusqu'en 1920, l'industrie textile mécanisée de Manchester, à hauts rendements, tua le secteur textile indien aux méthodes de travail archaïques.

L'Occident est un éléphant qui a causé bien des ravages dans les hautes futaies des civilisations. Mais qui a transporté sur son dos les attirails de la science, de la technologie et de l'organisation moderne du travail.

L'Occident est universaliste : depuis le XVe siècle, il a toujours eu la prétention de propager ses valeurs sur toute la surface du globe : celles du judéo-christianisme tout d'abord, avec ses missionnaires. Et puis les libertés, la démocratie, les droits de l'homme (qui sont du judéo-christianisme laïcisé) véhiculés par les États, les organisations internationales et les ONG.

L'Occident imposait jadis ses valeurs par la force. Maintenant, il emploie surtout le pouvoir de séduction de son mode de vie. Toutefois, depuis une vingtaine d'années la guerre comme mode de propagation des valeurs occidentales récupère du terrain par le biais du « droit d'ingérence » fondé sur l'idéologie des Droits de l'homme. Bien souvent, cela ajoute la guerre à la guerre. Et sert de prétexte à certains États occidentaux pour conduire des actions militaires dont le ressort profond est un désir de mainmise sur une région constituant un enjeu stratégique important pour ses matières premières ou comme voie de passage incontournable, par exemple.

Dans les année 1900-1920, la puissance de l'Occident atteignit un sommet, si l'on en juge par l'étendue des territoires placés sous son autorité directe (80 % des terres émergées), et son poids écrasant dans les échanges commerciaux.

Ensuite, l'Occident reflua. À toute action, répond une réaction. Ce fut dans un premier temps la disparition des empires coloniaux français, anglais, portugais. Puis, les ex-colonisés apprirent les sciences, la technologie, la modernité. D'abord dans les universités occidentales, puis dans leurs. Ils se mirent à faire eux aussi de l'industrie, de l'informatique... Ils devinrent des concurrents de l'Occident.

En même temps, leur démographie galopait, grâce aux antibiotiques, aux vaccinations, aux techniques agricoles et aux infrastructures routières et ferroviaires apportées par l'Occident, qui éradiquèrent la surmortalité infantile. Le tiers monde devenait un géant démographique, l'Occident un nain démographique. Le gigantisme démographique du tiers monde est générateur de sous-développement économique, mais il est un vecteur d'hégémonisme par le nombre, une force en soi qui est un palliatif à l'infériorité économique.

Aussi, l'Occident n'a-t-il plus le monopole de la puissance, comme en 1920. Il n'est plus le maître du monde. Celui-ci est devenu multipolaire. L'Occident est obligé de compter avec différents partenaires, de plus en plus organisés en civilisations avec leurs États-phares (Huntington désigne par États-phares les États dominants autour desquels s'organisent les autres États de la même civilisation).

L'Occident est arrivé les bras chargés de cadeaux, mais il a semé de grandes perturbations. Au cours du XXe siècle, il a emmené le monde entier dans deux guerres mondiales, nées de ses dissensions internes.

L'Occident d'aujourd'hui est menacé par une gravissime crise des valeurs. Ses multiples transformations internes l'ont déboussolé. À force de muter, il ne sait plus très bien qui il est. Son capitalisme libéral a noyé sous un flot de richesses certaines de ses valeurs traditionnelles, surtout en Europe : le travail, la famille, la patrie... Des mots qui, en France, sentent même le soufre, depuis la Deuxième Guerre mondiale et le régime de Vichy. Sa religiosité a diminué (surtout dans le vieille Europe). L'Occident, c'est maintenant le grand bazar américain du MacDo, d'Hollywood, des films pornos, des *reality shows*, un matérialisme court, un hédonisme sans sublimation, au service des lois du marché. Vendre toujours plus, aiguiser sans cesse les appétits de consommation, jusqu'à l'abrutissement, voilà un trait majeur de l'Occident moderne. Cela provoque une surconsommation d'anxiolytiques et une envolée des statistiques des suicides.

Là réside le danger : le délitement des esprits par la société de consommation. Préoccupantes sont les baisses de niveau enregistrées dans les établissements scolaires américains, et dans ceux de la vieille Europe (avec un léger décalage). La jeunesse occidentale naufrage dans les jeux électroniques. La perte du sens de l'effort la menace.

Et voilà que surgit cette Troisième Guerre mondiale que personne n'attendait. Elle lance à la jeunesse un terrible défi. « *Ce qui ne me tue pas me rend plus fort* », disait Nietzsche. Un aphorisme effrayant et dopant dont les jeunes occidentaux vont avoir l'occasion d'éprouver la pertinence.

Le choc en retour est bien là. Le village planétaire de MacLuhan n'a pas été apaisant, contrairement à ce qu'il promettait. En mettant en contact direct les civilisations, l'antenne parabolique surchauffe les sentiments identitaires, exacerbe les instincts revanchards. L'irruption des stars du X sur les écrans-télé des villages les plus puritains de l'islam ou de l'Inde est un traumatisme. L'Occident se donne en spectacle de la façon la plus provocatrice qui soit. Il heurte de plein fouet les sensibilités. Il exacerbe les fureurs revanchardes. Les transports de masse accentuent cette promiscuité, qui déversent des armées de touristes à moitié nus dans les rues de Sanaa au Yémen ou de Casablanca au Maroc. Et qui dans le sens inverse amènent en Occident d'autres marées humaines, celles d'une immigration en quête du festin capitaliste.

L'admiration et l'envie le disputent à la haine et au mépris, envers cet Occident omniprésent. Omniprésent sur les écrans de télévision et les étalages des marchands, mais pas omnipotent sur les esprits. Les civilisations acceptent la modernité (la science, la technologie, les banques, les assurances, etc.), mais refusent l'occidentalisation de leurs valeurs. Car le découplage est possible : on peut être chimiste et intégriste islamique, informaticien et fondamentaliste hindouiste, ingénieur spatial et Chinois confucéen. Ce refus des valeurs occidentales (la démocratie, la libération de la femme, la laïcité) s'est affirmé nettement depuis une dizaine d'années au sein des organisations internationales.

Le choc des civilisations est un choc en retour. C'est lui qui provoque cette Troisième Guerre mondiale. Le développement mondial du commerce était censé établir la paix mondiale. Il aura contribué à la guerre mondiale. Rien n'est bon ou mauvais en soi.

L'Occident n'échappe par au grand retour du religieux. Symptomatique est le cheminement de beaucoup de ses intellectuels. Dans les années soixante, le matérialisme dialectique et ses avatars léninistes, trotskistes et maoïstes constituaient le centre du débat intellectuel. Il était l'horizon indépassable du moment. La religion était l'opium du peuple. Ensuite, bien des membres de cette intelligentsia marxiste bifurquèrent vers le religieux. Certains se convertirent à l'islam, d'autres se cherchèrent des racines dans l'étude des textes fondateurs du judaïsme ou du christianisme. D'autres encore explorèrent le chamanisme, le bouddhisme sous ses diverses formes, le confucianisme, le vaudou... Le religieux semble répondre beaucoup mieux à leur quête de sens, que le marxisme et les cauchemars qu'il a fabriqués.

Au-delà de l'horizon autrefois indépassable du marxisme-léninisme, il est un autre horizon que l'Occident est en voie de dépasser : c'est celui du Siècle des Lumières. Ce retour du religieux en Occident boucle un cycle né au XVIIIe siècle, dominé par l'essor de la laïcisation. Au cours des deux derniers siècles, les religions judéo-chrétiennes ne cessèrent de perdre du terrain en ce qui concerne les pratiques religieuses et l'influence socio-politique. Un processus qui s'est nettement précipité au tournant des années soixante. L'essence du religieux, elle, ne disparut pas pour autant. Elle se réfugia notamment dans les idéologies dérivées du marxisme. Celui-ci était vécu comme une religion sans Dieu.

Il n'est que de considérer ses modes de fonctionnement : à l'extrême-gauche comme chez les communistes ou les sociaux-démocrates, prédominait le style clérical de la prédication, visible encore de nos jours. Ce style empruntait souvent aux ecclésiastiques un ton cauteleux mêlé de réprobation à l'adresse du pêcheur, quand il ne versait pas dans les torrents imprécatoires de la grande

Inquisition, pour certaines tendances idéologiques. Et lors des « grandes messes » politiques, comme les meetings.

Hommes politiques et intellectuels moralisaient sans cesse sur le thème de l'égalité, rapatriée de l'au-delà sur la Terre. Ils pourfendaient le Mal : les riches, les capitalistes, les chefs d'entreprise, l'Occident, les puissants en tout genre. Le Bien leur apparaissait nettement, en contre-jour : la classe ouvrière, les immigrés, le tiers monde, absous de toute faute morale par prédestination. Leur système de pesée était à deux poids, deux mesures : les camps de concentration nazis étaient stigmatisés, ceux de l'Union soviétique oubliés. Il fallut attendre les années soixante et même soixante-dix pour que le clergé marxiste-léniniste découvrît et stigmatisât le goulag, que pourtant Lénine avait mis sur pied dès son arrivée au pouvoir. Il ne voulait pas entendre les appels à l'aide désespérés des rescapés et dissidents de l'univers concentrationnaire soviétique, lancés sous forme de livres et d'articles qui tombaient à plat dans les médias occidentaux. Les exactions de la Chine de Mao, du Viêt-nam d'Ho Chi Minh, du Cambodge de Pol Pot, de Cuba, et des régimes qui succédèrent aux puissances coloniales dans le tiers monde, se virent octroyer de larges indulgences plénières par les prélats de l'intelligentsia occidentale.

Pour certains de ces intellectuels occidentaux, cela ne relevait pas de la cécité ordinaire, mais d'un choix stratégique : il ne fallait pas désespérer Billancourt. Car, comme toute Église judéo-chrétienne, celle du marxisme avait sa raison d'État. Il lui fallait guider la masse de ses ouailles. Cela contraignait ses papes et ses cardinaux à un bon usage du mensonge, tiré des leçons adressées par Machiavel aux condottieres de la Renaissance italienne animés du souci de prendre le pouvoir et de le conserver par n'importe quel moyen.

Le péché commis contre la vérité par ces hautes consciences de l'Église marxiste était absous par avance, puisqu'il ne visait qu'un but, préparer l'avènement des fins dernières : le règne planétaire de la classe ouvrière, réceptacle de la Pureté et du Bien, établissant définitivement le Paradis sur la terre et non pas au Ciel.

Au cours des années soixante-dix, le sentiment religieux occidental devint orphelin d'une Église marxiste-léniniste entrée en agonie en même temps que son État pontifical, l'Union soviétique. L'idéologie des droits de l'homme reprit les Saints Sacrements des mains exsangues de la gauche marxiste-léniniste. Et elle les recycla dans la société libérale, où ils font une grande carrière. L'essence du religieux n'a donc jamais disparu en Occident, elle s'est réfugiée dans la compassion laïque.

Mais l'idéologie de droits de l'homme montrera rapidement, elle aussi, son impuissance à satisfaire la quête de sens qui travaille les esprits occidentaux.

Il y a quelque cent mille ans apparaissaient les premières sépultures, manifestation d'un besoin de transcendance religieuse chez l'homme préhistorique. Cette quête de l'au-delà ne fit que s'affirmer depuis, de façon universelle. Durant les deux derniers siècles, les idéologies, toutes fabriquées par l'Occident, prétendirent guérir l'humanité du religieux, qu'elles considéraient comme une aliénation de l'esprit. Le religieux se réfugia où il put : dans le culte de l'État-providence en Europe, de l'État prolétarien en Union soviétique.

Aujourd'hui, c'est l'effet boomerang. Un furieux besoin de religieux explose partout dans le monde. L'Occident lui aussi empruntera de nouveau, en fonction de son identité propre, les chemins de la religion. Une « vraie » religion, se réclamant d'une métaphysique, d'une transcendance. Et non pas une nouvelle utopie politique.

Cela passera-t-il par la revitalisation des religions judéo-chrétiennes existantes, ou bien par l'avènement de religions nouvelles, issues de syncrétismes ? Toujours est-il que l'on voit le retour du religieux à l'œuvre en Occident. Tout particulièrement aux États-Unis.

La religion, d'ailleurs, n'a jamais complètement déserté la vie américaine, loin de là. L'Amérique est un État laïc mais pénétré du sentiment religieux, où la Bible est omniprésente : le Président prête serment sur elle lors de son intronisation, elle trône sur la table de chevet des hôtels. Les Américains sont très croyants et pratiquants. Au XVIIIe siècle, tandis que l'Europe détricotait son manteau religieux sous l'influence de l'esprit voltairien, l'Amérique grandissait chaudement enveloppée dans le sien. À partir du

XVIIe siècle, l'Amérique se peupla d'émigrants chassés de leur pays souvent pour des motifs religieux, comme les « Pères Pèlerins » arrivés sur le Mayflower. Les treize premières colonies baignaient dans la ferveur religieuse. Ainsi, pendant que l'Europe devenait un monde sans Dieu, l'Amérique l'associait à son économie de marché, comme l'atteste la maxime portée sur le dollar : *In god we trust*. Le succès économique est un signe de la grâce divine, aux yeux des Américains.

Aussi le langage du président George W. Bush dénonçant l'*axe du mal* formé par la Corée du Nord, l'Iran et l'Irak, dans le discours sur l'état de l'Union prononcé le 29 janvier dernier, ne choque-t-il pas l'opinion publique américaine, alors qu'il désoriente les Européens. Ce langage où se marient le spirituel et le temporel fait écho à celui du président Ronald Reagan désignant l'URSS comme l'Empire du mal dans les années quatre-vingts. Et à celui d'un autre président américain, Franklin Delano Roosevelt, rassemblant les énergies contre les puissances de l'axe au cours de la Deuxième Guerre mondiale.

Ce ton de guerre de religion employé par la Maison Blanche suscite des critiques en Europe et même aux États-Unis : il est jugé simpliste, et de nature à faire le jeu des intégristes islamistes, qui font tout pour fausser les problèmes en les plaçant sur un plan exclusivement religieux.

Certes, mais il est mobilisateur. L'idée que la modération et la raison seraient de nature à circonvenir l'intégrisme islamique est une chimère. Comme étaient chimériques les efforts patelins déployés par le Premier ministre anglais Chamberlain négociant avec Hitler pour éviter la guerre. L'intégrisme islamique est un phénomène irrationnel et éruptif que rien d'autre que la force ne pourra stopper. La crise économique mondiale qui se déploie actuellement ôte tout espoir d'un retour rapide à la prospérité, générateur d'une détente dans le monde arabo-musulman. L'omniprésence des impasses a déclenché la Troisième Guerre mondiale. L'heure n'est plus aux présidents débonnaires. Le style de cow-boy toujours prêt à dégainer du président Bush est celui d'un guerrier. Comme celui de son secrétaire à la Défense, Donald Rumsfeld, dont le masque et la carrure évoquent le centurion romain. Pour faire la guerre, il faut des hommes de guerre. L'Angleterre de la Deuxième Guerre mondiale fut pilotée par le bouillant Churchill aux accents lyriques, et non par le paisible et naïf Chamberlain au style lénifiant. Offrir sa gorge à la lame du bourreau plutôt qu'exercer la violence est concevable pour un sage tout entier tourné vers le renoncement. Cela ne l'est pas pour les peuples, qui se doivent de préserver leur survie et leurs libertés.

C'est ainsi : depuis peu, l'Amérique, État phare de la civilisation occidentale, prend son virage vers le guerrier et le sacré. Elle se met en ordre de bataille. Elle bande ses forces. L'inconscient collectif américain se prépare à la guerre.

À l'ère de Bill Clinton, le play-boy saxophoniste de la révolution de l'Internet, a succédé celle de Bush l'austère, le croyant et le pratiquant, l'alcoolique repenti devenu le croisé du Bien contre le Mal, de l'Amérique des libertés contre l'obscurantisme islamique. À l'ère de Hillary Rodham Clinton, brillante et ambitieuse, coquette et décontractée, prête à pardonner les frasques conjugales de son mari pour les besoins de leurs carrières politiques, a succédé celle de Laura Bush, ex-institutrice et bibliothécaire, pieuse et sage mère de famille. À l'ère de l'euphorie économique des années quatre-vingt-dix et de ses yuppies de la net-économie, a succédé celle de la crise économique, de la Troisième Guerre mondiale et du réarmement moral, qui replace au premier plan la figure sacrificielle du héros : le pompier de New York enseveli sous les *Twins*, le soldat des forces spéciales traquant Al Qaida dans les montagnes afghanes ou les maquis philippins, l'agent de renseignement déjouant un attentat terroriste...

Les tragédies de la Troisième Guerre mondiale ne pourront que galvaniser le renouveau religieux américain. L'Europe elle-même, blasée de tout, mais qui est sur le point de subir de terribles épreuves, se recentrera sans doute elle aussi sur le religieux.

L'aggiornamento culturel de l'Occident se fera sous le sceau du sentiment religieux. Il relativisera les valeurs hédonistes de la société de consommation de masse. Il retrouvera les chemins de la transcendance et de la sublimation, en les combinant avec un capitalisme épuré de ses excès.

Les frères orthodoxes de l'Occident

La civilisation orthodoxe, née il y a mille ans, est présente à des degrés divers en Russie, Serbie, Bulgarie, Grèce, Géorgie, République tchèque, Pologne, Albanie. Des communautés orthodoxes dispersées vivent aux États-Unis, au Canada, en Argentine, en Australie et en France. La civilisation orthodoxe est très proche de celle de l'Occident. Si proche que les historiens sont partagés sur son identité : cette héritière de l'Empire byzantin (lui-même issu de l'Empire romain d'Orient) est-elle occidentale ou pas ?

Ceux qui la considèrent comme partie intégrante de l'Occident font valoir qu'elle est judéo-chrétienne, et même très proche du catholicisme. Le monde orthodoxe, traditionnellement qualifié d'oriental, est né d'un contentieux théologique, celui du « Grand Shisme » de 1054, alors monté en épingle pour des raisons politiques. Les chrétiens orientaux refusaient, et refusent toujours, le *filioque* (« *le fils aussi* » en latin), c'est-à-dire l'idée selon laquelle le Saint-Esprit procède à la fois de Dieu le Père et de son Fils Jésus-Christ : il ne procède, disent-ils, que du Père. Outre le *filioque*, les orthodoxes refusent aussi le purgatoire, l'immaculée conception de Marie. Et la suprématie du Pape (considéré seulement comme un patriarche parmi d'autres) et du même coup son infaillibilité en matière de dogme. La structure pyramidale et centralisée du catholicisme est étrangère à la mentalité des orthodoxes, organisés en Églises autocéphales (dirigées par un primat), correspondant aux pays dans lesquels elles se trouvent. Ou bien en patriarcats (Constantinople, Alexandrie, Antioche, Jérusalem).

En dehors de cela, les chrétiens orientaux acceptaient (et acceptent toujours) tous les autres credo catholiques, définis principalement par les conciles de Nicée (325 ap. JC) et de Constantinople (381). C'est dire que les différences métaphysiques entre catholiques et orthodoxes ne sont pas abyssales. C'est pourquoi la liturgie byzantine a laissé des traces en Occident, dans la

Méditerranée européenne notamment. Nombreuses sont les paroisses corses, siciliennes et sardes qui pratiquent le culte orthodoxe. En Italie du Sud, des évêques célèbrent encore la messe selon les deux rites, le latin et le byzantin.

Moscou l'orthodoxe s'est toujours sentie proche du catholicisme, jusqu'à se surnommer « *la Troisième Rome* ». La deuxième ayant été Constantinople, tout à la fois fastueuse capitale de l'Empire byzantin (c'est-à-dire l'Empire romain d'Orient, qui survécut à la chute de celui d'Occident), et de la chrétienneté d'Orient. En 1453, Constantinople fut conquise par les Ottomans, qui la rebaptisèrent Istanbul et en firent la capitale de leur empire.

Au cousinage religieux entre mondes orthodoxe et chrétien, s'ajoute la proximité culturelle. Si les orthodoxes ont adopté l'alphabet cyrillique, et non pas latin, c'est pur hasard : pour convertir les Russes, le pape avait dépêché, un siècle avant le Grand Schisme, deux missionnaires originaires de Grèce, Cyrille et Méthode. Ceux-ci enseignèrent benoîtement l'alphabet qui se pratiquait en Grèce.

Nombreux furent les Occidentaux qui influencèrent la Sainte Russie. À cheval sur les XVIe et XVIIe siècle, le tsar Pierre le Grand, un colosse de deux mètres de haut qui était allé se rendre compte sur place, incognito, du modernisme de l'Europe occidentale, prit celle-ci pour exemple avec toute la fougue démesurée de son tempérament.

Ayant observé, au cours de son périple européen, les chantiers navals hollandais, qui étaient les plus en pointe, il fit venir des architectes navals bataves, les meilleurs à l'époque, pour donner à la Russie une flotte moderne. Il réorganisa l'administration, développa les manufactures.

Il engagea la Russie dans des travaux publics pharaoniques. Au bord du Golfe de Finlande, il fit assécher un marais situé dans l'embouchure de la Néva par dérivation des eaux du fleuve. Et il confia à l'architecte français François Leblond le soin de tracer le plan général de la ville de Saint-Pétersbourg. Beaucoup d'autres architectes, français et surtout italiens, prêteront main forte pour faire sortir de terre cette ville immense, surnommée « *la Venise du Nord* » avec ses canaux, ses cinq cents ponts et ses innombrables palais de styles classique et baroque. Pierre le Grand voyait cette cité comme une fenêtre ouverte sur l'Occident. De 1725 à 1918, Saint-Pétersbourg fut la capitale de la Russie.

Hormis le règne de Pierre le Grand, le plus remarquable de l'histoire de la Russie fut celui de l'impératrice Catherine II la Grande, de 1762 à 1796. Admiratrice de ce formidable prédécesseur, elle lui fit ériger, par le sculpteur français Falconet, une statue équestre à Saint-Pétersbourg. Dévoreuse d'hommes, Catherine possédait la même vitalité volcanique que Pierre, et, comme lui, inspira un grand effroi. Admiratrice des penseurs du Siècle des Lumières, amie de Voltaire, cette souveraine supérieurement intelligente, d'origine allemande, fut une « despote éclairé ». Réformatrice par conviction, elle ne réussit toutefois pas à moderniser la société russe, et finit par persécuter les intellectuels libéraux.

Les influences occidentales se manifestèrent à nouveau, notamment en 1907-1912, par la politique économique réformiste du ministre Stolypine. Ensuite, malencontreusement cette fois-ci, par la révolution de 1917, faite au nom d'une idéologie, le marxisme, forgée en Occident.

Enfin, dans les années quatre-vingts, la *perestroïka* donna le signal d'une libéralisation, relative, de l'économie et de la société russes.

Ainsi, l'Occident a beaucoup influencé la Russie. Mais ça n'a pas été à sens unique.

L'Occident est tombé en arrêt devant la sublime peinture orthodoxe, celle des icônes. Les ballets russes ont marqué la chorégraphie occidentale. Rares sont les écrivains occidentaux qui n'ont pas été influencés par les romans de Tolstoï, Dostoïevsky, Pouchkine...

À maints égards, l'Occident et la Russie sont très proches.

Il n'empêche : une école de pensée dont la figure de proue est l'historien allemand des civilisations Oswald Spengler (1880-1936), place le monde orthodoxe en dehors de l'Occident. Cette école, prisée des Anglo-Saxons, parmi lesquels Huntington, insiste sur le fait que les Orthodoxes sont beaucoup moins influencés que les Occidentaux par les Gréco-Latins, leur rationalisme et leur droit positif. Effectivement, les Slaves semblent moins nombreux que les Occidentaux à priser la froide géométrie du cartésianisme.

La fameuse âme slave est réputée plus tournée vers la contemplation élégiaque, l'élan poétique et mystique, un certain fatalisme, qui font tout le charme de la littérature russe. À tout moment dans la conversation des Russes, reviennent les mots *« eto delat ? »* (que faire ?), sous-entendu : rien, prononcés d'un air résigné. Les univers mentaux d'un rationaliste français voltairien obsédé de vérifications et de preuves ou d'un presbytérien américain intoxiqué de travail, diffèrent sensiblement de celui d'un orthodoxe russe soignant à la vodka une humeur volontiers bucolique. La vodka, c'est le prozac du Slave. En retour, ce dernier voit en l'Occidental un être perclus d'égoïsme, un cœur desséché par le calcul économique, qui gagnerait à se revivifier par la compassion et le don de soi.

Il y a une « conscience slave », qui périodiquement reprend possession de la Russie, la jetant dans un accès d'occidentalophobie au nom de la terre russe, de la patrie russe, *la roudina.* Et de la générosité de l'âme slave qui serait bafouée par les Occidentaux malades de l'esprit du lucre. Cette Russie panslaviste, c'est celle des pogroms antisémites de la fin du XIXe et du début du XXe siècles. C'est celle du refus de ce qu'elle nomme les *« Judéo-Américains »* et les *« Judéo-Occidentaux »*, considérés comme lourdement matérialistes, bassement mercantiles, et souvent athées.

Les panslavistes considèrent que la Russie doit suivre sa propre voie de développement, qui n'est pas celle de l'Occident. Le courant panslaviste a refait surface à la faveur de l'effondrement du système soviétique. L'écrivain Alexandre Soljenitsyne, patriarche rescapé du goulag, est très critique à l'égard de l'évolution de son pays, où les richesses sont aux mains des oligarches qui ont fait main basse sur l'ancienne économie d'État, et les mafias. Il estime que l'Occident a gratifié la Russie de ce qu'il a de moins bien, et que celle-ci doit faire retour à ses valeurs morales et politiques traditionnelles.

L'Église orthodoxe russe s'inscrit dans cette vision des choses. Grande est sa méfiance vis-à-vis de l'Occident, que nombre de ses popes n'hésitent pas à stigmatiser, forts de la renaissance spectaculaire de l'orthodoxie : les coupoles dorées des cathédrales étincellent au soleil, les travaux de restauration allant grand train. En tête des procession religieuses, qui se multiplient, cheminent côte à côte le pope et le maire de la ville. Le renouveau orthodoxe russe favorise le courant panslaviste. Pierre le Grand était très conscient de ça : il avait affirmé son emprise sur l'Église, afin qu'elle contrecarre le moins possible sa politique réformiste inspirée de l'Europe.

Mais l'expression la plus inquiétante de cette occientalophobie est le fait de mouvements réactionnaires, qui versent dans une occidentalophobie sans nuance assortie d'un fort antisémitisme.

L'histoire russe est parcourue par l'antagonisme entre slavophiles et occidentistes, qui accoucha au XIXe siècle de deux mouvements littéraires. Certains des occidentistes se référaient à Pierre le Grand et à son volontarisme prométhéen. D'autres à la philosophie allemande, celle d'un Hegel, d'un Feuerbach, ce qui les conduisit vers des positions philosophiques matérialistes, athées et libérales. D'autres encore se tournèrent vers le socialisme utopique de Saint-Simon, de Fourier et de Proud'hon. Un géant de la littérature russe tel que Dostoïevsky se rattachait à cette tendance socialiste, poursuivie et réprimée avec vigueur par le régime tsariste. Au point qu'il faillit payer son engagement de sa vie. À la dernière minute, au moment où le peloton d'exécution allait faire feu, arriva la grâce du tsar. Mais il fut déporté en Sibérie, de 1849 à 1853.

Des intellectuels comme Bakounine, allèrent jusqu'à prêcher l'action terroriste. Laquelle fut largement pratiquée à la fin du XIXe siècle par les révolutionnaires russes cherchant à renverser le tsarisme. Et qui furent souvent qualifiés de nihilistes, c'est-à-dire animés d'une volonté de néant.

Les occidentistes du XIXe siècle se battirent pour la suppression du servage. Les serfs constituaient encore près de la moitié de la population. Tourgueniev, dans ses *Récits d'un chasseur* (parus de 1847 à 1852) met en scène un chasseur qui parcourt la campagne russe en rencontrant toutes sortes de paysans. Tourgueniev y dresse un acte d'accusation du servage, toujours en vigueur en Russie à cette époque. Le tsar Alexandre III fut tellement impressionné par la lecture de cet ouvrage, qu'en 1863, il abolit le servage.

Les Anglo-Saxons achoppent tout particulièrement sur un point : les sacro-saintes libertés. L'orthodoxie russe, cette ravissante fille de Byzance un peu cyclothymique, aux humeurs parfois orientales, a vu au cours de son histoire de mille ans quantité d'autocrates abuser d'elle sans qu'ils se soient heurtés à de véritables contre-pouvoirs. Les aristocraties ? Elle n'en étaient pas, parce que, contrairement à celles d'Occident, elles ne procédaient pas d'elles-mêmes, mais du tsar, qui les instituait à sa guise, au service de son État. Ces aristocraties, à la fois militaires et bureaucratiques, n'avaient pas l'autonomie nécessaire pour s'interposer entre le tsar et la masse des paysans. Et l'Église orthodoxe ? Elle ne surplombait pas le tsar, elle était à son service. Tout ça produisait des régimes autoritaires appuyés sur une bureaucratie pléthorique. Ce qui prédominait n'était pas l'individualisme et le goût de la liberté, mais le collectivisme et la soumission à l'autorité. Ce n'est pas un hasard si le marxisme, bien que conçu en Occident, n'y prit jamais racine, et trouva sa première niche en Russie.

Dans cet immense pays, c'est le tsar qui insuffle la modernité, importée d'Europe occidentale, à coups d'édits impériaux ne souffrant aucune discussion, les oukases. Pierre le Grand oblige ses nobles, les boyards, à couper leur barbe et cesser de porter leurs longs manteaux, afin d'européaniser leur apparence. Et pas question de faire la mauvaise tête, à moins de la perdre sur le billot. Pierre le Grand conduit son œuvre modernisatrice au knout, tout au long de son règne. Ses grands travaux s'accomplissent au prix de centaines de milliers de morts.

Le pluralisme associationniste et de classes qui éclôt en Europe dès le Moyen Âge n'a pas son équivalant en Russie. Aussi, les réformes et le modernisme ne sourdent-ils pas des profondeurs de la société. Ils sont imposés d'en haut par les tsars occidentalophiles qui combattent avec une effroyable brutalité l'inertie et la passivité générales.

Le marxisme n'eut qu'à chausser les bottes du tsarisme pour écraser la société russe. Un Staline imposant à l'Union soviétique une industrialisation à marche forcée, exténuant jusqu'à la mort les prisonniers du goulag sous-alimentés pour mener à bien ses grands travaux, est un émule de Pierre le Grand.

Ces despotismes, éclairés ou non, tsaristes ou soviétiques, ont conféré au fil des siècles à la Russie un petit air de satrapie orientale. Les envahisseurs mongols, qui déferlèrent au XIIIe siècle, annexèrent le sud et l'est de la Russie, et refluèrent deux siècles plus tard, non sans avoir laissé une empreinte dans les esprits.

Leur influence culturelle alla à rebours de celle exercée antérieurement par les Varègues. Ce nom, qui signifie marchands, désigne les Vikings, ou Normands, ayant pénétré en Russie en descendant sur leurs drakkars le long des grands fleuves, au IXe siècle, faisant le commerce entre la Scandinavie et la mer Noire. Vers 860, ils fondèrent la principauté de Novgorod, levant tribut sur les Slaves, qui durent s'en accommoder. D'autres Varègues se fixèrent à Kiev, qui devint en 882 la capitale de l'État russe naissant. Le mot Russe, d'origine autochtone, désignait les scandinaves de la Baltique.

La Russie fut portée sur les fonds baptismaux par ces marchands armés, qui furent aussi de remarquables administrateurs et d'habiles constructeurs d'États. En effet, ces bienveillants Varègues exerçaient une action protectrice et unificatrice sur les Slaves qu'ils dominaient. Ils laissaient ces derniers libres de gérer leurs affaires à leur guise. Au bout de quelque temps, la confiance mutuelle se développant, les Varègues permirent aux Slaves d'accéder à l'assemblée des chefs scandinaves, tandis que se multipliaient les mariages interethniques. Ce processus, voisin de celui que connurent les îles britanniques, aboutit à la création d'un véritable État. Vladimir 1er, devenu souverain unique de la Russie kiévienne (après incorporation de la principauté de Novgorod), étendit son territoire de la Baltique à la mer Noire. Et, en 988, se convertit au catholicisme grec, qu'il répandit dans le pays. Vladimir accéléra la fusion entre Slaves et Varègues, fonda des églises et des écoles, et instaura une assistance sociale organisée.

Ce royaume de Kiev aux allures décidément si occidentales, qui fut le premier État russe, connut son apogée au XIe siècle, avant d'être affaibli par des divisions internes. Ensuite, les Mongols sanguinaires lui donnèrent l'hallali, eux dont la culture abruptement prédatrice différait tant de l'esprit constructif des Russes du royaume de Kiev.

Les différences entre les civilisations occidentale et orthodoxe justifient qu'on les distingue l'une de l'autre. Toutefois, elles sont unies par un lien de parenté extrêmement étroit, qui scelle leur communauté de destin. Pour le meilleur comme pour le pire. Ces deux proches cousines doivent marcher d'un seul pas, dans le cadre de ce qu'on pourrait appeler « le Nouvel Occident ».

Ceux qui ne s'y trompent pas, ce sont les intégristes islamistes : eux n'y vont pas par quatre chemins, ils considèrent les orthodoxes, au même titre que les catholiques, les protestants et les juifs, comme des « impies », des « infidèles », des « croisés », qu'il faut combattre sans pitié. Sauf s'ils acceptent de se convertir à l'islam.

Dans le concert des nations du nouvel Occident, doivent figurer celles du monde orthodoxe. Que les deux civilisations soient dans le même camp au cours de cette Troisième Guerre mondiale est une question de survie pour elles. Les rapprochements politiques actuels entre Russes et Occidentaux vont dans le bon sens. Les Occidentaux, notamment les Américains, ont fait du chemin depuis l'époque où ils jouaient systématiquement l'islam contre la Russie, exacerbant ainsi le panslavisme antioccidental qui voyait se concrétiser son obsession de l'encerclement.

Lui faisant faire un virage à 180 degrés, le 11 septembre a convaincu l'Amérique que l'ennemi, ce n'est pas la Russie, mais l'islam. Qu'il était temps de laisser tomber la politique de *containment* de la Russie héritée de la Guerre froide, si chère à des personnalités comme Zbiniew Zbrezinsky. Qu'un front commun occidentalo-orthodoxe devait s'organiser au plus vite face à l'islam. Le 11 septembre a révélé à l'Amérique et à tout l'Occident l'existence des civilisations. Et leur étroite parenté avec le monde orthodoxe.

Chapitre III

L'islam, théocratie totalitaire

L'islam ne dissocie pas le temporel du spirituel. La charia *(la loi islamique) doit s'appliquer à tous les aspects de la vie sans exception. Religion prosélyte, l'islam s'est assigné la mission de convertir toute l'humanité, par la persuasion ou la force.*

L'ISLAM, UNE RELIGION PYROMANE

Samuel Huntington remarque que « *certains Occidentaux (...) soutiennent que l'Occident n'a pas de problèmes avec l'islam, mais seulement avec les extrémistes islamistes violents. Quatorze cents ans d'histoire démontrent le contraire. Les relations entre l'islam et le christianisme, orthodoxe comme occidental, ont toujours été agitées. Chacun a été l'autre de l'autre* ».

Aujourd'hui, l'exacerbation de ce phénomène a déclenché la Troisième Guerre mondiale. Dans laquelle le poids de l'islam est énorme : un milliard d'êtres humains, présents sur tous les continents.

L'islam (ce mot signifie « *l'acte de se soumettre à Dieu* ») est fondé sur le Coran, parole de Dieu, révélée au prophète Mahomet par l'archange Gabriel. Et sur la sunna (*coutume* en arabe), constituée des paroles et actes de Mahomet (et non pas de Dieu), rapportés par ses compagnons sous forme de *hadiths (traditions)*, qui sont de courts récits à vocation édifiante pour le fidèle.

On distingue une sunna « confirmée », étayée sur une chaîne ininterrompue remontant à un témoignage visuel ou auditif contemporain à Mahomet. Et une sunna constituée de traditions apocryphes, parfois de précédents juridiques fictifs pour justifier le droit musulman, fixé dans les cent cinquante ans suivant la mort du Prophète. Si bien que les hadiths, sont classées en « *récurrentes* », « *fiables* », « *bonnes* », « *faibles* », et même « *forgées de toutes pièces* ». La sunna est, après le Coran, la seconde source de la charia, la loi islamique.

L'islam n'est pas seulement un appareil de dogmes religieux. Loin de se confiner au spirituel, il intervient dans tous les aspects de la vie du croyant : les droits et les obligations de ce dernier dans les domaines politique, social, militaire, domestique, hygiénique, moral... sont définis avec précision par la charia, la loi canonique de l'islam tirée du Coran et des hadits.

Au fil des conquêtes islamiques, s'est posé le problème de l'adaptation de la charia, ensemble normatif contenu dans le Coran et les traditions, à des cultures bien différentes de celle des tribus bédouines d'Arabie qui furent le berceau de l'islam. Aussi fallut-il procéder à une mise en ordre de l'enseignement et de la pratique coraniques. Des savants s'en chargèrent, qui fondèrent des écoles de pensée islamique. Et aussi des juges, chargés de l'application du droit islamique : ils tissèrent la jurisprudence islamique (*fiqh*) assimilée à la théologie. Le *fiqh* est une création humaine de normes, venues compléter les textes fondateurs, au point que les notions de charia et de *fiqh* s'entremêlèrent.

Cela pose le problème de l'interprétation (*itjihad*) des sources de la loi. Ce furent les hommes de religion, les oulémas (docteurs de la loi) qui s'imposèrent comme les interprètes officiels du consensus (*ijma*) de la communauté de l'islam : ils s'arrogèrent la prérogative de dire qui pouvait définir le droit, et selon quelle procédure le définir. La problématique des oulémas et de l'*itjihad*, centrale tout au long de l'histoire de l'islam, est restée cruciale de nos jours : elle conditionne étroitement la nécessaire modernisation canonique de l'islam, toujours en suspens.

Mahomet est le dernier en date des nombreux messagers de Dieu, la série ayant été inaugurée par Adam et comprenant Abraham, Moïse et Jésus. Aussi l'islam possède-t-il en commun avec les monothéismes qui l'ont précédé (le judaïsme et le christianisme) plusieurs dogmes de première importance : la croyance en Dieu, aux anges, aux Livres révélés (la Bible, les Évangiles), aux prophètes et au Jugement dernier.

Cependant, l'islam introduit des différences par rapport au judaïsme et au christianisme : il exclut le péché originel, celui d'Adam et Ève, et la déchéance de la nature humaine qui en est la conséquence logique. Il rejette la trinité chrétienne et met l'accent sur l'unicité et la transcendance divine. Aussi, considère-t-il Jésus, non pas comme le Fils de Dieu, donc d'essence divine, mais comme un prophète semblable aux autres. En outre, l'islam réduit le libre arbitre à la portion congrue. Ce dernier point divisa les docteurs de l'islam au fil des siècles.

À cause de ces différences, l'islam estime avoir atteint à ce qu'il appelle *« l'unification religieuse »*. À ce titre, il se juge supérieur au judaïsme et au christianisme, pervertis à ses yeux par la falsification des textes bibliques et les manquements de leurs adeptes. Il se considère comme la meilleure des religions existantes, celle qui est indépassable.

Le monde musulman s'est divisé en deux principales tendances. La plus importante en nombre (900 millions d'adeptes) est sunnite. Les sunnites acceptèrent dès l'origine comme successeurs du Prophète (qui n'avait pas de descendance mâle pour reprendre le flambeau) les quatre premiers califes, appelés *« les quatre Califes bien guidés »*, qui tous avaient connu Mahomet : Abu Bakr, Omar, Othman et Ali.

La deuxième grande tendance est le chiisme, principal schisme de l'islam, né dès le VIIe siècle d'une contestation de la succession du Prophète : Abu Bakr, Omar et Othman, les trois premiers Califes bien guidés, auraient en vérité accédé au califat au détriment d'Ali, cousin, fils adoptif et beau-fils de Mahomet, dont il avait épousé l'une des filles, Fatima. Ali connut un sort malheureux : il fut assassiné en 661. Son fils Hussein fut à son tour massacré en 680, par les troupes de Moawiya, gouverneur de Syrie, qui assuma le califat et le rendit héréditaire. Il fonda la dynastie omeyyade (661-750) du nom de son ancêtre Omayya.

Le chiisme entretient avec le sunnisme des divergences à la fois politiques et doctrinales.

Sur le plan doctrinal, deux points principaux opposent le chiisme au sunnisme. Les chiites « duodécimains » croient au Mahdi, en référence au douzième imam, Muhamad Abu al-Qazim, disparu et qui ne reviendra qu'à la fin des temps, amenant justice et perfection. En outre, les chiites attribuent à l'imam un rôle beaucoup plus important que les sunnites : ils le considèrent non pas seulement comme un dirigeant, mais comme l'héritier inné des fonctions du Prophète.

Le dogme islamique traditionnel sépare le monde en deux territoires distincts.

Le joyau, le sanctuaire, c'est la « maison de l'islam » (*dar al-Islam*). Les musulmans y exercent directement la souveraineté et le pouvoir politique. Pour les non-musulmans résidant dans le *dar al-Islam,* c'est autre chose. Les mieux lotis sont les juifs et les chrétiens, appelés « *Gens du Livre* », parce qu'ils sont les fidèles des religions révélées (judaïsme et christianisme) que l'islam est venu « *sceller* ». Leur statut est celui des *dhimmis* (les « protégés ») : ils paient un impôt spécial, le tribut (*jiziyya*). Il leur est interdit de porter les armes. De commander un « *vrai croyant* ». De manifester leur foi non musulmane et d'exercer leur prosélytisme. Ils doivent se soumettre totalement au pouvoir temporel islamique. En contrepartie de tout ça, les *dhimmis* ont le droit de pratiquer leurs cultes religieux monothéistes.

Les Gens du Livre ont souvent bénéficié d'une condition assez confortable dans le monde musulman. Ils ont joui d'une certaine autonomie, gérant leur communauté eux-mêmes. Et souvent exercé une influence intellectuelle et sociale considérable : certains d'entre eux accédèrent aux plus hautes fonctions administratives et gouvernementales, comme celles de vizirs (Premiers ministres en quelque sorte) des califes. Dans l'Empire ottoman, ou bien dans l'Égypte de la dynastie fatimide, les juifs et les chrétiens tinrent une grande place dans les secteurs du commerce et de la banque. Cependant, de temps à autre, il arrivait qu'ils soient persécutés, ou expulsés, selon les humeurs d'un calife ou l'arrivée d'une nouvelle dynastie moins bien disposée à leur égard.

Hormis les Gens du Livre, il existe une seconde catégorie de non-musulmans ayant un statut spécifique dans le *dar al-Islam* : les polythéistes. Au regard de l'islam traditionnel, ces « *idolâtres* », ces païens, sont ce qu'il y a de plus impur dans l'humanité : ils occupent le bas de l'échelle humaine. Pour ces polythéistes insanes, trois possibilités : la conversion, l'esclavage ou la mort.

Cependant, la pratique apporta des aménagements au principe. La dynastie musulmane des empereurs moghols, qui domina l'Inde de 1526 à 1858, aménagea à certaines époques des rapports harmonieux avec l'immense population hindoue, donc polythéiste, qu'elle dominait.

Le *dar al-Islam* est seul véritablement digne de respect et de paix. Il surplombe le reste du monde. Mahomet a été catégorique : « *Vous formez,* a-t-il dit aux musulmans, *la meilleure communauté suscitée parmi les hommes ; vous ordonnez ce qui est convenable, vous condamnez ce qui est blâmable* » (Coran III, 110).

Dans le *dar al-Islam,* le temporel est totalement inféodé au spirituel, le politique au religieux. Le très chrétien « *Rendez à César ce qui est à César et à Dieu ce qui est à Dieu* » est aux antipodes de la doctrine islamique, dans laquelle Dieu est César. Le droit canonique de l'islam doit commander l'ensemble de la vie politique. La notion d'État laïque est étrangère à l'islam.

À l'extérieur du *dar al-Islam*, cette maison de l'islam, ce saint des saints, qu'y a-t-il ? *La « demeure ou zone de la guerre »* (*dar al-Harb*). C'est-à-dire un espace géographique, juridique, politique et spirituel dominé non par les musulmans, mais par les « *impies* », les « *infidèles* » : les juifs, les chrétiens et les polythéistes qui sont la fraction « *impure* », donc inférieure, de l'humanité. « *Tous, sans exception, seront jetés dans le feu de la géhenne, où, immortels, ils demeureront. Ceux-là sont le pire de l'humanité* », dit le Coran (XCVIII,6).

Le musulman vivant dans le *dar al-Harb* doit secouer le joug politique de l'infidèle dès qu'il est en mesure de le faire. S'abstenir serait alors une faute : « *N'appelez pas à la paix alors que vous avez la supériorité* » (Coran XLVII, 35). Le moins que l'on puisse dire, c'est que ce principe n'est pas de nature à favoriser l'intégration du bon musulman aux sociétés occidentales.

Il est déconseillé à l'infidèle de se dérober au prosélytisme islamique, « *car quiconque se sépare de l'Apôtre après que la direction s'est manifestée à lui, nous lui ferons affronter la géhenne* » (IV, 15).

Le statut légal des non-musulmans, qui implique un rejet de leur pouvoir politico-juridique par les musulmans, est formulé et conceptualisé par les quatre écoles juridiques du sunnisme ainsi que dans la tradition chiite. Toutes les tendances de l'islam sont unanimes au sujet de ce credo depuis le onzième siècle, et même depuis l'époque du Prophète : il s'inscrit dans une continuité historique qui va de la soumission des juifs d'Arabie en 638 jusqu'à nos jours.

Point n'est besoin d'ausculter les professions de foi les plus intégristes pour trouver la source idéologique des conflits de légitimité qui déchirent des nations peuplées de musulmans et de non-musulmans : elle sourd de l'orthodoxie islamique elle-même.

Selon celle-ci, la charia devra, *coûte que coûte*, régner finalement sur l'humanité impure. Le temps viendra où le genre humain en son entier sera unifié autour du Coran : il se sera converti à l'islam. Même les écoles religieuses réputées les moins islamistes enseignent cela. Il y a là un effrayant esprit de prosélytisme religieux, dont la détermination n'a aujourd'hui d'équivalent dans aucune autre religion. L'islamisme est un mouvement politico-religieux, un totalitarisme théocratique ayant un projet de conquête planétaire.

Religion guerrière et conquérante, l'islam le fut dès l'origine, puisque né dans la guerre : Mahomet se mêla à plus de quatre-vingts combats contre les infidèles. Contrairement au Christ, à Bouddha ou à Confucius, il ne se cantonna pas à la prédication, il fut aussi un virulent chef de guerre. Mahomet, fondateur de religion, fit couler le sang à maintes reprises pour l'imposer à ses détracteurs juifs et païens de l'Arabie de l'« *ignorance* », celle d'avant l'islamisation. Il fit de l'islam une religion pyromane.

Djihad

Ensuite, dans le contexte de l'expansion de l'islam, les juristes des dynasties omeyyade puis abbasside, toutes deux sunnites, fignolèrent l'inquiétant concept du djihad (« *combat sur la voie de Dieu* », « *guerre sainte* »), inspiré du Coran.

Le djihad, en tant que principe canonique, est propre à l'islam.

Pas dans le sens premier de ce terme, qui est celui d'« *effort* », de « *combat intérieur* » : le combat intérieur du croyant se livrant à l'ascèse et à la prière pour maîtriser ses mauvais instincts, perfectionner son âme, atteindre à la perfection individuelle et devenir le meilleur musulman possible. Ce djihad-là, appelé « *grand djihad* », qui est un combat personnel en vue du perfectionnement moral et religieux, est de même nature que les exercices spirituels mis en exergue par la plupart des autres religions.

C'est avec « *le petit djihad* », celui qui concerne le combat extérieur, l'action guerrière, que l'islam se démarque véritablement des autres religions : il fait de la guerre sainte un élément central de sa pratique. Résultat : l'islam est une religion couverte de sang.

Ce « *petit djihad* » se décompose lui-même en deux éléments.

Il y a le *djihad de défense*, mis en œuvre lorsque le *dar al-Islam* est menacé par les non-musulmans. C'est une « *obligation individuelle* », entraînant une mobilisation générale : tout musulman valide doit combattre, les autres devant apporter une contribution financière ou prier pour la victoire de l'islam.

C'est une obligation coranique :

« *Combattez dans la voie de Dieu contre ceux qui vous feront la guerre. Mais ne commettez point d'injustices en les attaquant les premiers, car Dieu n'aime point les injustes. Tuez-les partout où vous les trouverez, et chassez-les d'où ils vous auront chassés. La tentation à l'idolâtrie est pire que le carnage à la guerre* » (Sourate de *la Génisse*, versets 186 et 187).

Le « *djihad offensif* » est l'autre forme du « *petit djihad* », celle qui fait de l'islam une religion pyromane. Ce djihad d'attaque est au service de l'expansion du *dar al-Islam*, le domaine de l'islam. Plusieurs versets coranique exhortent au *djihad offensif*.

Exemples :

« *Dis encore aux Arabes du désert qui sont restés chez eux : nous vous appellerons à marcher contre des nations puissantes ; vous les combattrez jusqu'à ce qu'elles embrassent l'islamisme ; mais si vous tergiversez comme vous l'avez fait autrefois, il vous infligera un châtiment douloureux* » (sourate XLVIII, *la Victoire*, verset 16).

« *Dis aux infidèles que s'ils mettent fin à leur impiété, Dieu leur pardonnera leur passé ; mais s'ils retombent, ils ont devant eux l'exemple des anciens peuples* [qui ont été vaincus] » (sourate VIII, *le Butin*, verset 39).

« *Faites la guerre à ceux qui ne croient point en Dieu ni au jour dernier, qui ne regardent point comme défendu ce que Dieu et son apôtre ont défendu, et à ceux d'entre les hommes des Écritures qui ne professent pas la vraie religion* » (sourate IX, *le Repentir*, verset 29).

Le *djihad offensif* est l'affaire des dirigeants politiques (calife, émir, sultan) et des soldats qui participent aux opérations militaires contre les *infidèles* et les *païens* refusant de se convertir à la « *vraie foi* ». Malheur aux vaincus ! Les soldats d'Allah ont tous les droits sur eux : pillage, viol, prise de butin, captifs qu'on emmène en esclavage, tribut levé par les vainqueurs en contrepartie de la « *protection* » qu'ils accordent aux peuples soumis. L'esclavage est autorisé par le Coran et les Traditions, et juridiquement reconnu par le Droit, sous réserve d'un traitement humain de l'esclave. Et de son affranchissement s'il acceptait de se convertir, devenant ainsi l'égal, ou presque, des croyants libres. L'esclave pouvait acheter son affranchissement.

À ce djihad offensif, seuls participent les soldats professionnels et les volontaires accourus par zèle religieux, ou esprit de lucre, l'un n'excluant pas l'autre. Le reste des musulmans n'est pas concerné par cette « *obligation collective* » de guerroyer pour étendre le *dar al-Islam*.

Loin d'être facultatif, le *djihad offensif* est un devoir religieux pour les musulmans qu'il implique. C'est pourquoi le djihad fut le moteur principal de la fabuleuse expansion de l'islam, le reste étant dû au prosélytisme des marchands et autres voyageurs. À la mort de Mahomet, les califes qui lui succédèrent poursuivirent ses combats acharnés, soumettant à coup de cimeterres l'Afrique du Nord, la Péninsule ibérique, le Proche et le Moyen-Orient, les Empires perse et byzantin, l'ensemble de la Russie et de l'actuelle Ukraine, à l'islam. Grâce au paiement du tribut par les peuples vaincus, le *djihad offensif* fit affluer de fabuleuses richesses, notamment celles de l'Europe centrale, vers l'Empire ottoman, lui assurant une grande prospérité. Qui déclina lorsque l'Empire ottoman reflua d'Europe centrale, après l'échec du second siège de Vienne en 1683.

Le principe du *djihad offensif* s'applique à toutes les formes de guerre. Telle la piraterie barbaresque, qui terrorisa la Méditerranée jusqu'au XIXe siècle : les corsaires musulmans capturaient les navires de commerce européens, raflaient les cargaisons, enchaînaient et revendaient les captifs à leurs familles contre rançon. Ils avaient aussi pour habitude de réserver leurs jeunes prisonnières à la libido de riches propriétaires de harem. Ceux-ci payaient le prix fort : il y avait une très forte demande de femmes à la peau claire, considérées comme particulièrement excitantes. Les raids ciblaient aussi les populations du littoral méditerranéen de l'Europe.

Leurs descendants s'en souviennent encore. Comme la journaliste et écrivain italienne Oriana Fallaci qui, dans son ouvrage « *La Rage et l'Orgueil* », faisant allusion à la demande de pardon adressée par le Pape aux musulmans pour les croisades, s'indigne : » *(...) à moi ils n'ont jamais demandé pardon pour les crimes commis jusqu'à l'aube du XIXe siècle le long des côtes toscanes et dans la mer Tyrrhénienne. Un endroit où ils enlevaient mes ancêtres, ils leur mettaient des chaînes aux pieds, aux bras et au cou, les emmenaient en Algérie en Tunisie ou en Turquie comme esclaves, les vendaient dans des bazars et égorgeaient ceux qui tentaient de s'enfuir* ».

De la fin du XVe siècle jusqu'au XIXe siècle, les cités corsaires d'Afrique du nord, au premier rang desquelles Alger, vécurent de cette cruelle piraterie considérée comme un djihad par ceux qui la pratiquaient. La répression de ces razzias fut le point de départ de la conquête de l'Algérie par la France en 1830.

Offensif ou défensif, le djihad relègue au second plan les autres obligations religieuses, car prévalent les impératifs guerriers. Par exemple, le jeûne du ramadan : le musulman au combat en est dispensé, parce qu'il amoindrirait ses chances de victoire en se battant l'estomac vide et après avoir passé une nuit blanche.

L'acceptation du martyre est inséparable d'un appel à la lutte : les croyants qui meurent pour leur foi, qu'ils la défendent ou qu'ils subissent des persécutions, vont directement au paradis :

« *Ne croyez pas que ceux qui ont succombé en combattant dans les sentiers de Dieu soient morts : ils vivent près de Dieu, et reçoivent de lui leur nourriture* » (sourate III, *la Famille de Imram*, verset 163).

Le Coran décrit dans plusieurs versets le paradis, ce merveilleux endroit où les hommes pieux « *seront dans un lieu sûr, au milieu des jardins et des sources d'eau, revêtus d'habits de soie et de satin, et placés les uns en face des autres. Telle sera leur condition, et de plus nous leur donnerons pour épouses des femmes aux yeux noirs* » (sourate XLIV, la Fumée, versets 51 à 54).

Qui est habilité à déclencher le djihad ? Ce sont les docteurs de la loi islamique, les oulémas. Ils le déclenchent par une fatoua, c'est-à-dire un avis juridique basé sur les textes sacrés de l'islam. Contrairement à l'Église catholique, l'islam n'est pas hiérarchisé sous la houlette d'un chef suprême. Chaque ouléma est responsable devant Allah et la communauté : il est en droit de proclamer le djihad en fonction d'intérêts politiques lui tenant à cœur. Ses ouailles sont libres de le suivre ou non.

Il y a un esprit des religions, comme il y a un esprit des lois. Celui de l'islam, c'est la violence. Prétendre que l'islam est une religion pacifique, c'est ne pas regarder la réalité en face ou manier la langue de bois : le Coran recèle une centaine de versets qui sont un appel au meurtre. Et l'histoire de l'islam est celle de ses armes.

Certes, le christianisme lui aussi a du sang sur les mains : des massacres à grande échelle infligés par Charlemagne aux païens saxons pour les convertir, jusqu'aux inhumaines guerres entre catholiques et protestants, en passant par les croisades (analogues au djihad) pour reconquérir le Saint-Sépulcre, sans oublier les persécutions religieuses infligées par les conquistadores espagnols aux Amérindiens.

Mais c'était des dérives par rapport aux textes fondateurs, la Bible et plus encore les Évangiles, qui ne préconisaient pas la violence comme méthode de propagation de la foi. « *Si on te frappe sur la joue droite, tends la joue gauche* », dit Jésus-Christ. De même, les Pères de l'Église ne prônent pas la guerre sainte. Aussi le christianisme des premiers temps se répandit-il pacifiquement, par le bouche à oreille et le prestige spirituel de ses martyrs (on ne peut plus pacifiques, ceux-là), non par l'épée.

Sur la question de la violence, le Coran est aux antipodes des Évangiles : il préconise la guerre sainte, et lui donne les pleins pouvoirs si nécessaire. Dans l'islam, c'est le pacifisme systématique qui est une déviation par rapport aux textes fondateurs.

À coté de cet islam pur et dur des premiers temps, il y a un islam bienveillant, un islam paisible, qui lui, s'est engagé dans les voies de la souplesse et de la tolérance. L'islam des millions de musulmans d'aujourd'hui qui aspirent à l'émancipation de la femme, à une religiosité sereine, à une existence paisible, à une ouverture sur le monde. L'islam bienveillant des hommes et des femmes de bonne volonté, épris de paix et de savoir. Cet islam-là a besoin d'une réforme de ses dogmes religieux, d'une modernisation théologale. Il aspire plus ou moins consciemment au développement de la laïcité, des libertés, de la séparation des pouvoirs religieux et temporel.

Ce courant s'exprime dans la vie de tous les jours, à travers une partie des classes moyennes et des femmes : des millions d'entre elles refusent le joug de leur mari et de leur belle-famille, et le port du voile. Elles veulent faire des études poussées et envoyer leurs propres filles à l'école. Elles aspirent à un style de vie plus libre, où la mode et le glamour auraient leur place. Bravant la menace intégriste, elles multiplient les initiatives courageuses. Elles se montrent sans tchadors et avec des tenues vestimentaires à la mode occidentale dans tel quartier où les intégristes sont puissants. Elles s'expriment dans les médias au péril de leur vie, comme en Algérie, où durant les dix dernières années nombre d'entre elles furent égorgées, ou emmenées en captivité pour servir de bêtes à plaisir aux rebelles intégristes. Elles participent à des défilés de mannequin ou des concours de beauté. Ainsi, quatorze mille jeunes marocaines se sont portées candidates au concours de la Gazelle de l'Atlas, pour l'élection de miss Maroc 2002, malgré les pressions exercées par les groupes islamistes : ceux-ci abominent le concours de miss, qu'ils considèrent comme un outrage à l'islam, issu des œuvres de Satan.

Mais tous ces élans spontanés vers un assouplissement des modes de vie ne se traduisent pas par une modernisation des dogmes religieux de l'islam. Il n'existe pas d'autorité religieuse centralisatrice et surplombante (analogue à la papauté) qui, par voie hiérarchique, serait en mesure de décréter une modification des dogmes, et d'imposer cette transformation aux tenants d'une interprétation littérale du Coran. Un abîme se creuse alors entre ces aspirations à une vie plus libre et l'islam traditionnel, et plus encore l'islam intégriste. Ce dernier se charge de haine face à ce qu'il considère comme l'œuvre de Satan, comme en témoignent en Algérie par exemple, les assassinats de femmes non voilées ou en minijupes.

L'ÂGE D'OR DE L'ISLAM

Un courant réformiste fut pourtant jadis, la source d'un grand dynamisme intellectuel dans le monde islamique, et inspira puissamment l'Europe du Moyen Âge et de la Renaissance. En ces temps-là, malgré les guerres opposant la chrétienté à l'islam, s'établit une forte connivence entre les élites intellectuelles de ces deux civilisations.

Le catalyseur de ces échanges fut l'essor de la philosophie en terre d'islam.

Pourtant, l'islam des premiers temps ne s'était pas adonné à la philosophie : n'ayant pas de clergé, il n'avait pas développé de science de l'interprétation des textes (herméneutique) pour élucider par la pensée les voies de Dieu. Celles-ci étant censées se manifester à l'homme directement.

Mais voilà que, dès le VIIIe siècle, les méthodes de la philosophie, celles des Grecs de l'antiquité et du monde hellénistique, font leur entrée dans l'univers mental musulman. C'est un mot dérivé du grec qui désigne la philosophie en arabe : *falsafa*.

Comment cette introduction se fit-elle ?

Les chrétiens d'Orient ont manifesté de bonne heure un vif intérêt pour les traités de la Grèce antique touchant la philosophie, les mathématiques, la médecine, la grammaire, etc. Ils donnèrent naissance à une véritable école de traducteurs dont les plus grands noms sont ceux de Serge de Rash-'Aïn (536) et de Jacques d'Édesse (708). Les chefs-d'œuvre grecs furent ainsi traduits en syriaque : cette langue sémitique apparentée à l'araméen, était la deuxième de l'empire byzantin après le grec.

Les écoles syriaques ont été les intermédiaires par lesquels la pensée grecque est parvenue aux Arabes : ceux-ci, reprenant le flambeau, développèrent un mouvement de traductions à l'époque abasside, dont le centre était Bagdad. Cette brillante cité mésopotamienne, l'une des plus grandes de son temps avec un million d'habitants au Xe siècle, est restée le symbole de « l'âge d'or de l'islam », qui couvrit la période 750-1050.

Bagdad fut l'un des deux plus grands centres de traductions du monde arabe, le second étant Cordoue dans l'Espagne musulmane. Du VIIIe au Xe siècle, les savants humanistes chrétiens (le plus grand est Hounayn Ibn Ishak, mort en 877) et musulmans y traduisirent en arabe les *« sciences étrangères »*, principalement celles venues du monde hellénistique. Celles-ci introduisaient dans la civilisation cosmopolite qui était en plein développement dans les immensités conquises par l'islam, une pléiade de courants philosophiques que les musulmans ne connaissaient pas auparavant : philosophie grecque classique et hellénistique, néoplatonisme, gnose, hermétisme.

À cet héritage s'ajouta celui de l'Iran ancien et de l'Inde, transmis aux musulmans par les chrétiens nestoriens de l'académie de Gondishapour en Perse. Ces chrétiens nestoriens constituent un des rameaux des chrétiens d'Orient. Ils doivent leur nom à Nestorius, patriarche de Constantinople croyant à la double nature du Christ, divine et humaine, Marie étant la mère du Christ et non de Dieu. Cela ne fut pas du goût des Byzantins, qui au concile d'Éphèse en 431, condamnèrent comme hérétique le nestorianisme. Les nestoriens coururent se réfugier chez les ennemis de Byzance, les Perses de l'empire Sassanide, c'est-à-dire l'Iran. Là, les hommes de science et les philosophes chrétiens dopèrent l'activité de Gondishapour, centre scientifique et médical majeur du Moyen-Orient fondé par les Sassanides à la fin du IIIe siècle. Ils apportèrent les traditions médicales et philosophiques grecques et hellénistiques, qui interagirent avec les apports perses et indiens.

Militairement vaincu, l'Empire perse sassanide tomba dans l'escarcelle musulmane dès la première moitié du VIIe siècle. Alors, le savoir de Gondishapour ensemença l'islam. En effet, les savants et philosophes chrétiens nestoriens affluèrent à Bagdad, capitale abbasside, dès le VIIIe siècle. Et y fondèrent de véritables dynasties de médecins (les Bakhtistou, les Masawahy, par exemple). Dans cette ville prodigieuse à l'époque, les chrétiens participèrent à l'édification d'hôpitaux et au grand mouvement de traductions, du grec avant tout, mais aussi d'autres langues : le syriaque (celle, entre autres, des nestoriens) ; le pehlevi perse ; le sanskrit. Les califes abbassides encouragèrent ce mouvement intellectuel, eux qui envoyèrent à Byzance des émissaires chrétiens et juifs pour y acheter des manuscrits, parmi lesquels de nombreux ouvrages médicaux venus de l'antiquité hellénistique (Galien, Hippocrate, Dioscoride). Le gouvernement califal distribua des copies des manuscrits médicaux dans tout l'empire : Égypte, Syrie, Maghreb. Et Andalousie : celle-ci fut galvanisée à partir de son principal centre intellectuel, Cordoue, l'essaimage se faisant rapidement dans d'autres villes, comme Tolède.

Les intellectuels de l'islam classique furent des généralistes : ils aspiraient à la connaissance de l'univers et à la célébration de l'unité fondamentale de l'homme, reflet de celle de Dieu. C'étaient des esprits encyclopédiques : hommes de science (férus de médecine, d'astronomie, d'optique, de mathématiques, de physique, de chimie), philosophes, poètes et musiciens. Le lien entre philosophie et médecine fut caractéristique de la pensée arabo-musulmane de l'âge d'or. Il était hérité du système de pensée grecque antique. Et s'incarnait dans l'idéal du *hakim*, un savant à la fois philosophe et médecin.

Les lieux de savoir se multiplièrent à Bagdad et dans tout le monde musulman. Dans les mosquées, tout d'abord, car la recherche du savoir est d'une certaine façon encouragée par le Coran. Mahomet a dit : « *Cherchez la connaissance jusqu'en Chine s'il le faut.* » Le Coran est, aux yeux des musulmans, le Livre par excellence, qui représente la quintessence de toute connaissance, divine et humaine : il n'est point d'approfondissement religieux sans étude. Aussi, l'islam a-t-il toujours vécu dans le culte des livres. Les mosquées les plus importantes furent dès les débuts de l'islam dotées d'une bibliothèque et d'une structure d'enseignement. Les écoles coraniques d'avant le XIe siècle (*kouttabs*) enseignaient déjà aux enfants la grammaire arabe, l'écriture de l'arabe et la lecture du Coran.

Du VIIIe au XVe siècle, de l'Andalousie à l'Inde, de Tombouctou à Samarcande, l'islam connut un prodigieux essor de l'écrit et des arts du livre. Qui s'accompagna d'une constellation de bibliothèques, financées par le mécénat califal, princier ou particulier. Jusqu'aux Temps modernes, ce phénomène fut unique dans le monde.

À l'âge d'or intellectuel de l'islam, apparaissent des institutions qui jouèrent un rôle central dans la transmission de la philosophie gréco-musulmane et dans l'enseignement des sciences profanes. La « Maison de la sagesse », fondée à Bagdad vers 815 par le calife abbasside El-Mamoun, en fut le prototype. Financé par le Trésor public, ce centre de traduction des manuscrits des « *sciences anciennes* » (la philosophie et les sciences naturelles) grecs et hellénistiques, mais aussi persans, syriaques et sanskrits, fut doté d'une fabuleuse bibliothèque, gérée par des bibliothécaires professionnels. Et d'un observatoire astronomique.

Se multiplièrent également les « Maisons de la Science », bibliothèques publiques recevant des boursiers venant suivre un enseignement universitaire.

Toutes ces institutions, véritables paradis du savoir, fleurirent à Bagdad, Mossoul, Bassora, Damas, Alep. Et au Caire, au Xe siècle, sous l'action de la dynastie chiite des Fatimides, qui mit à disposition de tous les lettrés une bibliothèque de quarante salles, dotée de 18000 ouvrages hellénistiques sur les sciences naturelles et la philosophie. Les bibliothécaires et les chercheurs étaient salariés. Les Fatimides furent de très grands mécènes : aussitôt qu'ils eurent conquis l'Égypte (969) et fondé le Caire, ils mirent sur pied l'université El-Azhar, qui existe encore de nos jours, où l'enseignement des humanités et de la musique tenait une place importante.

L'Espagne musulmane ne fut pas en reste, elle qui devint rapidement un foyer intellectuel de première importance. Dans la seconde moitié du Xe siècle, la bibliothèque de Cordoue était la plus riche d'Orient et d'Occident. Elle fut un formidable centre de traductions, à partir duquel les grands savoirs de l'antiquité, enrichis des apports arabo-musulmans, passèrent à l'Europe médiévale qu'ils fécondèrent à son tour.

Les lieux du savoir dans l'islam de l'âge d'or furent d'une nature très diverse, puisque les hôpitaux et les observatoires astronomiques en faisaient partie.

Les hôpitaux de l'époque classique furent un des principaux lieux d'enseignement, parce que la médecine constituait une des sciences musulmanes majeure. Les activités intellectuelles qui y étaient pratiquées étaient très larges : on y expérimentait les enseignements reçus dans les autres lieux de savoir : les universités et les bibliothèques.

Ces hôpitaux, inspirés de l'académie médicale de Gondishapour, étaient étonnamment modernes. Des équipes de médecins et de chirurgiens leurs étaient attachées (secondées par un personnel des deux sexes, la mixité étant interdite aux patients). Les différentes disciplines médicales avaient chacune leur département à l'intérieur de l'hôpital : maladies internes, chirurgie, ophtalmologie, orthopédie... Un service administratif spécialisé gérait l'établissement, qui était pourvu d'un dispensaire, d'une pharmacie, de magasins, d'une mosquée. Et souvent, d'une bibliothèque spécialisée. Les étudiants en médecine recevaient dans l'hôpital un enseignement théorique et pratique, basé sur l'observation clinique, et sanctionné par la rédaction d'une thèse. Après quoi, ils étaient diplômés en médecine, prêtaient le serment d'Hippocrate, et démarraient leur carrière médicale. Des hôpitaux furent érigés dans tout le monde musulman. Certains de ces établissements atteignaient des dimensions gigantesques, comme l'hôpital Nouri de Damas au XIIe siècle. Ou bien l'hôpital El-Mansouri, fondé en 1284 au Caire, toujours en partie debout.

Le monde musulman de l'âge classique se couvrit non seulement d'universités, de bibliothèques et d'hôpitaux, mais aussi d'observatoires. L'astronomie était aussi une des sciences musulmanes majeures, faisant partie du cursus normal de la recherche et de l'enseignement dès le VIIIe siècle. Celui de la « Maison de la Sagesse » de Bagdad fut l'un des tout premiers. Bien d'autres furent construits, comme ceux d'Hamadan (Xe siècle) et d'Ispahan (XIe siècle) en Iran, ou celui de Tolède en 1050. Le minaret de la Grande Mosquée de Séville fit office d'observatoire aux XIIe et XIIIe siècles. Un des observatoires les plus perfectionnés fut celui de Maragha, en Azerbaïdjan, au XIIIe siècle. Celui de Samarcande, édifié en 1420, fut également remarquable. Istanbul eut aussi le sien.

Revenons à la Bagdad abasside du IXe siècle, où naquit la *falsafa*, la philosophie. Ce fut dans le climat d'effervescence intellectuelle installé notamment par les chrétiens nestoriens venus de Gondishapour, que les fondateurs de la *falsafa*, les premiers théologiens rationalistes musulmans « moutazilites » (de la racine arabe signifiant «*prendre ses distances*») entreprirent de superposer à leur foi religieuse, donc au Coran, une part de la rationalité grecque et hellénistique, en cherchant à replacer la religion dans une vision générale du monde.

Les moutazilites, en bon rationalistes, expliquaient que la destinée ultime de l'être humain dépend de lui-même, du fait qu'il dispose de son libre arbitre. Les moutazilites poussèrent l'audace jusqu'à soutenir que le Coran a été «*crée*» (au moins dans sa version écrite) au lieu d'être «*descendu*» directement d'Allah sur Mahomet selon la terminologie coranique.

Cela n'était pas du goût des oulémas, les docteurs de la foi, qui d'emblée condamnèrent le rationalisme théologico-philosophique moutazilite en train d'influencer certains dogmes de l'islam. Certains penseurs, comme le philosophe religieux El-Achaari, prêtèrent main forte aux hommes de religion.

Mais le moutazilisme put braver les oulémas et développer son influence grâce à la protection califale. Favorisé pour des raisons politiques par le calife El-Mamoun (mort en 833) le moutazilisme devint même, brièvement, une sorte de doctrine officielle, et une « inquisition » fut alors mise en place contre ses virulents opposants. Au premier rang de ces derniers se trouvaient des hommes de religion, scandalisés par cette intrusion du profane dans l'univers mental musulman, caractérisé par une pensée religieuse totalisante.

Le philosophe grec Aristote (-384 -322) fut l'un des auteurs fétiches du courant moutazilite. Aristote, qui fut précepteur d'Alexandre le Grand, posa le principe que la connaissance vient d'abord des sens et que la raison nous permet de penser le vrai. Descartes au XVIIe siècle dira que les sens, il faut s'en méfier parce qu'ils nous induisent en erreur. Certes. Mais enfin, avec sa théorie du syllogisme et son analyse des différentes parties des formes du discours, Aristote, profitant des avancées opérées par les philosophes grecs qui l'avaient précédé, avait fondé la logique en tant que discipline formelle, et le rationalisme. Ce faisant, il avait fourni à l'Occident l'outil intellectuel de la modernité. Outil retransmis à l'Europe du Moyen Âge par l'islam de l'âge classique. En outre, l'aristotélisme influença considérablement le monde musulman dans son effort de rationalisation de la foi.

Un autre philosophe grec fut une référence importante du courant moutazilite : Platon (-428 -348). Cet aristocrate athénien, élève de Socrate, se méfiait, lui, des sens, contrairement à Aristote : la représentation est trompeuse, pensait-il, parce que le monde sensible est une dégradation du monde intelligible. Reprenant à son compte la méthode dialectique, il en fit le moyen par lequel l'âme s'élève par degrés des apparences multiples et changeantes aux Idées, aux Essences. Platon considérait les Idées comme des modèles immuables, dont le monde sensible n'est que l'image. Il opposait ainsi le sensible et l'intelligible, le devenir à l'Être, l'opinion à la Science. La forme supérieure du savoir est une intuition intellectuelle des Essences qui recèlent l'idée du Bien : Dieu.

Le primat de l'idée sur le monde perçu, le caractère inné du savoir vrai, tels que les concevait Platon, servirent de référence dans les disciplines modernes comme les sciences cognitives. D'autre part, son œuvre inspira le courant néoplatonicien, pour lequel la philosophie est recherche d'une expérience mystique supra-rationelle.

Au IXe siècle, les moutazilites se nourrissaient de cette philosophie grecque et hellénistique pour établir une harmonie entre raison et révélation, faisant ainsi passer dans le monde musulman une bonne part du « miracle grec », celui du logos (le discours raisonné), de la clarté d'esprit, de l'observation scientifique.

Le premier philosophe musulman au sein du premier courant moutazilite du « *discours raisonné* » (équivalent du logos grec) fut le « *Philosophe des Arabes* », El-Kindi (mort en 873). Il fut le premier philosophe d'origine arabe. Ce familier de l'éblouissante cour des Abbassides fut un prototype de la série des grands penseurs musulmans à l'esprit encyclopédique : à ses compétences de philosophe, il joignait celles de médecin, d'homme de sciences (physique, mathématiques), de musicologue et d'historien. Bon connaisseur des philosophes grecs (notamment Aristote et Platon) venus à lui par les traductions du syriaque et du grec, il fut le précurseur dans le monde musulman de la *falsafa*, la philosophie grecque, qu'il définissait comme « *la connaissance de la réalité des choses selon les capacités humaines* ». Son prestige fut immense jusque dans l'Europe médiévale sous le nom d'Arkindus. Erudit à l'aise aussi bien en philosophie, en logique, en physique, en mathématiques qu'en médecine, en histoire et en musique, il fut un auteur fécond : 250 traités (assez courts), pour la plupart disparus. Il fut l'un des premiers penseurs musulmans à s'attaquer à la question de la Création (considérée comme éternelle par l'aristotélisme), en tentant de résoudre le problème entre émanation et création. Il proposa aussi une interprétation allégorique du Coran pour tenter d'en résoudre les contradictions logiques apparentes.

La *falsafa* fut illustrée ensuite par un autre penseur éminent, le médecin El-Razi (mort en 932). Celui-ci poussa l'audace très loin, eu égard au pesant contexte religieux : mettant en avant l'idée que la vie humaine s'améliore par l'usage de la raison, et non pas par la seule intervention d'Allah, il prétendit que la philosophie pourrait remplacer la religion ! De quoi faire cauchemarder les oulémas.

Une immense figure de la *falsafa* fut celle d'El-Farabi (mort en 950), surnommé « *le Second Maître* » (après Aristote). C'était un Iranien. Les Iraniens, appelés Perses à l'époque, qui descendaient en partie d'invasions indo-européennes du premier millénaire av J.C., affluaient en grand nombre à Bagdad. Ces lettrés jouèrent un rôle clé dans l'essor de la *falsafa*, ainsi que dans l'organisation et le développement de l'administration califale, lui conférant une grande efficacité. El-Farabi, penseur d'inspiration néoplatonicienne fut très influencé par El-Kindi ; il essaya de discipliner les courants philosophiques brusquement introduits dans la pensée musulmane par le moutazilisme. Dans son ouvrage *la Cité vertueuse*, il replaça la philosophie politique de la « *République* » de Platon dans le contexte théocratique islamique. El-Farabi voyait le philosophe tout à la fois comme un prophète et un penseur combinant intellect et imagination.

Un autre iranien, d'Asie centrale, Avicenne (mort en 1037) fut un fleuron de la philosophie gréco-arabe. Il s'installa dans l'Andalousie des « trois cultures » : musulmane, juive et chrétienne. Ce brassage culturel intense et harmonieux comme il y en eut peu dans l'histoire de l'humanité, fit de l'Andalousie un prodigieux foyer intellectuel dont la ville de Cordoue fut le centre. Dans ce terreau fertile de la philosophie judéo-gréco-arabe, s'épanouirent une pléiade de penseurs.

Esprit universel comme El-Farabi, Avicenne découvrit la *Métaphysique* d'Aristote à l'âge de dix-huit ans. Il dressa l'inventaire des connaissances gréco-musulmanes de son époque : sciences philosophiques, dont la logique et la métaphysique, sciences humaines, sciences pures, appliquées et naturelles, sciences de l'astronomie, de l'économie. Et il tenta de concilier le dogme coranique avec le rationalisme aristotélicien, qu'il nuança de néo-platonicisme. Il adoucit les cadres rigoureux de la pensée aristotélicienne en les mariant avec une logique de l'expérience. Il s'attacha à expliquer l'existant à la lumière de la Raison, afin de vivre la « *Vérité* » selon une expérience intellectuelle. Il analysa la « *sagesse orientale* » de l'islam dans ce qu'elle a d'unique. Il entreprit d'élucider le monde de « *l'intelligible* » et la connaissance du monde supérieur par la mémoire qu'en conserve l'âme humaine. Avicenne, c'est le monisme de l'être, l'éternité du monde, la connaissance divine par les causes universelles, le déterminisme de l'existence et l'appartenance de l'esprit humain au monde du pur « *intelligible* ». Aux yeux de ce grand introducteur du rationalisme dans l'islam, la connaissance mystique de Dieu lui semblait de même nature que la connaissance intellectuelle ordinaire. Avicenne influença beaucoup la culture musulmane, en particulier la doctrine chiite « *illuminationniste* ». L'école illuministe exerce encore une grande influence sur la pensée chiite iranienne.

Au XIIe siècle, un autre grand penseur musulman prit le relais dans cette quête de rationalisme : Averroès, philosophe et médecin de Cordoue, où il assuma aussi les fonctions de *qadi* (juge). Il fut le plus grand penseur de l'Espagne musulmane, le deuxième « géant » de la pensée philosophique musulmane. Lui aussi tenta de définir les rapports entre philosophie et révélation coranique, à partir de ses commentaires du philosophe grec Aristote, dont il développa surtout les aspects matérialistes et rationalistes. Il alla jusqu'à distinguer, et même opposer, vérités rationnelles et révélées. Il s'appuyait sur la théorie logique d'Aristote, et sur sa propre appréciation de la validité des méthodes de la théologie islamique, pour préconiser l'interprétation entre la philosophie, c'est-à-dire la raison, et la révélation : ces deux démarches lui semblaient également inaltérables et porteuses de vérité. Il faisait grand cas de l'intellect au centre de l'homme, qu'il considérait comme identique au principe de la création. La pensée d'Averroès poussait à son terme la logique réformiste de l'islam préconisée par Avicenne, dont il critiqua néanmoins le néoplatonisme.

L'OBSCURANTISME ENVELOPPE L'ISLAM

La majorité des théologiens de l'islam étaient allergiques à la *falsafa*, qu'il taxaient d'« *hellénistique* » et d'« *étrangère* ». Averroès leur était insupportable. Celui-ci le leur rendait bien : très mêlé aux activités de la cité par ses fonctions de médecin et de juge, il s'impatientait de l'obscurantisme des oulémas, qu'il imputait à leur vie retranchée du monde.

Les religieux eurent leur revanche : ils firent brûler les ouvrages d'Averroès, qui fut obligé de fuir l'Espagne almohade en passant au Maroc où il mourut trois ans plus tard. Non sans avoir contre-attaqué les positions antiphilosophiques du grand théologien El-Ghazali, auteur d'un ouvrage célèbre, *l'Incohérence des philosophes*, qui s'en était pris aussi à la pensée d'Avicenne. El-Ghazali estimait qu'un croyant assuré de sa foi n'avait pas à faire de la théologie un objet d'étude. Il instruisait le procès des philosophes, qui « *doutent* » et qui « *nient* », minant la foi du croyant sincère. Il visait particulièrement Avicenne et El-Farabi.

À cette époque-là, la nuit de l'obscurantisme religieux tombait sur le monde musulman. La philosophie au sens propre du terme, la réflexion philosophique spéculative, était en déclin après les attaques des théologiens. Aux XIet XIIe siècles fut déclaré officiellement « *clos* » « *l'idjtihad* » *(effort d'interprétation personnel)*, qui admettait les divergences d'opinion entre les écoles juridiques sunnites concernant l'interprétation du Coran et des *Hadiths*. La rationalité de plus en plus «*profane*» de *l'idjtihad* mettait mal à l'aise les docteurs de la loi. En instituant «*la fermeture de l'interprétation personnelle*», les oulémas interdisaient désormais toute prise de décision canonique. Ils protégeaient l'orthodoxie religieuse contre les doctrines divergentes. Et la figeaient pour les siècles à venir dans un immobilisme stérilisant dont elle n'est toujours pas sortie.

Les tenants d'un islam dogmatique triomphaient. Désormais, la théologie allait tenir lieu de philosophie dans le monde sunnite. La pensée chiite, elle, continua à se développer quelque peu jusqu'au XVIe siècle, grâce au statut des ayatollahs *(«signe de Dieu»)* iraniens : considérés de leur vivant comme « sources d'inspiration » spirituelle, les ayatollahs, qui sont les dignitaires les plus élevés dans la hiérarchie religieuse chiite duodécimaire, peuvent émettre des points de vue théologiques. Mais dans le monde chiite iranien, il y eut aussi extinction des feux.

Dans le triomphe du dogmatisme religieux sunnite, décisive fut, à partir du XIe siècle, la captation du pouvoir à Bagdad par les Seljoukides turcs qui se proclamèrent sultans, érigeant l'orthodoxie sunnite au rang d'institution d'État. Ils firent des madrassas (*lieux d'étude*), souvent adossées aux mosquées, le fer de lance de ce combat intellectuel et religieux. Excluant de plus en plus de leur enseignement les sciences et la philosophie sous leur forme spéculative, les madrassas privilégièrent les commentaires et la psalmodie du Coran. Elles fourvoyèrent ainsi l'énergie cérébrale de leurs élèves dans une ratiocination religieuse obsessionnelle. Les madrassas n'eurent plus grand-chose à voir avec ce qu'avaient été les institutions universitaires précédentes, beaucoup plus ouvertes, telles que les « Maisons de la sagesse » de la merveilleuse période abbasside.

Un dense réseau de madrassas, dues au mécénat des marchands, des confréries religieuses, des sultans ou des vizirs, s'étendit rapidement sur tout l'Empire seljoukide, puis sur le reste du monde musulman. Dont elles unifièrent les composantes juridiques, mystiques et intellectuelles dans le moule du sunnisme orthodoxe.

Moyen extrêmement efficace de contrôle religieux et politique entre les mains des classes dirigeantes, les madrassas livrèrent pieds et poings liés le monde musulman à l'obscurantisme religieux.

Pendant ce temps, le Moyen Âge européen tirait grand profit de l'héritage scientifique musulman. Celui-ci lui parvenait par Byzance, qui continuaient de diffuser des traductions du grec et du latin aux XIIe et XIIIe siècles. Et surtout par l'Espagne, qui fut pour l'Europe chrétienne pensante une prodigieuse source d'inspiration.

Par le biais des traductions hébraïques et latines effectuées en Espagne, les idées des philosophes musulmans, celles d'Avicenne et Averroès avant tout, jouèrent un rôle considérable sur l'essor de la philosophie européenne jusqu'aux Temps modernes. Il y eut un avicennisme et un averroïsme « latins ».

Les Européens s'imbibèrent aussi des connaissances médicales grecques, considérablement enrichies par la médecine musulmane. Et des mathématiques et de l'astronomie musulmanes, héritées de l'antiquité et elles aussi développées par les savants musulmans. Ceux-ci introduisirent les chiffres arabes en Europe. Nombreux sont dans les langues européennes les mots calqués sur l'arabe, tels algorithme ou algèbre.

La Reconquista ne tarit pas complètement le mouvement de traductions, loin de là. La ville de Tolède devint un grand centre de traduction au XIIe siècle seulement, pas moins de cinquante ans après sa reconquête (en 1085) par les chrétiens. Dès 1125, l'archevêque Raimundo convia les savants européens à venir étudier dans sa ville, où continuaient à vivre de nombreux musulmans et juifs arabophones. Ensuite naquirent des ateliers de traductions réunissant en un commun effort des chrétiens non arabophones, des juifs arabophones et des musulmans. Tolède ne fut pas la seule ville de l'Espagne chrétienne à développer des centres d'apprentissage de la science arabe : Séville, Saragosse, Barcelone, en eurent aussi.

Grâce à l'immense curiosité d'esprit du roi de Castille Alphonse X, mort en 1284, qui était poète et musicien, au XIIIe siècle l'Espagne était encore le principal centre de la transmission de la culture arabo-musulmane.

La Sicile fut elle aussi, quoique à un moindre degré, un centre de transmission des savoirs arabo-musulmans à l'Europe. Les Normands, qui en 1060 avaient conquis l'île sur les musulmans, pratiquèrent une relative tolérance vis à vis de la culture arabo-musulmane. L'arabe y demeura la langue scientifique. Frédéric II, l'Empereur allemand Hohenstauffen, roi de Sicile (1272-1337), qui avait appris l'arabe dans son enfance, cultiva les sciences musulmanes à la cour.

Toutefois, ce vaste mouvement de traduction principalement espagnol se tarit à la fin du XIIIe siècle. Parce qu'à ce moment-là, l'Europe avait fait le plein des textes dont elle avait besoin, elle avait pris tout ce qu'il y avait à prendre dans les savoirs musulmans. Et à travers eux, elle avait renoué avec son passé culturel antique, gréco-latin et hellénistique. Elle avait mis sur pied son propre réseau d'universités : Bologne, Oxford, Paris, Montpellier, qui la hissaient au firmament de la pensée.

Désormais, les chemins de l'Occident et de l'islam divergèrent. Celui-là inventant et développant la modernité, celui-ci se sclérosant dans le dogmatisme religieux du sunnisme orthodoxe et du chiisme figé, régressant ainsi progressivement dans le sous-développement économique et culturel après avoir été à l'extrême pointe du savoir.

L'évolution de l'islam fut l'image inversée de celle de l'Occident. Le spectre social de l'Occident du Moyen âge et de la Renaissance s'enrichit d'un gamme variée : une noblesse, une bourgeoisie, des corps sociaux reconnus comme tels par des chartes garantissant l'autonomie de l'administration communale, et la possibilité d'utiliser collectivement le territoire, ce qui fonda le concept de « domaine public ». L'islam ne développa pas de pluralisme social protecteur des libertés. L'État musulman n'accorda pas de représentativité institutionnelle aux individus ni aux groupes sociaux.

Ce n'était pas faute d'une activité commerciale : un large réseau de routes, terrestres et maritimes, de l'Extrême-Orient à l'Andalousie, de l'Asie centrale à l'Afrique sub-Saharienne, avait favorisé la création d'une bourgeoisie et d'un capitalisme urbains florissants. Des dynasties de grands négociants apparurent. Le marché (*souk* en arabe, *bazar* en persan), très organisé, tenait une grande place dans chaque ville : il réunissait les producteurs et commerçants. Les différentes branches économiques furent embrigadées dans des organisations professionnelles : les corporations.

Mais ces corporations n'acquirent pas de représentativité propre; elles n'eurent jamais de statut garantissant leur indépendance, contrairement à celles de l'Europe médiévale : elles restèrent étroitement contrôlées par les gouvernements à travers le « chef du marché » (*mouhtassib*). De même, les villes ne bénéficièrent jamais du statut de « villes franches » qui conférait à celles d'Occident d'importants privilèges dès la fin du Moyen Âge. Cette absence de protections statutaires empêcha la naissance de corps intermédiaires qui eussent été des contre-pouvoirs au pouvoir absolu.

Paradoxalement, ce sont les Gens du Livre (chrétiens et juifs) qui eurent dans le commerce du monde musulman une cohésion sociale et identitaire forte. Le Coran et les premiers textes du droit musulman imposèrent des restrictions aux transactions commerciales, en interdisant l'usure et l'intérêt. La charia permettait tout de même de contourner ces interdits, par exemple avec des accords de partenariat. Mahomet lui-même avait été négociant à une époque de sa vie, et l'islam naquit dans le milieu commercial citadin du Hedjaz. Cependant, les Gens du Livre exploitèrent le relatif avantage que leur donnaient les restrictions dogmatiques islamiques en développant dans le monde musulman des réseaux d'autant plus structurés qu'ils étaient le fait de communautés hétérodoxes et minoritaires. Mais le statut des Gens du Livre restait précaire, puisqu'en pratique il ne les mettait pas à l'abri de persécutions et d'expulsions au gré des humeurs gouvernementales.

Il n'y eut pas non plus de chevalerie dans le monde musulman : le terme arabe de *foutouwwa* ne désignait pas à proprement parler une chevalerie au sens féodal de l'Europe médiévale, c'est-à-dire un ordre procédant de lui-même, avec sa hiérarchie, ses règles et son autonomie. La *foutouwwa*, c'était les qualités de courage, de générosité et de noblesse de cœur de jeunes gens se mettant au service de la protection de l'islam en cas de menace sur son territoire, et protégeant les femmes et les faibles.

Dans les premiers temps de l'islam, l'armée était constituée d'Arabes, auxquels s'adjoignirent les Iraniens et Berbères convertis. Mais à partir du IXe siècle, sous les Abbassides, l'armée tendit à devenir une armée de métier.

Grâce à une institution ayant déjà existé ailleurs, en Chine notamment, mais que le monde musulman développa à une échelle sans précédant : l'armée d'esclaves militaires professionnels.

Celle-ci s'inscrivait dans le cadre institutionnel majeur que constituait l'esclavagisme en terre d'islam. Il n'y avait pas d'obstacle religieux à cela, puisque l'esclavage est admis par le Coran et les Traditions et juridiquement reconnu par le droit, à condition qu'il ne s'applique pas à des musulmans. Ne pouvant réduire les musulmans en esclavage, l'Islam alla les chercher à l'extérieur, sur les marches de l'empire, là où se trouvaient les *« barbares »* : Asie centrale, Russie du sud, Afrique occidentale et orientale, Inde, Caucase et Europe.

Par la conquête, le tribut et l'achat, le monde musulman se procura très vite des quantités énormes d'esclaves pour faire tourner son économie et développer ses armées. Les tâches imparties aux esclaves différaient sensiblement selon leur appartenance ethnique. Les Noirs, en particulier, servaient de forçats dans les mines et les plantations. Astreints à un labeur épuisant, ils se révoltaient parfois : entre 868 et 883, le soulèvement des esclaves noirs Zandjs du bas Irak alla jusqu'à mettre en péril le califat abbasside. Autre affectation de prédilection pour les esclaves noirs, beaucoup moins pénible : les fonctions domestiques dans les palais, les mosquées et les demeures privées. Ces serviteurs noirs étaient en général intégrés dans la famille de leur maître.

Les plus privilégiés parmi les esclaves furent les artistes blancs des deux sexes. Certains d'entre eux connurent la gloire. Ce fut par exemple le cas de Zyriab, un ancien esclave persan qui devint la star de Cordoue. Les esclaves blanches, lorsqu'elles étaient très belles, pouvaient accéder aux plus hautes destinées. Elles furent les mères de la plupart des sultans ottomans.

Autre affectation majeure pour les esclaves blancs : l'armée. Les esclaves militaires blancs (Slaves, Balkaniques, Turcs, Caucasiens) y furent très prisés. Ainsi, les Ottomans avaient mis au point un système étonnant : le *devshirmé*, « levée » périodique d'enfants chrétiens qui étaient ravis par la force à leurs mères au cours de razzias menées avec une extrême brutalité. Après leur conversion à l'islam, ces enfants étaient éduqués au palais de Topkapi, le palais du calife à Istanbul, pour être versés dans l'armée, et aussi dans l'administration. Où ils s'élevaient souvent jusqu'aux plus hautes fonctions. C'est du *devshirmé* que naquit le redoutable corps d'élite des janissaires de l'Empire ottoman, qui avait acquis une réputation d'invincibilité en Europe. Les fameux mamelouks d'Égypte étaient, eux, des esclaves blancs originaires des steppes eurasiennes et du Caucase. L'Espagne musulmane avait un fort penchant pour les esclaves militaires blancs d'origine slave.

L'institution des esclaves militaires présentait aux yeux des califes l'avantage de disposer d'une aristocratie militaire étrangère, complètement coupée de ses racines, procédant entièrement d'eux et leur devant tout. Cela était aux antipodes d'une chevalerie à l'européenne, enracinée, indépendante, procédant d'elle-même et susceptible de devenir un contre-pouvoir stable et prestigieux.

Toutefois, les califes furent souvent dépossédés de leurs pouvoirs par leurs propres esclaves militaires. Que les califes abbassides avaient été les premiers à employer : ils avaient introduit à Bagdad dès 833 des Turcs, qui finirent par les tenir en otages. En Egypte et en Syrie, les Mamelouks s'emparèrent du pouvoir dès le XIIIe siècle. Ailleurs encore, en Andalousie, en Inde, les esclaves militaires remplacèrent les maîtres qu'ils avaient servis, s'installant à leur place aux commandes du pouvoir gouvernemental. Ainsi, les dynasties d'esclaves militaires ne firent que reconduire les systèmes politiques autoritaires existants, sans contribuer à l'installation d'un pluralisme social par la formation d'une chevalerie féodale, notion qui resta étrangère à l'islam.

Les madrassas, ces collèges théologico-religieux qui jouissaient d'un quasi-monopole sur l'enseignement, n'avaient pas non plus de statut propre. Ni les classes supérieures, constamment à la merci des caprices du gouvernant, qui était le « berger » conduisant le « troupeau » de ses sujets. Il n'était pas question de citoyenneté. Ni d'évolution politique et sociale. L'État était tout entier tourné vers le conservatisme, le maintien du statu quo.

À l'époque classique, des critiques purent être portées contre le pouvoir absolu, par des oulémas, des juristes, ou bien des intellectuels. Mais elles ne portèrent que sur sa légitimité religieuse, et non pas sur sa structure institutionnelle : elles ne remettaient pas en question le despotisme politique.

Cette absence complète d'autonomie face au pouvoir absolu paralysa l'initiative et l'esprit d'entreprise, empêchant l'islam de sauter dans le train de la modernité. Le modèle étatique musulman, qui s'appuyait sur le consensus de la communauté musulmane, l'oumma, notion centrale de la charia, perdura jusqu'au XIXe siècle, condamnant l'islam à l'immobilisme et à la sclérose.

Un aggiornamento musulman

Pendant que l'Europe se modernisait, l'islam s'assoupissait. La spéculation intellectuelle de l'âge d'or n'y était plus qu'un lointain souvenir. Si bien qu'au XIXe siècle, l'expansionnisme colonial et économique européen l'avait inféodé dans sa presque totalité.

Alors, dans le monde musulman se fit jour un courant réformiste souhaitant faire des emprunts à la modernité européenne, pour tenter d'enrayer le déclin politique et économique de l'islam.

Certains États musulmans entreprirent, avec des fortunes diverses, de se moderniser. Le précurseur en la matière fut, dans la première moitié du XIXe siècle, l'un des vassaux de l'Empire ottoman, Mehmet Ali, vice-roi d'Égypte. Subjugué par l'efficacité des armées de Bonaparte, qu'il eut l'occasion de combattre, il fut un pionnier de l'occidentalisation du Proche-Orient. Il importa les innovations techniques, le système d'éducation et le savoir-faire militaire européens, et modernisa la gestion de l'État, faisant de celui-ci le plus avancé du monde musulman à l'époque.

De 1840 à 1870, le vaste Empire ottoman, surnommé par les chancelleries européennes « l'homme malade de l'Europe », se lança dans des réformes (*tanzimat*) inspirées des pratiques de celle-ci. Des réformes résultant assez largement de pressions exercées par les États européens eux-mêmes, désireux d'assurer la protection des minorités européennes de l'Empire ottoman, celles des Gens du Livre, les chrétiens et les juifs, qui tenaient une place importante dans le commerce ottoman.

En 1536, dans un souci d'union contre leur ennemi commun, les Habsbourg, le roi de France François 1er avait signé avec le sultan ottoman Soliman le Magnifique le traité des Capitulations. Complétés en 1569, ces accords permirent aux Français de commercer librement dans tout l'Empire ottoman, en étant assujettis à des tarifs douaniers préférentiels (5 %). En outre, ils bénéficieraient d'une protection pour leurs représentants diplomatiques. Les Vénitiens avaient inauguré cette formule auparavant. Mais, maintenant adoptée par l'imposant Royaume de France, elle faisait école : de nombreux pays européens signèrent eux aussi des traités analogues avec les Turcs. Chacun d'entre eux avait ses protégés dans l'Empire ottoman : les catholiques pour la France, les Druzes et les protestants pour l'Angleterre, les Arméniens et les Grecs orthodoxes pour la Russie, les Grecs catholiques pour l'Autriche.

La protection des « minorités » de l'Empire ottoman devint ainsi une clause de tous ces traités des Capitulations, qui furent reconduits jusqu'au XIXe siècle. Les Capitulations permirent aux Européens d'intervenir de plus en plus dans les affaires intérieures de l'Empire ottoman, sous le prétexte de protéger les minorités qui s'y trouvaient. Et d'y établir une semi-colonisation économique : certaines clauses des Capitulations telles que les tarifs douaniers préférentiels, contribuèrent au déferlement des techniques et des produits manufacturés européens sur l'économie de l'Empire ottoman, ruinant lentement celle-ci.

Au cours des décennies 1820-1860, sous la pression des Capitulations, les sultans Mahmoud II et Abdoul Medjid 1er tentèrent de lancer des réformes inspirées de celles de Mehmet Ali. Avec un succès moindre.

En 1861, le vizir de la Tunisie ottomane, Khaïreddin, promulgua le premier code de gouvernement moderne du monde musulman. Un autre réformateur s'illustra : le grand vizir ottoman Midhat Pachat, qui promulgua la Constitution de 1876. Cette constitution, qui suscita les plus vives oppositions au sein de l'Empire ottoman, était un véritable défi à l'absolutisme du sultan Abdoul Hamid II. Celui-ci mit rapidement un terme à cette expérience constitutionnelle d'inspiration européenne, exila Idhat Pacha au Yémen, et là, le fit assassiner.

En Perse, Nasseredine, chah de la dynastie des Kadjars, s'essaya aux réformes, mais il fut assassiné en 1869 par un derviche fanatique.

Dans l'ensemble, le réformisme étatique musulman au XIXe siècle fut d'une efficacité limitée.

Au contraire, le courant réformiste intellectuel fut, lui, très vivace. Il souhaitait modifier les mentalités en profondeur. Ce réformisme moderniste fut au départ un mouvement intellectuel lié à la « renaissance » (*nahda*) littéraire qui se déploya en Égypte, au Liban et en Syrie. À la fin du XIXe siècle, il se développa sous la forme de la *salafiyyah* (en arabe, ce mot désigne les premières générations de musulmans apparues après la mort du Prophète), qui prêchait la réconciliation de la foi et de la science.

Les adeptes les plus audacieux du réformisme, hostiles à la mainmise sclérosante des oulémas sur les dogmes religieux, souhaitaient la réouverture des portes de *l'idjtihad*, l'effort personnel de compréhension de la religion. Ils préconisaient une modernisation du droit musulman à la lumière des acquis scientifiques et culturels des rationalistes occidentaux.

L'Égyptien Mohammed Abdou (1848-1905) et l'Afghan Djamal Eddin El-Afghani (1833-1897) publièrent en 1884 un journal en arabe qui, malgré sa brève existence, exerça une grand influence sur la pensée réformiste : *Le Lien indissoluble*. Cette publication s'en prenait aux restrictions mises aux libertés publiques et politiques, et elle stigmatisait l'obscurantisme. Tout en insistant sur l'importance de la *oumma*, la communauté des croyants. Toutefois, El-Afghani évolua ensuite vers un panislamisme fortement hostile à l'Occident.

Parmi les grandes figures du courant réformiste, l'Indien Sayyid Ahmad Khan (1817-1898) qui fut l'un des plus grands théologiens modernes. Il affirmait la parfaite compatibilité de l'islam avec la science moderne. Il fonda la prestigieuse université d'Aligarth en 1877 pour que les musulmans puissent y étudier les savoirs occidentaux tout en restant fidèles à leurs traditions religieuses.

Autre figure réformatrice de premier plan, celle du Tatar musulman de Crimée Ismail Bey Gaprinsky (1851-1914). Ce journaliste et pédagogue fonda le mouvement « Djahid » (« *nouveau* » en arabe, c'est-à-dire la « *nouvelle méthode* ») et le journal *Tarjuman* (*l'interprète*) pour promouvoir une réforme de l'éducation religieuse et l'étude du russe (puisque la Russie avait annexé la Crimée) dans les madrassas. Il fit passer en partie ses projets de réforme dans les actes, en lançant la première école « *djahid* » en 1884. Cette initiative eut un grand succès, et des écoles de ce type se multiplièrent dans tous les territoires musulmans de la Russie tsariste. De nombreux intellectuels musulmans tatars (et aussi ouzbeks) dans le sillage de Gaprinsky, préconisèrent la modernisation de l'islam, plus de libertés pour les femmes et une éducation moderne.

Le courant réformiste fit éclore dans tout le monde musulman des universités modernes et des périodiques. Ceux-ci militaient tous pour un enseignement rénové, auquel les femmes devaient aussi avoir accès. Leur émancipation y était souhaitée. Tous les réformateurs voulaient une réouverture de *l'idjtihad*, l'effort personnel de compréhension des textes sacrés.

Dans son essai *la Mère des cités*, le Syrien El-Kawakibi (mort en 1902), disciple de Mohammed Abdou et de Djamal Eddin El-Afghani, fit la recension des maux religieux, moraux et politiques des sociétés musulmanes, causes de leur arriération. Un thème cher à l'essayiste libanais Chekib Arslan (mort en 1916). Le Maghreb ne fut pas en reste, notamment avec le cheikh algérien Ben Badis (mort en 1940) et le Marocain Allal-El Fassi (1910-1974).

L'Extrême-Orient musulman eut lui aussi ses réformistes. En 1912, en Indonésie, apparut la Muhammadiyyah (la « *voie de Muhammad* ») qui ouvrit écoles et cliniques, et mit sur pied une section féminine distincte dans les années vingt. Autre mouvement réformiste indonésien : la Sarekat Islam (« *Ligue islamique* »).

Au cours du XXe siècle, ce courant musulman libéral déclina fortement. Il fut éclipsé par les idéologies laïcisantes, qui effectuèrent d'importants transferts de droit européen dans le droit musulman.

L'Égypte fut la première à instituer en 1920-1929 une nouvelle législation en matière de droit de la famille, qui servit de modèle à la quasi-totalité des codifications du droit de la famille dans le monde arabe.

Une très haute figure du réformisme laïcisant en terre d'islam fut celle de l'autoritaire et charismatique Mustapha Kemal. En 1922, il fonda la République de Turquie. En 1924, il abolit l'institution politico-religieuse du califat, proclamant la Turquie « État laïc », et reléguant la pratique religieuse à la seule sphère privée. La Turquie fut ainsi le premier État véritablement laïc du monde musulman. Elle en est restée le seul.

Mustapha Kémal, très anticlérical, prit le contre-pied de l'État ottoman, impérial et largement dépendant de la religion dans les domaines culturel et juridictionnel. Il remplaça les tribunaux islamiques par une justice unique et laïque, faisant adopter en 1926 le code civil suisse. Il combattit les confréries religieuses, traditionnellement puissantes. Il supprima les écoles et l'enseignement coraniques, et décréta l'usage du calendrier grégorien et de l'alphabet latin.

Très soucieux de la libération des femmes, Mustapha Kémal leur interdit le port du voile et leur octroya le droit de vote dès 1934. Étonnant, quand on sait que les Françaises ne l'obtinrent, elles, qu'en 1945. Soucieux de créer une nation turque de type occidental, Mustapha Kemal voulut faire adhérer totalement la Turquie aux valeurs de l'Occident. Et pas seulement à la modernité, constituée par les savoirs scientifiques et techniques.

Autre grand réformateur du monde musulman : le Tunisien Habib Bourguiba. Il obtint l'indépendance de la Tunisie en 1956. Aussitôt, il promulgua un code du statut personnel donnant aux femmes des droits inédits dans le monde arabe en supprimant la polygamie et la répudiation, en autorisant le divorce par consentement mutuel et en autorisant l'adoption. Parallèlement, il laïcisait l'État, marginalisant les autorités religieuses et les inféodant au pouvoir temporel.

Au cours des deux derniers siècles, l'esprit de réforme tenta de se frayer un chemin dans le monde islamique par les biais les plus divers : spirituels, intellectuels, institutionnels, juridiques. Mais, jamais les hommes de religion ne se résolurent à déclarer officiellement la réouverture officielle des portes de la compréhension, *l'idjtihad*, afin de faire évoluer les dogmes religieux de l'islam pour les adapter au monde moderne. Et ils furent le plus souvent ulcérés par l'introduction d'éléments de droit européen dans le droit musulman, imposée par les États laïcisants contre leur volonté.

Ces réformes imposées par des gouvernements laïcisants manquent de légitimité. Celle conférée par les autorités religieuses n'a jamais été détrônée. Le réformisme de l'âge d'or fut imposé aux oulémas par les califes, « *successeurs* », « *lieutenants* » du Prophète, qui étaient à la fois des autorités religieuses et politiques. Le califat n'est plus. Les apports juridiques européens, dépourvus de consécration religieuse, alimentent la contestation intégriste islamiste.

Le retour des Fous d'Allah

C'est en 1979 qu'éclata, en Iran, la première révolution islamiste : elle instaurait la plus importante théocratie contemporaine, et donnait le signal du retour en force de l'islam en politique. La figure de son leader, l'imam Ruhollah Khomeyni, avait émergé lors des émeutes de 1963 dirigées contre le régime monarchique de Muhammad Reza Chah. Celui-ci modernisait à marche forcée l'économie. L'accroissement soudain de la rente pétrolière résultant de la hausse des prix du pétrole de 1973 accéléra l'urbanisation et l'occidentalisation du pays, au grand dam du clergé chiite. Le Chah multipliait les réformes telles que le changement de calendrier. Le point de départ du calendrier musulman est l'Hégire du Prophète. À partir du 21 mars 1976, ce fut en Iran la fondation de l'empire par Cyrus le grand qui servit de date initiale, faisant subitement passer les Iraniens de 1354 à 2535. Le régime encourageait vivement l'émancipation des femmes et la modernisation de l'enseignement. Tout cela ne manqua pas d'exacerber le sentiment religieux.

Les ayatollahs, qui occupent le sommet de la hiérarchie du clergé chiite, avaient vu leur nombre et leur pouvoir doctrinal s'accroître en Iran au cours du XXe siècle. Ils purent canaliser les sentiments de révolte de la population dans la foudroyante révolution islamique de 1979.

L'obscurantisme sanguinaire du nouveau régime marqua les esprits : tortures, exécutions (souvent publiques) de milliers d'opposants et de femmes adultères... Le rigorisme des mœurs atteignit un paroxysme : interdiction absolue de boire de l'alcool et d'écouter de la musique, fermeture des cinémas, des salons de coiffure, des boîtes de nuit. Plus question de coquetterie féminine : les femmes devaient sortir voilées.

Cependant, la mort en 1989 du « *guide de la Révolution* », l'imam Khomeyni, ouvrit une phase nouvelle. Le régime des ayatollahs s'orienta vers un certain assouplissement. L'élection du réformateur Muhammad Khatami à la présidence de la République en mai 1999, puis les élections législatives en juin 2001, exprimèrent quelque peu les aspirations de la population à une libéralisation du système politique et du carcan religieux. Les mœurs sont devenues plus libres.

Alors que l'Iran, qui avait inauguré le retour de l'islam en politique, semblait s'assagir un peu, une autre force intégriste, issue du monde sunnite, était en pleine ascension : le wahhabisme. Ce serait elle, la véritable locomotive du renouveau politique de l'islam, dont la révolution iranienne de 1979 ne fut qu'une prémisse.

Les déserts d'Arabie qui avaient engendré l'islam au VIIe siècle, accouchèrent de son renouveau intégriste, le wahhabisme, onze siècles plus tard. Le fondateur du wahhabisme fut un prédicateur bédouin assoiffé d'un retour à la pureté originelle de l'islam : Ibn Abd El-Wahhab. Extrêmement rigoriste, celui-ci interdisait le tabac, la musique et la proximité entre hommes et femmes dans les lieux publics ; il imposait le port de la barbe islamique aux hommes. El-Wahhab s'en prenait aux écoles juridiques traditionnelles.

Ce Savonarole du désert trouva une oreille complaisante en la personne d'un ambitieux chef tribal, Mohammed Ibn Séoud, qui se mit, avec ses troupes, au service du wahhabisme. Le mouvement prit son essor à partir de Dariyah, capitale d'Ibn Séoud dans le Nedj, au centre de l'Arabie.

L'alliance d'un prédicateur et d'un chef de tribu musulmans partant à la conquête des villes et des centres de pouvoir de l'islam, « corrompus » par la richesse et les plaisirs, est un schéma récurrent dans l'histoire de la civilisation islamique. Ainsi, au XIIe siècle, le réformiste berbère Ibn Toumert se proclama Mahdi (*« celui qui est bien guidé* [par Dieu] »). Une croyance sunnite populaire, mais non canonique, dit que le Mahdi reviendra peu avant la fin du monde, le jour du jugement dernier, afin de rétablir un islam purifié, empêchant ainsi l'Antéchrist trompeur de conduire l'humanité à sa perte.

Ibn Toumert convainquit du bien-fondé de sa cause un austère chef de tribu berbère, Abd El-Moumin, qui devint son bras armé. Abd El-Moumin se lança à la conquête du Maroc, mit fin à la dynastie des Almoravides, devenue religieusement trop laxiste à ses yeux. Et conquit l'Espagne, alors largement dominée par les *reyes de Taifas* (« rois des factions »), des roitelets musulmans, anciens esclaves militaires, qui s'étaient taillés des fiefs dans la péninsule ibérique. Abd El-Moumin fonda la dynastie des Almohades (« *Ceux qui proclament l'unicité de Dieu* »), qui contrôla un vaste État hispano-maghrébin ayant Séville pour capitale. Les Almohades, bien qu'ayant laissé se poursuivre la brillante vie intellectuelle de l'Espagne musulmane, manifestèrent des poussées de fanatisme contre les juifs et les chrétiens, et aussi contre ceux des musulmans qu'ils jugeaient trop « tièdes ».

La saga des Almohades s'inscrit dans la dialectique de l'antagonisme nomades-sédentaires (analysée par le grand historien musulman Ibn Kaldoun au XIVe siècle) qui a beaucoup influencé les destinées du monde musulman : régulièrement, les nomades se lancent à l'assaut des villes, renversant les dynasties mises en place par des invasions nomades précédentes et arrivées en bout de cycle, et fondant à leur tour une dynastie.

En Arabie, les wahhabites étendirent rapidement leur influence, convertissant les réfractaires par la violence. El-Wahhab déclara la guerre sainte à ceux des sunnites qu'il jugeait trop « *tièdes* », et aux chiites qu'il traitait d'« *hérétiques* ».

Les wahhabites furent d'emblée accusés d'hérésie par la quasi-totalité des autorités religieuses, parce qu'ils prenaient leurs distances avec la sunna au profit d'une lecture littéraliste du Coran. Et qu'au nom de motifs religieux, ils se comportaient comme des affreux, massacrant des populations entières, femmes et enfants compris, qui étaient pourtant musulmanes. Contrevenant d'ailleurs ainsi au Coran, qui exclut la guerre sainte entre musulmans,

Ni la réprobation des oulémas, ni le décès d'Ibn Séoud en 1765 n'arrêtèrent la terrifiante progression d'El-Wahhab, qui bénéficia de l'aide des successeurs de son défunt comparse. Si bien qu'en 1792, le wahhabisme était déjà implanté dans tout le Nedj. Continuant à étendre leur emprise, les wahhabites n'hésitèrent pas à dévaster le lieu saint chiite de Kerbela, en Irak, massacrant la population de cette ville.

Les troupes wahhabites conquirent ensuite les villes saintes du Hedjaz (la Mecque et Médine), y multipliant les scènes de cauchemar : y furent massacrés tous ceux qui étaient soupçonnés de consommer de la drogue ou de l'alcool, ou de s'adonner à la prostitution. Mosquées et mausolées furent saccagés. Tout élément décoratif (relique, tapis, lustre) fut anéanti car jugé impie.

L'équipée sauvage des wahhabites finit par déclencher une réaction des Ottomans, qui étaient alors les suzerains de l'Arabie. Ils chargèrent un de leurs vassaux, le sultan d'Égypte Mehmet Ali, de monter une expédition militaire pour rétablir l'ordre dans les sables d'Arabie. Mehmet Ali mena l'affaire rondement : il rasa Dariyah, la capitale des wahhabites, et décapita leur chef, l'émir Abdallah.

Mais ces mesures radicales ne mirent pas fin à l'expansion des wahhabites. Ceux-ci se remirent de leur défaite, installèrent leur capitale à Riyad. Et entreprirent de bâtir un puissant État, englobant une grande partie de l'Arabie, et enlevant au Yémen une partie de la région de l'Asir. En 1932, l'émir conquérant Abdel Aziz Ibn Séoud proclama la naissance du royaume d'Arabie Saoudite.

C'est ainsi qu'aujourd'hui, le sunnisme dans son acception wahhabite règne sur l'Arabie Saoudite, donc sur 30 % des réserves mondiales de pétrole. C'est lui qui a envoyé les avions sur les *Twin Towers* et le Pentagone : Oussama Ben Laden est un wahhabite, membre de l'une des deux plus grandes dynasties financières saoudiennes.

L'Arabie Saoudite, État terroriste

L'Arabie Saoudite tient un rôle de premier plan dans le soutien à l'islamisme, à travers des organisations internationales telles que la Ligue islamique mondiale, l'Organisation de la Conférence islamique (OCI), l'Assemblée mondiale de la jeunesse islamique, etc. L'Arabie saoudite apporte également son aide par le biais d'organisations qui se présentent comme « humanitaires » et acheminent les moujahidines sur les points chauds (Islamic relief, Al Haramaïn, IIRO, etc.). L'Arabie saoudite finance puissamment l'islamisme international par tout un réseau de banques islamistes : Dar Al Baraka, Dar al Mal al Islami. Ces banques sont liées à celles qui ont financé Al Qaïda, comme Al Takwa, ou bien la BCCI.

Le wahhabisme saoudien utilise les services d'une police des mœurs, coupe les mains aux voleurs, prohibe l'alcool. Fort de ses richesses pétrolières, il contribue de façon prédominante au financement des réseaux intégristes qui font le djihad. C'est un peu comme si Hitler avait mis la main sur une grande partie des réserves pétrolières mondiales. Le wahhabisme place son argent en Occident pour le faire fructifier, et il ne songe qu'à détruire ce même Occident, afin d'instaurer le règne planétaire d'Allah.

Jusqu'aux années 1970, le wahhabisme avait été constamment rejeté par la majeure partie du monde musulman. Et voilà qu'il devient le ressort du prosélytisme islamique. Se rattachent à lui les Frères musulmans, Al Qaïda et l'ensemble des réseaux dits islamistes. Ces « néo-wahhabites » ont pimenté le wahhabisme originel d'un projet politique de conquête mondiale, qu'ils formulent sans complexes. Tous mettent en place des réseaux de militants professionnels fanatisés, dont beaucoup sont prêts au sacrifice suprême, celui de leur vie.

Le wahhabisme saoudien finance la construction de mosquées partout où il y a des musulmans et y envoie ses imams qui prêchent la guerre sainte. Mais il ne serait pas question de multiplier les églises, les temples et les synagogues sur son sol, qui non seulement se trouve en plein *dar el-Islam,* mais aussi est en soi une mosquée, parce qu'il abrite les lieux saints de l'islam, la Mecque.

Quand la famille régnante d'Arabie Saoudite perdra le pouvoir, ce sera au profit d'opposants eux aussi wahhabites, mais qui la jugent corrompue et compromise avec l'Occident, malgré son prosélytisme religieux. Ces wahhabites-là veulent des dirigeants à la pureté non frelatée, sans whisky consommé en cachette ni partouzes avec des call girls de luxe.

Le sunnisme wahhabite prolifère dans le monde islamique comme l'algue tueuse *taxifolia* en Méditerranée, remplaçant au fur et à mesure le sunnisme orthodoxe. Jusqu'à le marginaliser complètement, comme au Pakistan. Tout passe par le ralliement des *oulémas* (les docteurs de la loi coranique) et des séminaires théologiques. Mais ces derniers, que ce soit en terre d'islam aussi bien qu'en Europe et en Amérique du Nord, sont financés, et donc contrôlés, au premier chef par les richissimes Saoudiens et aussi par les Frères musulmans et d'autres confréries islamistes. L'islam est kidnappé par les wahhabites. Le sunnisme orthodoxe n'a aucune chance d'enrayer ce processus. Il se laisse contaminer.

Le wahhabisme, forme caricaturée de l'islam qui gomme les subtilités de la sunna, convient très bien à des masses urbaines déboussolées, privées de points de repères, coupées brutalement de leurs communautés rurales d'origine par un exode massif dû à l'explosion démographique et au développement économique. Les paysans et artisans de naguère, bien identifiés dans leur village, et respectueux de leurs notables religieux traditionnels, sont devenus les citadins anomiques des grandes cités de Karachi, du Caire ou de Rabat. Il leur faut un islam simple et brutal leur promettant la conquête du monde qui les vengera de leurs angoisses et de leurs frustrations. Cet islam, l'intégrisme islamique le leur offre. Il répond à la demande par une interprétation littérale et simpliste du Coran, dont il met en exergue les versets les plus sanglants.

L'intégrisme islamique simplificateur est le calque inversé du mondialisme simplificateur.

Tout comme la civilisation occidentale, celle de l'islam est universaliste. Elle prétend imposer ses valeurs à l'ensemble de la planète. Résultat : un terrible choc Occident-islam. La Troisième Guerre mondiale sort tout droit du wahhabisme qui a armé le bras de Ben Laden. Avec la complicité aveugle des États-Unis, brutalement rendus à la lucidité par le drame du 11 septembre. Cet intégrisme islamique à la force bestiale et meurtrière ne peut qu'être assuré d'une victoire totale au sein du monde arabo-musulman : dans les périodes de grands troubles, il y a toujours un moment où la terreur obtient les pleins pouvoirs. Comme lors de la Révolution française ou de la Révolution russe de 1917.

Et le réformisme moderniste ? Quelques oulémas, en terre d'islam et en Occident, luttent courageusement pour tenter d'assouplir les dogmes religieux de l'islam sunnite orthodoxe. Mais leur influence semble bien faible dans les mosquées et les madrassas. Ce sont des fétus de paille soulevés par ce typhon qu'est le fondamentalisme islamique en plein renouveau, piloté par le wahhabisme. L'écart se creuse tous les jours entre les aspirations modernistes d'une fraction des musulmans et leur clergé, qu'il soit sunnite orthodoxe, chiite, et bien plus encore sunnite wahhabite.

La dynamique wahhabite à l'oeuvre dans l'islam est un phénomène de régression. Elle déporte vers l'obscurantisme le plus opaque le centre de gravité du clergé musulman et des croyants, principalement les jeunes qui lui sont particulièrement réceptifs. Elle transforme l'islam en poudrière.

Le renouveau islamique, qui s'effectue principalement sous l'égide du wahhabisme, creuse le fossé entre un islam qui attise sa ferveur religieuse, et un Occident qui a perdu la sienne. L'Occident de jadis ne partageait pas la foi religieuse des musulmans. Mais au moins en avait-il une, monothéiste de surcroît, celle des Gens du Livre, *parente* de l'islam. Malgré cela, les musulmans orthodoxes le jugeaient impur.

Que pensent ces derniers et *a fortiori* les intégristes, de l'Occident d'aujourd'hui (l'Europe notamment), où depuis les années soixante prédomine l'irréligiosité ? Il est le comble de l'impureté. D'autant que les musulmans associent son irréligiosité et sa laïcité à ce qu'ils appellent son « immoralisme » : matérialisme, mœurs dissolues, omniprésence du sexe... À tout prendre, les polythéistes ne seraient-ils pas plus estimables ?

Un exemple typique du clivage culturel Occident-Islam est l'idée qu'on se fait de la femme « libérée » : synonyme d'épanouissement dans la société occidentale où libération sexuelle et féminisme ont conjugué leurs efforts, elle y est mise en scène comme un idéal par tous les magazines, films et feuilletons télévisés. Tandis qu'en terre d'Islam, elle est objet de mépris. Elle passe pour une « putain », une « traînée » qui allume les hommes avec des tenues indécentes et se donne à qui veut la prendre : une bête à jouir, à qui il est naturel d'infliger la « *tournante* ».

Ce malentendu culturel plonge ses racines dans un lointain passé. La tendance dominante des traditions vestimentaires européennes est la liberté des corps, parfois synonyme de semi-nudité. Les femmes de l'antiquité gréco-latine arboraient volontiers des tuniques dénudant leurs bras, et même parfois leurs jambes jusqu'à mi-cuisse, comme les jeunes filles de Sparte. Les athlètes grecs concouraient entièrement nus aux Olympiades. Les statues, les fresques et les poteries en glorifient les harmonieuses anatomies. Les peuplades païennes de l'Europe affichaient la même liberté vestimentaire. Plus tard, le christianisme n'empêcha pas les décolletés vertigineux et autres coquineries féminines. Dès la fin du Moyen Âge, l'art européen a glorifié le nu.

La société musulmane traditionnelle ne pose pas le même regard sur les corps. Très soucieux de pudeur, le Coran enjoint aux femmes du Prophète de se voiler. Et pose le principe que les femmes musulmanes doivent réserver la vue de leurs « atours » aux proches : pères, époux, frères, fils. Toutefois, le Coran ne va pas jusqu'à imposer le voile comme une obligation canonique. Ce furent les citadines aisées des premiers siècles de l'islam qui prirent l'habitude de porter le voile. La mode s'étendit ensuite, de gré ou de force, au fur et à mesure des conversions. Les intégristes d'aujourd'hui se sont emparés de cette tradition vestimentaire pour l'ériger en principe absolu et en faire un élément primordial de leur combat.

Une autre source de malentendu culturel est le tourisme. Il rapproche les peuples tout en les opposant. Les estivants occidentaux qui prennent le soleil dans les stations balnéaires et autres lieux touristiques promènent des allures oisives et relâchées de ploutocrates prêts à tout acheter en monnaie forte. Les autochtones ne voient pas l'arrière-plan de ces villégiatures : onze mois de métro-boulot-dodo dans une ambiance de compétition professionnelle, de course au rendement et d'angoisse du licenciement. Et les tapageuses émissions télévisées de variétés que leur envoie l'Occident par les antennes paraboliques leur donne une image mirobolante du genre de vie terne et laborieux qu'y mène l'homme de la rue.

Pour une grande partie du monde musulman (pas seulement les imams et les intégristes), cet Occident sans Dieu est arrogant et décadent, bestial et brutal, affairiste et militariste.

On sait qu'il n'en fut pas toujours ainsi : au XIXe et jusque dans les années 1970, l'islam essayait de se tourner vers l'Occident. Fascinés par sa puissance, les dirigeants musulmans s'en inspiraient pour trouver les voies du renouveau politique, économique et social. Les exemples abondent, depuis le vice-roi d'Égypte Mehmet Ali il y a près de deux siècles, ou bien dans les années 1920 le Turc Mustapha Kémal (à qui il arriva de pendre aux réverbères d'Istanbul les porteurs de turbans), jusqu'aux dirigeants de l'époque post-coloniale, tels que l'Égyptien Gamal Abdel Nasser ou le Tunisien Haziz Bourguiba.

Voilà trente ans, le vent a tourné. Considéré autrefois comme le secret de la réussite, l'individualisme, signe distinctif de l'Occident, est devenu la source de tous les maux de l'islam. Et le système démocratique n'est plus le passage obligé du renouveau. La paranoïa s'en est mêlée : de nombreux médias musulmans populaires (et même intellectuels), propagent l'idée que l'Occident travaille méthodiquement à l'humiliation et à la ruine des institutions et de la culture islamiques. C'est la théorie du complot, qui prolonge l'explication par le colonialisme des échecs économiques et sociaux. Ce schéma populiste du bouc-émissaire, démagogiquement utilisé par les classes dirigeantes qui tentent de s'exonérer ainsi de leurs responsabilités, est repris et amplifié par les mouvements intégristes. Lesquels surenchérissent dans l'éclectisme : ils incriminent tout à la fois le complot occidental et la corruption des classes dirigeantes arabo-musulmanes.

Depuis une vingtaine d'années, tous les États musulmans (excepté la Tunisie et la Turquie) ont réintroduit la charia. Avec tout ce que cela comporte d'entrave aux libertés religieuses : le prosélytisme religieux non-musulman est interdit, voire punissable de mort : c'est le cas au Pakistan, en Afghanistan, en Arabie saoudite, en Iran, au Soudan, au Nigeria. La charia, c'est aussi l'inégalité entre hommes et femmes, pimentée d'atrocités. L'été dernier, un tribunal islamique nigérian confirmait en appel une sentence de lapidation à mort à l'encontre d'une jeune femme. La faute de celle-ci a été de tomber enceinte sans être mariée. La justice islamique se préoccupant du sort de l'enfant, a programmé un calendrier d'épouvante : la peine ne sera exécutoire qu'au sevrage de l'enfant, prévu pour le huitième mois après l'accouchement. Imagine-t-on la torture morale de cette malheureuse mère, chérissant son nourrisson tout en voyant se rapprocher chaque jour la lapidation fatale ?

La plupart des gouvernements arabo-musulmans sont depuis longtemps les otages des intégristes islamistes. Ils cèdent constamment à leurs revendications pour rester en place, menant ainsi un combat de retardement. Les intégristes sont en partie maîtres de la société civile. Le président Moubarak laisse aux Frères musulmans la haute main sur les programmes télévisés, ou certains syndicats professionnels tels que ceux des médecins. Les Frères musulmans s'occupent de la censure et appliquent la charia dans les tribunaux civils égyptiens. C'est ainsi que l'Égypte a offert au monde un stupéfiant spectacle digne de l'Allemagne nazie : le procès d'un groupe d'hommes traduits en justice pour homosexualité. Sous la pression des Frères musulmans, Moubarrak a dû extraire de ses geôles vingt-deux mille activistes islamistes. Au Nigeria, la charia est appliquée avec rigueur, comme on l'a vu plus haut, dans onze États sur trente. Très souvent, même les chrétiens nigérians la subissent aussi. Et le voile se répand jusque dans agglomérations où il était absent naguère, comme au Caire ou à Istanbul.

L'islam envahit aussi de plus en plus le champ politique dans le monde arabo-musulman. Les Frères musulmans occupent dix-sept sièges au Parlement égyptien. Les mêmes Frères musulmans ont des élus et/ou sont représentés au gouvernement au Yémen, au Soudan, au Maroc, en Algérie, au Koweït, en Jordanie. Les intégristes islamistes sont à la tête des dix-sept plus grandes villes turques.

Désormais, l'islam entend découpler la modernité de la civilisation occidentale : il veut celle-là, pas celle-ci. Il veut la science et la technologie, pas la démocratie et la libération des mœurs. La fascination de jadis s'est transformée en répulsion, voire en haine. L'Occident n'est plus qu'un supermarché du travail et de la consommation, pas un modèle de civilisation. Il faut y prendre ce qu'il y a à y prendre, mais surtout pas lui ressembler.

Caractéristique de ce rejet de l'Occident a été l'absence de réactions massives d'hostilité vis à vis des attentats perpétrés contre lui ces deux dernières décennies. Le 11 septembre 2001 fut à cet égard particulièrement édifiant. S'il y eut quantité de manifestations populaires, pas seulement en Palestine mais aussi dans bien d'autres pays arabo-musulmans, elles exprimaient la joyeuse ivresse de voir l'Amérique frappée sur son sol, et une gratitude extatique pour Ben Laden, le sauveur de l'islam. En quelques heures, les rues musulmanes fleurirent de milliers de tee-shirts à l'effigie barbue du nouvel homme providentiel. Ben Laden était le nouveau Saladin : très populaire dans le monde musulman pour ses victoires sur les croisés, il emporta contre ceux-ci la victoire de Hattin (en Palestine) qui mit fin au royaume franc de Jérusalem.

À la ferveur populaire antiaméricaine déclenchée par le 11 septembre, a fait écho le silence des hommes de religion de l'islam. À l'exception de quelques uns, officiant généralement en Occident. Nulle part, on ne les vit pétitionner en grand nombre pour exprimer leur réprobation vis à vis du terrorisme intégriste.

L'islam considère l'appartenance religieuse comme le seul critère de l'identité. Conséquence : l'altérité confessionnelle est synonyme d'antagonisme politique. À la lumière de ces considérations, l'islamisme n'est pas un corps étranger à l'islam. Il en émane, lui qui puise en grande partie son corpus doctrinal dans l'orthodoxie musulmane la plus rigoriste : pour les sunnites, le hanbalisme. L'islamisme n'est au bout du compte que le retour de l'islam orthodoxe et de la théocratie islamique dans la vie politique. Tracer une frontière entre islam orthodoxe et islamisme est un exercice difficile. Une chose est sûre : l'islam orthodoxe et l'islamisme partagent une même conception théocratique et conquérante de l'islam des origines. Ce qui implique de reprendre la lutte armée, pour suivre l'exemple de Mahomet et de ses successeurs omeyyades, abbassides, moghols ou turcs.

L'islam laïque et tolérant appartient au domaine du virtuel. Il habite surtout l'esprit des intellectuels occidentaux désireux de le voir prendre corps. Et de quelques intellectuels et notables religieux musulmans de bonne volonté, résidant généralement en Europe ou aux États-Unis, et très peu écoutés. Il ne suscite aucun intérêt significatif au sein des masses musulmanes. L'islam européen est entièrement contrôlé par des États musulmans (comme l'Arabie saoudite), ou des associations musulmanes adhérant à un islam orthodoxe. C'est-à-dire à un islam qui ne s'est jamais engagé dans la voie de la sécularisation. Qu'il considère comme une entreprise de « *désislamisation* » de la société musulmane, menée par des « *infidèles* » animés d'un esprit néo-colonial des plus pervers. La sécularisation est aux yeux de l'islam (où le spirituel et le temporel ne doivent faire qu'un), le pire des dangers. Espérer voir surgir en temps utile (celui qui permettrait d'éviter la catastrophe) un islam laïque et tolérant d'ampleur significative, est complètement irréaliste. Au sein des masses musulmanes (en Occident comme en terre d'Islam), la mouvance islamiste s'impose comme la seule tendance véritablement populaire, « *anti-impérialiste* » et fidèle à l'enseignement du Prophète.

La mouvance islamiste prône une réislamisation du monde arabo-musulman et, au-delà, une islamisation de toute la planète. « *L'incroyance est une seule nation* », enseigne la tradition. La mouvance islamiste en appelle au glorieux souvenir des deux premières vagues d'islamisation, celles des VIIe et XIVe siècles, pour lancer aujourd'hui la troisième vague. Celle-ci, comme les précédentes, passe par le djihad, la « *guerre sur le sentier d'Allah* », contre les infidèles. Ben Laden en est la première grande figure héroïque. Il y en aura bien d'autres.

Chapitre IV

Les civilisations non-universalistes

Contrairement aux civilisations monothéistes (judéo-chrétienne et islamique), les civilisations hindoue, confucéenne, japonaise et africaine ne sont pas universalistes. L'islam conquérant se heurte à certaines d'entre elles, notamment l'hindoue.

FONDAMENTALISME HINDOUISTE CONTRE FONDAMENTALISME ISLAMISTE

Les castes hindoues toujours vivaces

Dans le sous-continent indien, l'islam et l'hindouisme se côtoient dans un indescriptible climat de haine alimentée par des contentieux historiques. Le ressort de cet affrontement est l'opposition entre monothéisme islamique totalitaire et polythéisme hindou.

Le sous-continent indien est une poudrière comprenant les États de l'Inde, du Pakistan (issu de la partition de 1947) et du Bangladesh (séparé du Pakistan en 1971). Il met près de 386 millions de musulmans (un tiers de la population musulmane mondiale) en vis-à-vis avec les Hindous.

Le Pakistan, pays « purement » musulman, compte 150 millions d'adeptes de cette religion. Et le Bangladesh, lui aussi « purement » musulman, en a 125 millions. Ce qui n'empêche pas l'Inde d'avoir sur son territoire la plus forte minorité musulmane du monde, avec 111 millions de personnes constituant 11 % du milliard d'Indiens. La religion hindouiste prédomine de façon écrasante dans cet immense pays qu'est l'Inde.

La population indienne, constituée de plusieurs apports ethniques (Dravidiens et Proto-Indo-Européens), entra dans l'histoire en 2500 av. J.C. avec la civilisation dite de l'Indus. Cette civilisation succomba vers 1200 av. J.C. aux inondations du fleuve et aux envahisseurs indo-européens qui introduisirent la langue védique. On leur doit la rédaction des *Veda* (les premiers documents littéraires de l'Inde, écrits en sanskrit archaïque), et l'émergence du brahmanisme.

L'hindouisme, qui a joué un rôle central dans la culture indienne depuis le deuxième millénaire, a été profondément influencé par le védisme et le brahmanisme qui l'ont précédé. Le védisme est le brahmanisme primitif. Le brahmanisme est un système social et religieux organisant la population hindoue en quatre castes, en fonction de l'idée de pureté. L'appartenance aux castes est déterminée par la naissance.

Les trois premiers *varna* (états ou couleurs représentants des statuts sociaux) correspondent aux trois classes suivantes : celle, prééminente et sacerdotale, des prêtres, les *brahmanes* (*brahmane* : dieu sur Terre, le plus pur), qui utilisent le sanskrit comme langue sacrée. Ensuite, la caste des *kshatriya* (les rois et les guerriers), celle des *vaishya* (les marchands). Ce sont les trois statuts prestigieux de la société de classes.

Une quatrième caste, inférieure celle-ci aux trois autres, est celle des *shudra* (cultivateurs, artisans, etc.). Les *shudra* sont en effet les serviteurs des prêtres, des guerriers et des marchands.

Les castes sont elles-mêmes subdivisées en *jatis*.

Les castes caractérisent la position sociale et professionnelle d'un individu, et la façon dont il doit se positionner face aux rituels religieux. Seules les trois premières castes peuvent étudier les *Véda*, et seuls les *brahmanes* peuvent les enseigner. Les *shudra*, qui appartiennent à la quatrième caste, n'ont donc pas le droit d'accéder aux savoirs védiques. Mais ils peuvent lire et écouter les épopées et pratiquer les principaux rites religieux.

Les textes sacrés hindous affirment qu'il n'existe pas de cinquième *varna*. Ce qui vient en dessous des *shudra*, les *dalit,* sont donc des hors-castes et sont considérés comme intouchables, car impurs.

Le système des castes régit encore de nos jours les rapports sociaux en Inde. Cependant, des réformes législatives l'ont quelque peu transformé. L'« intouchabilité » a été abolie, sa pratique sous n'importe quelle forme interdite. Les *shudra,* qui constituent 52 % de la population indienne, sont considérés par le gouvernement comme *other backward classes* (autres classes arriérées) et bénéficient d'une politique de discrimination positive leur réservant, par exemple, 27 % des postes de l'administration centrale. Et les *dalit* (15 % des Indiens) voient leur condition de parias s'améliorer : ainsi, 24 % des emplois de la fonction publique leurs sont désormais réservés.

Le dogme fondamental du brahmanisme est la métempsycose, ou réincarnation : une même âme peut animer successivement plusieurs corps humains ou animaux. C'est la transmigration de l'âme. Chaque être vivant et conscient est déterminé par la totalité de ses actions passées, de ses vies antérieures (le *karma*). Si l'on est un paria, c'est à cause du karma. Cela explique la longanimité du système de classes.

Hindouisme et féminisme ne font guère bon ménage. Dans toute l'Inde, et dans la plupart des castes, chez les *brahmanes* comme chez les *shudra*, a cours le système de la dot. Les belles-familles soumettent les brues à d'intenses pressions pour que soit intégralement versée la dot prévue. Les femmes hindoues sont encore sous le joug de pratiques machistes souvent très brutales : viols impunis, violences, stérilisations forcées, assassinats. Les autorités semblent particulièrement indifférentes à ces sévices quand ils sont infligés aux femmes intouchables et pauvres.

Mais il est un dogme occidental que l'Inde ne répudie pas : c'est celui de la démocratie. L'Inde se revendique comme *« la plus grande démocratie du monde »*. Les nationalistes hindous eux-mêmes respectent le jeu parlementaire et ne remettent jamais en question la démocratie. Ils considèrent en effet celle-ci comme une gloire de l'Inde ancienne, celle de l'époque védique issue des invasions indo-européennes. Ils ont à cœur de préserver le système démocratique, expression du génie de la civilisation hindoue des premiers temps. Ils l'opposent au penchant éprouvé pour les satrapies (les tyrannies) par les peuples environnants.

Depuis une quinzaine d'années, l'Inde est entrée en folie. La haine dresse les communautés hindoue et musulmane l'une contre l'autre, plongeant inexorablement ce pays-continent dans une gigantesque guerre civile.

Le souvenir des atrocités perpétrées par les envahisseurs musulmans de l'Inde à partir du XIe siècle refait surface avec une extrême intensité, dopant le ressentiment hindou à l'encontre de l'islam.

Les musulmans arrivèrent dans le sous-continent indien très tôt : en 711, dans le Sind, au sud du Pakistan. À l'époque, régnait à Damas la dynastie des Omeyyades.

De là, les musulmans se lancèrent à l'assaut de l'Inde, au XIe siècle, s'attaquant à d'abord à sa partie Nord : le conquérant turc Mahmoud de Ghazni, chef de la dynastie des Ghaznévides (977-1186) lança des raids dévastateurs contre les Hindous. Ce guerrier ne mena pas moins de dix-sept monumentales razzias à partir du Pendjab. Les Hindous ont été particulièrement traumatisés par celle de 1018, lancée contre Kanauj sur le Gange : Mahmoud en ramena cinquante mille esclaves, aussitôt mis en vente dans sa capitale Ghazna, en Afghanistan oriental. Cette arrivée d'esclaves sur le marché local fut si massive qu'elle en effondra brutalement le cours...

Autre mémorable razzia menée par Mahmoud Ghazni : celle qu'il fit en 1026, sur la ville et le grand temple de Somnath (Goudjerat) où il extermina des dizaines de milliers d'Hindous. Il fit mutiler et fondre les statues des temples, rapportant à Ghazna quatre-vingt-cinq tonnes d'or.

Pourquoi ces actes barbares, qui marquèrent à tout jamais la mémoire hindoue ? Depuis longtemps, les conquérants musulmans considéraient l'Inde comme « *idolâtre* », parce que polythéiste, et ne méritant aucune pitié. À leurs yeux, c'était donc une terre de butin, inépuisable réservoir d'esclaves, aux cités et aux temples couverts d'or.

L'Inde, ce n'était pas seulement une fabuleuse caverne d'Ali Baba. C'était aussi des centaines de milliers de nouvelles recrues pour l'islam, grâce à des conversions de masse forcées qui heurtaient profondément la mentalité hindoue, étrangère à ce totalitarisme religieux.

Les successeurs ghourides afghans de Mahmoud lui emboîtèrent le pas, lançant des razzias jalonnées de massacres à partir de Lahore, capitale du Pendjab islamisé. Ils implantèrent ainsi à Delhi, en 1192, le premier État musulman du sous-continent.

De 1206 à 1555, Delhi fut gouvernée successivement par six dynasties turco-afghanes. Le sultanat de Delhi étendit considérablement ses frontières grâce aux expéditions guerrières. Dont celles d'Ala Eddin Mohammed Shah, mort en 1316 : il s'illustra dans des équipées sauvages menées en Inde du Sud, où il moissonna d'immenses richesses.

Toutefois, pendant toute cette période de saccages, les fleurs de la cruauté n'empêchèrent pas celles de la civilisation de pousser, côte à côte, sur les luxueux parterres de Delhi. La ville se para de splendeurs architecturales et devint le plus grand centre d'enseignement musulman du sous-continent indien.

Ce dernier passa sous l'influence de la civilisation musulmane. L'Inde musulmane des XVe et XVIe siècles vit émerger une brillante mosaïque de sultanats provinciaux s'affranchissant de la tutelle de Delhi. Comme au Bengale, à Jaunpour (sur le Gange moyen), à Malwa (entre Delhi et Bombay, en Inde centrale), au Cachemire, au Goudjerat, au Deccan...

La conquête de l'Inde védique et brahmanique par l'islam continuait.

Au sultanat de Delhi, succéda l'Empire moghol, fondé en 1526 par Babour : celui-ci envahit sans ménagements l'Inde du Nord, dont la conquête fut parachevée par son fils Houmayoun en 1555. Outre le sultanat de Delhi, la dynastie moghole absorba une grande partie des sultanats provinciaux. Elle perdura jusqu'à la déposition de son dernier souverain par les Anglais en 1858.

Les conquérants musulmans ne furent pas que des massacreurs. Au fil du temps, ils devinrent perméables à l'influence des Hindous, qui avaient sur eux une écrasante supériorité numérique. Les invasions mongoles, qui coupèrent les musulmans du sous-continent indien de leurs arrières moyen-orientaux, les rendirent encore plus réceptifs à la civilisation hindoue.

Ainsi, fleurit une féconde symbiose indo-musulmane à la fois culturelle, artistique et religieuse. Avec le sultanat de Delhi d'abord, puis sous la dynastie moghole ainsi que sous d'autres dynasties musulmanes, elles aussi fort brillantes, dans le Deccan, au centre de l'Inde, et au Bengale, à l'Est.

Les conquérants musulmans eurent le mérite d'apporter en Inde de nombreux composants de la brillantissime civilisation persane. Ainsi, les administrateurs perses mirent sur pied de remarquables bureaucraties, comme ils l'avaient fait à Bagdad sous les Ommeyyades. Ils firent scintiller les cours des sultans et leurs ateliers royaux des joyaux littéraires et artistiques persans. L'influence culturelle persane sur l'Inde fut si profonde que, dans le nord du pays, le perse fut l'idiome officiel jusqu'au XIXe siècle.

Au fil du temps, les musulmans indiens adoptèrent comme langue vernaculaire et littéraire l'ourdou, formé à partir de l'hindi (lui-même basé sur le sanskrit) fortement persianisé et écrit en caractères arabes. Une magnifique synthèse artistique indo-musulmane naquit des emprunts faits aux riches traditions hindoues. Les sultans protégèrent les poètes, aussi bien musulmans qu'hindous. L'ouverture d'esprit des monarques musulmans pouvait atteindre des angles exceptionnels : les sultans du Bengale patronnèrent la traduction, en Bengali, de deux grandes épopées de l'hindouisme écrites en sanskrit : le *Mahabharata*, et le *Ramayana*.

Le domaine religieux n'échappa pas à ce processus symbiotique. Un syncrétisme dont Kabir (1440-1518) est le plus éminent représentant, se développa, qui attira vers le soufisme les Hindous cultivant une dévotion personnelle délivrée du carcan des rites et des brahmanes. C'est également sous l'influence des maîtres musulmans qu'émergea la doctrine syncrétiste de Nanak (1469-1539) qui donna naissance à la communauté des Sikhs. Le livre canonique de ces derniers, l'*Adi Granth*, atteste de puissantes influences musulmanes : il contient des poèmes de Nanak, une partie de l'œuvre de Kabir et aussi certains textes dûs à des musulmans.

Les musulmans du sous-continent indien, dont la plupart descendent de convertis autochtones, sont fortement indianisés.

Et les Hindous furent influencés par la civilisation musulmane. Mais aujourd'hui, ils ne souhaitent guère s'en souvenir. Le fondamentalisme hindou, en plein essor, se focalise sur les racines brahmaniques de la civilisation hindoue, occultant les apports musulmans ultérieurs générateurs d'un syncrétisme indo-musulman. La mémoire hindoue ne veut retenir du passé musulman que les massacres à grande échelle, l'esclavagisme et les destructions du patrimoine artistique et religieux.

Tout cela a remonté à la surface lors de la partition de l'Inde et du Pakistan, en 1947, qui s'est effectuée dans le sang. Et à l'occasion du renouveau fondamentaliste hindou qui s'est fait jour au cours des années 1980.

La folie d'Ayodhya

Ayodhya, agglomération située à 550 kilomètres de Delhi, dans l'État de l'Uttar Pradesh (le plus peuplé de l'Inde) fut un haut lieu de l'hindouisme jusqu'au XVIe siècle : il s'y dressait un temple dédié à Rama, septième réincarnation de Vishnou et roi du poème épique védique, le *Ramayana*. Ce temple était un éminent symbole du passé immémorial de l'Inde védique. Les Hindous l'entouraient du plus grand respect.

Le Grand Moghol Babar, envahisseur musulman, n'en eut cure. En 1528, il fit raser ce temple pour y faire construire une gigantesque mosquée portant son nom, la mosquée Babri. Pourquoi détruisit-il la vénérable bâtisse, au lieu de la laisser intacte et de choisir un autre emplacement pour construire sa mosquée ? À cause de cette mentalité religieuse totalitaire consubstantielle à un islam acharné à éradiquer les autres religions par tous les moyens.

La destruction du temple d'Ayodhya fut un drame pour les Hindous, qui font du pacifisme et de la bienveillance à l'égard des cultes d'autrui un principe cardinal de leur religion. Rien n'est plus étranger à leur psychologie religieuse que le prosélytisme de l'islam.

La conscience hindoue n'oublia jamais Ayodhya.

L'Inde devenue indépendante, les défenseurs de la culture indienne tentèrent, à partir de 1949, de reprendre pied à Ayodhya, immuable site sacré de la tradition védique « *souillé* » par plusieurs siècles de mainmise islamique. Ils firent circuler des images de Rama dans la ville, aux abords de la mosquée de Babar et jusqu'à l'intérieur du bâtiment, afin d'en réimprégner les lieux de sa présence.

L'affaire de la mosquée d'Ayodhya devint un thème majeur de la vie politique indienne. Elle allait provoquer des vagues de sanglantes émeutes à travers tout le pays.

Dès 1984, la restitution du site de la mosquée fut réclamée par l'un des trois partis nationalistes hindous, le Vishva Hindu Parishad (Conseil mondial des Hindous, VHP). Né en 1964 à Bombay, l'ultra-nationaliste VHP avait pour vocation première de regrouper le plus grand nombre de chefs religieux afin d'œuvrer à un renouveau hindou.

Le VHP passa aux actes.

Dès 1989, il organisa l'acheminement vers Ayodhya de briques dites « *de Rama* », pour servir à la construction du temple destiné à ce dieu hindou. Certaines de ces briques provenaient même du Royaume-Uni et des États-Unis, où la diaspora hindoue répond volontiers aux sollicitations idéologiques et financières du VHP. Et en 1990, le VHP fit un coup d'éclat. Malgré un rassemblement policier impressionnant placé autour de la mosquée, ses militants en gravirent le dôme pour y faire flotter le drapeau safran : cette couleur est l'emblème des nationalistes hindous. Les musulmans virent cela comme une insoutenable provocation et des troubles éclatèrent.

La campagne développée par le VHP en faveur de la destruction de la mosquée d'Ayodhya fut épaulée par les deux autres partis de la trilogie nationaliste hindoue. Le plus ancien est le Rashtriya Swayamsevak Sangh, (RSS, Association des volontaires nationaux), fondé en 1925 par H.B. Hedgewar : celui-ci admirait beaucoup l'idéologue V.D. Savarkar (1883-1966) qui avait écrit en 1923 un livre fondateur du nationalisme hindou : « *L'hindouité. Qui est un hindou ?* »

Le RSS se fixa l'objectif de retremper le caractère de la jeunesse hindoue par des exercices physiques quotidiens et l'astreinte à une discipline de fer. Succédant à Hedgewar en 1940, M.S. Golwalkar a assimilé l'identité indienne à la religion hindoue, prônant ouvertement une politique de discrimination à l'encontre des musulmans ainsi que des autres minorités religieuses.

Le RSS s'implanta d'abord dans le nord de l'Inde, au sein des hautes castes. Mais, propulsé par la dynamique du renouveau hindouiste, le RSS étendit rapidement son influence à l'ensemble de l'Inde. Ainsi, on prit l'habitude de voir, dans les villes comme dans les villages, ses 25 000 sections regroupant 2 millions de membres organiser des séances d'entraînement et de propagande.

Outre le VHP et le RSS, la vie politique indienne compte un troisième parti hindou, le Bharatiya Janata Party (Parti du peuple indien, BJP). À la tête du gouvernement indien depuis 1998, le BJP est la façade politique du RSS. Il a été crée en 1980 par des anciens dirigeants du Bharatiya Jana Sangh (Union du peuple indien, BJS), un parti fondé en 1951 par le RSS.

Le BJP s'est cantonné dans une relative modération jusqu'au milieu des années quatre-vingts, sous la direction de son premier président, l'apaisant Atal Bihari Vajpayee.

Mais ce dernier a ensuite été remplace à la tête du BJP par un faucon du nationalisme hindou, Lal Krishna Advani, leader de l'aile dure du mouvement.

Advani lança le BJP dans un militantisme hindouiste extrêmement agressif, axé autour d'un thème central : la destruction de ce furoncle que constituait la mosquée d'Ayodhya, posé à l'exact emplacement du site sacré de Rama. Ce faisant, le BJP renforçait systématiquement l'action des eux autres partis nationalistes hindous, qui avaient fait depuis longtemps de la destruction de la mosquée un cheval de bataille politique de premier plan.

La stratégie d'Advani, consistant à favoriser le populisme hindouiste, fut électoralement très payante pour le BJP, qui, d'élections en élections, monta au firmament de la vie politique.

Toutefois, en 1996, Vajpayee le modéré reprit les rênes du BJP.

Il advint que, le 6 décembre 1992, la mosquée d'Ayodhya fut détruite. Par une foule en délire, au milieu d'affrontements qui firent plus de 2000 morts en quelques jours.

Le site ne resta pas vide : les hindouistes y dressèrent un petit temple provisoire en bois, première consolation offerte aux adorateurs de Rama en attendant l'édification d'un bâtiment en dur.

L'affaire était-elle désormais close ? Non, Ayodhya ne devait plus quitter le centre de la scène politique indienne, chroniquement convulsée par un populisme halluciné : en effet, la destruction de la mosquée ne suffisant pas à satisfaire les fondamentalistes hindous, ceux-ci réclamaient passionnément la reconstruction en dur du temple de Rama, selon tous les canons de l'architecture sacrée. Une revendication génératrice d'une interminable litanie d'émeutes sanglantes secouant les grandes villes indiennes, sur fond de manipulations politiciennes, policières ou mafieuses.

En 1998, l'arrivée du BJP à la tête du gouvernement de l'Union indienne le mit en porte-à-faux. Il se trouva inséré dans une coalition gouvernementale comportant des partis laïcisants, soucieux de maintenir un *modus vivendi* entre les confessions, pour éviter la guerre civile. Si l'affaire d'Ayodhya allait trop loin, la coalition serait menacée d'éclatement.

Le BJP a essayé d'atermoyer.

L'ultra-nationaliste VHP, lui, n'a cessé de mener campagne pour la reconstruction à Ayodhya d'un véritable temple en dur, estimant que le BJP ne s'y opposerait pas par la force.

Le VHP s'est activé : plusieurs parties du futur bâtiment furent fabriquées dans des ateliers répartis dans toute l'Inde. Il resta à acheminer les éléments sculptés sur le site d'Ayodhya, lieu de naissance de Rama, pour l'assemblage final, tout en multipliant les manifestations pour demander au gouvernement d'autoriser la construction du temple.

Le vice-premier ministre et ministre de l'Intérieur du gouvernement central, L.K. Advani, pourtant fervent partisan de la reconstruction du temple, déclara devant la chambre basse du Parlement fédéral que le gouvernement ne permettrait à personne de rompre le statu quo à Ayodhya.

Acharya Giriraj Kishore, le vice-président du VHP, rétorqua : « *Quand des centaines de milliers de personnes auront convergé sur Ayodhya et auront entouré le site, le gouvernement sera-t-il en mesure de les empêcher de faire ce qu'elles veulent ? Quand le peuple veut quelque chose, le gouvernement doit céder.* »

Par son entêtement, le VHP plaça le BJP dans une position inconfortable.

Mais Kishore ne s'en émut pas :

« *Notre responsabilité ne consiste pas à assurer la survie du BJP. Pour nous, le plus important, c'est le temple. De toute façon, le gouvernement Valpayee n'est pas vraiment un gouvernement BJP ; il dépend trop de ses alliés* [des partis régionalistes]. »

Dans son opposition au BJP, le VHP a, en revanche, inconditionnellement été soutenu par l'autre parti nationaliste hindou, le RSS, fidèle à ses positions ultra. Le RSS, par la voix de son porte-parole, M.G. Vaidya, a même déclaré officiellement, lors d'une conférence de presse tenue le 6 décembre 2001, que son mouvement projetait de répliquer le schéma d'Ayodhya en détruisant les moquées de Kashi et Mathura pour y édifier des temples à la place.

L'inconfortable position du VHP fut particulièrement mise en évidence par le coup d'éclat du 17 octobre 2001 : ce jour-là, des chefs du VHP firent irruption dans le petit temple dressé après la destruction de la mosquée d'Ayodhya en 1992, et gardé par de nombreux policiers.

Advani, le ministre de l'Intérieur BJP du gouvernement central, ne put moins faire que d'adresser devant la chambre basse du Parlement fédéral une mise en garde contre le VHP : « *Nous sommes responsables du statu quo à Ayodhya. La cour suprême a ordonné son maintien et interdit toute modification, altération ou ajout à la structure existante. Nous ne laisserons personne rompre ce statu quo.* »

Toutefois, la fermeté de cette déclaration gouvernementale apparut de pure façade, tant elle contrasta avec l'indulgence dont le BJP gratifia les leaders du VHD, son turbulent partenaire politique : ils échoppèrent d'un simple procès-verbal pour « *entrave au travail du personnel de gouvernement.* »

Les foules hindoues ne cessèrent jamais d'intensifier leurs pressions sur le site d'Ayodhya, provoquant en retour la colère des musulmans. Ce qui donna lieu, le 27 février 2002, à un incident atroce : cinquante-huit Hindous furent brûlés vifs dans l'attaque lancée par des fanatiques musulmans contre le train qui les ramenait d'Ayodhya. Cette agression entraîna la spirale de la haine vers de nouveaux sommets. Dans les jours qui suivirent, les Hindous ripostèrent par des émeutes d'une violence indescriptible dans l'État de Gujarat, provoquant cinq-cents morts. L'Inde fut, une fois de plus, au bord de la guerre civile.

L'Inde donne un bon exemple de la difficulté de gérer les masses populaires en fusion des temps de crise. Vajpayee, le Premier ministre indien, est le chef de file de l'aile modérée du BJP. Lui n'est pas un faucon du nationalisme hindouiste. Cependant, il doit compter avec le populisme hindou, échauffé par la montée de la crise économique, qui se manifeste en Inde comme dans le reste du monde, depuis le sommet de la fin 2000.

L'économie indienne, en effet, a accusé le contrecoup du ralentissement économique global. Les exportations de logiciels, point fort du commerce extérieur indien, qui enregistraient depuis plusieurs années une croissance annuelle de 50 %, ont considérablement ralenti en 2001. Et cela ne fera que s'accentuer avec le cataclysme économique en cours. Les produits pharmaceutiques et l'industrie du loisir ne conserveront pas longtemps leur dynamisme actuel, condamné à être sapé par la crise. Le secteur manufacturier ? Il est fortement concurrencé par celui de la Chine. Les chefs d'entreprise indiens voient le ciel s'assombrir depuis quelques années déjà dans ce secteur.

Les déceptions économiques ont installé au cours de la décennie quatre-vingt-dix l'habitude chez les électeurs indiens de « *sortir les sortants* ». Le BJP prit son essor dans l'opposition sur la thématique hindouiste de la mosquée d'Ayodhya. Porté par cette vague populiste hindoue , Vajpayee devint chef du gouvernement indien le 18 mars 98.

C'est alors que le poids des réalités se fit sentir. La coalition au pouvoir, dirigée par le BJP, est menacée d'éclatement. Elle est minée par deux grandes faiblesses : l'absence de majorité au Rajya Sabha (le Conseil des États, Chambre haute du Parlement) ; et des luttes intestines qui, au sein du parti, opposent la tendance libérale menée par le Premier ministre Atal Bihari Valpayee et les nationalistes hindous purs et durs.

Comme tous les groupes fondamentalistes, le nationalisme hindou est antimoderne et antioccidental. Il fait systématiquement barrage aux réformes économiques : il estime qu'elles sont de nature à livrer le secteur économique aux multinationales, donc aux ennemis de l'identité hindoue. Dans la même veine, le nationalisme hindou désapprouve la réduction des subventions publiques et le durcissement des lois du travail qui, d'après lui, briment les intérêts du travailleur. Il est protectionniste. Il met en avant le fait que le mouvement de libéralisation économique engagé dans les années quatre-vingts déstructure le tissu industriel. Les PME indiennes ne tiennent pas le choc face à la concurrence internationale.

Entravé de tous côtés, dépourvu de majorité au Rajya Sabha, le gouvernement du Premier ministre Valpayee est réduit à l'impuissance dans les domaines économique et social. Il multiplie les promesses, mais sans jamais en tenir aucune. Ainsi, en 2001, le ministre des Finances a annoncé un train de réformes économiques et la mise sur pied d'une législation rigoureuse du travail. Et rien de tout cela n'a été suivi d'effet.

En vérité, le BJP ne peut promouvoir de réformes sans l'appui de son principal adversaire politique : le Parti du Congrès, mouvement de tendance libérale représentant les milieux d'affaires et constituant la première force d'opposition.

Le BJP est ainsi engagé dans une impasse complète. Et il fait face à de graves difficultés électorales : lors des scrutins de février dernier, il a enregistré une importante défaite dans trois États clés, dont l'Uttar Pradesh (qui est le plus grand Etat indien, et son fief traditionnel) et le Pendjab.

Dans ce contexte de majorités introuvables intrigue le parti des *dalit* (les intouchables) et d'autres basses classes : le Bahujan Samaj Party (BSP). Mais le BSP ne nourrit pas le débat économique indien, parce qu'il ne véhicule aucune doctrine économique. Ses préoccupations sont tout entières tournées vers l'émancipation des basses castes, il a pour seul souci de combattre les hautes castes. Le BSP ne se déclare donc ni de droite, ni de gauche, mais opportuniste : il est prêt à faire alliance avec n'importe quelle formation pour mettre en œuvre son programme de réhabilitation des intouchables.

Dans ce contexte embrouillé, le BJP, qui se prépare pour les élections nationales dans deux ans, ne voit plus qu'un seul moyen de renouer avec les plus éclatants succès électoraux : l'exacerbation de la question religieuse.

C'est pourquoi Vajpayee le modéré en vint à autoriser la construction du temple d'Ayodhya. Les premières briques furent posées le

15 mars dernier, malgré le caractère illégal de cette décision : la Cour suprême s'était prononcé pour un statu quo maintenant les lieux en l'état, elle n'avait donc pas donné son feu vert à ces travaux.

La tragédie d'Ayodhya repart de plus belle, ravivant plus que jamais les tensions entre hindouistes et musulmans. Pour le BJP, l'intensification des conflits interconfessionnels est la promesse d'un renouveau électoral. Vajpayee a donc recentré le débat politique indien sur la question religieuse, afin de satisfaire les attentes populistes hindoues. Et ainsi remonter sa cote de popularité, afin de gagner les élections fédérales qui se tiendront dans deux ans et décideront de son maintien au pouvoir à Delhi.

En Inde, le populisme a pris les rênes. Sa thématique est religieuse. Les communautés hindoue et musulmane bouillonnent comme deux torrents de lave incandescente. L'affaire d'Ayodhya précipite l'Inde vers une guerre civile cauchemardesque directement issue du choc des civilisations. La crise économique mondiale soufflera puissamment sur la fournaise indienne comme le mistral sur un feu de forêt dans le sud de la France au mois d'août. Quand la récession économique aura anéanti les exportations indiennes de produits informatiques et pharmaceutiques vers l'Occident, l'affrontement entre Rama et Mahomet se substituera entièrement au débat économique et social.

Madrassas venimeuses

Un autre arc polémique se déploie dans le ciel indien, fabriqué lui aussi par le conflit de civilisations : celui des madrassas, les écoles coraniques. En franchissant un seuil décisif le 11 septembre 2001, sous l'impulsion des partis nationalistes hindous, parmi lesquels le BJP. Le leader de son courant dur, Advani, ministre de l'Intérieur du gouvernement fédéral, se saisit de l'affaire peu après l'attentat du World Trade Center, en décidant de sévir contre les madrassas illégales.

Un rapport officiel estime, à juste titre, que les madrassas, qui se sont considérablement multipliées sur le territoire indien depuis cinq ans dans le cadre du renouveau de l'islam, *« constituent une menace pour la sécurité nationale »*. Ce qui inquiète particulièrement le ministre de l'Intérieur, c'est le programme enseigné dans ces écoles, tout entier imprégné d'obscurantisme islamique. Il s'agit du programme Dars-i-Nizami, lancé par la première université coranique du sous-continent, le Darul Uloom, installé à Deoband, dans l'Uttar Pradesh. Il repose sur l'apprentissage par cœur du Coran, des *hadith* (les actes et paroles du Prophète), du *fiqh* (la jurisprudence islamique) et du *tafsir* (les commentaires du Coran).

De la sorte, Deoband promeut un islam puritain et une école de pensée orthodoxe. Elles ne s'y sont pas trompées, les centaines d'écoles coraniques pakistanaises qui ont adopté son programme pour former, c'est-à-dire fanatiser, les talibans afghans.

Deoband se défend de ces accusations d'antipatriotisme indien et d'extrémisme islamique en arguant de son passé progressiste sous la domination britannique : les Deobandis s'opposaient à la partition du sous-continent indien et soutenaient vigoureusement le mouvement nationaliste soutenu par le Parti du Congrès.

Certes, mais ce sont là des arguments fallacieux. Deoband promeut dans les madrassas un islam obscurantiste et totalitaire façon talibans, qui ne peut que creuser le fossé avec l'hindouisme. Deoband tente de masquer son prosélytisme intégriste islamique derrière un argument utilitaire : grâce à ces madrassas, qui nourrissent gratuitement les enfants en même temps qu'elles les éduquent, le taux d'alphabétisation des musulmans indiens reste à un certain niveau, déjà bien inférieur à la moyenne nationale. Cet enseignement, même s'il n'est pas ouvert sur le monde, est le seul que puissent recevoir les musulmans victimes de la pauvreté et de l'illettrisme. Sans ces écoles coraniques, le niveau d'alphabétisation des musulmans indiens serait catastrophique. D'ailleurs, au niveau du collège et du lycée, tout se gâte : là, le nombre des élèves musulmans qui abandonnent leurs études devient alarmant.

En réalité, là comme partout ailleurs, les madrassas sont un formidable outil de propagande pour les intégristes islamiques, d'autant que chacun de leurs diplômés peut essaimer en ouvrant sa propre petite école. Ainsi, à côte de vingt-cinq mille écoles coranique à part entière, l'Inde compte une poussière de quatre-vingt mille *makhtab* : ce sont des établissements plus rudimentaires, qui dépendent souvent des mosquées et dispensent un enseignement de niveau primaire.

Pour éviter que ces madrassas ne déversent sur l'Inde une génération de jeunes musulmans fanatisés, le gouvernement central essayait dès 1994 de les ouvrir au monde extérieur en y détachant un ou deux enseignants dans des matières modernes comme les sciences, les mathématiques ou l'anglais. Mais, en dépit de tous ces efforts, les perspectives d'emploi pour les diplômés des madrassas se ramènent invariablement à des postes d'enseignement dans ces mêmes madrassas. Et à des fonctions religieuses dans les mosquées : il y en a cinq cent mille en Inde, et elles ont besoin d'imams. Conclusion : le système des madrassas est entropique, donc extrêmement dangereux pour la communauté hindoue. C'est une fabrique d'intégristes.

Les partis nationalistes hindous s'inquiètent également de l'origine des fonds qui alimentent ces foisonnantes madrassas : l'argent vient largement de l'étranger, notamment du Moyen-Orient. Ce qui n'a rien d'étonnant : l'Arabie Saoudite dispense ses largesses dans l'ensemble du monde musulman pour dynamiser l'essor du néo-wahhabisme.

Les tensions indo-pakistanaises

Le plus haut champ de bataille du monde

Ayodhya et les madrassas : deux points nodaux du débat politique indien, quotidiennement renforcés par l'essor de la crise économique...

Mais ce n'est pas tout : il y a le Cachemire, dont l'Inde et le Pakistan musulman se disputent furieusement la domination. En mai 1998, l'Inde procéda à cinq essais nucléaires. Advani, le faucon du BJP, déclara que son pays avait enfin les moyens de régler le conflit au Cachemire. L'orgueil nationaliste des foules hindoues en fut galvanisé. Mais, quelques jours plus tard, le Pakistan répliqua en faisant exploser sa première bombe A.

Désormais, la menace d'une escalade nucléaire pèse sur le conflit du Cachemire. Un conflit dramatiquement insoluble : le Cachemire est une clé de la cohésion nationale de l'Inde comme du Pakistan.

Le conflit remonte à l'indépendance de l'Inde et du Pakistan, en 1947. Un processus avait été prévu, le 15 août 1947, pour régler le sort des 565 principautés du sous-continent qui ne faisaient pas partie des Indes britanniques. Ce processus laissait les chefs des États princiers choisir leur rattachement à l'Inde ou au Pakistan. La plupart se prononcèrent en faveur de l'Inde. Pour ceux-là, le rattachement à l'Union indienne était chose faite.

Il y eut deux chefs d'État princiers musulmans, le *nizam* de l'État d'Hyderabad et le *nabab* du Junagadh (malgré une population à 80 % hindouiste) qui optèrent pour le rattachement au Pakistan. Bien que les territoires de leurs États ne fussent pas situés près du Pakistan occidental ni du Pakistan oriental (l'actuel Bangladesh).

Jawaharlal Nehru, le Premier ministre de l'Inde, n'accepta pas que ces deux États princiers « passent » au Pakistan musulman alors que la majorité de leur population était hindouiste. Aussi, ordonna-t-il aux troupes indiennes d'occuper ces deux États, qui furent ainsi intégrés à l'Union indienne.

Un troisième chef d'État princier fit problème : Hari Singh, *maharadjah* hindou du Cachemire, voisin du Pakistan. La population cachemiri, contrairement à son *maharadjah*, était en majorité musulmane. Hari Singh, commotionné par le spectacle des émeutes liées à la partition qui firent un million de morts, n'arrivait pas à décider du rattachement de son État au Pakistan ou à l'Inde. Craignant un bain de sang, il ne cessait d'atermoyer, malgré les fortes pressions qu'exerçait Nehru sur lui. Celui-ci, originaire du Cachemire, portait un vif intérêt au destin de cette région.

Finalement, trois mois après l'indépendance, ce fut le Pakistan qui mit fin aux flottements du *maharadjah* du Cachemire, Hari Singh, en envoyant des troupes pachtounes dans la région pour s'en emparer. L'Inde saisit alors immédiatement ce prétexte pour occuper Srinagar, la capitale de l'État princier du Cachemire, et essayer de convaincre le *maharadjah* de signer son rattachement à l'Inde. Ce qu'il fit, le 26 octobre 1947.

Les armées pakistanaises et indiennes multiplièrent les affrontements, de 1947 à 1949. Ce fut la première des trois guerres indo-pakistanaises. La deuxième, en 1965, eut pour objet le Jammu-et-Cachemire, tout comme la première. La troisième, en 1971, fut axée sur la sécession du Pakistan oriental (Bangladesh).

Une ligne de contrôle du cessez-le-feu fut établie le 1er janvier 1949, sous l'égide de l'ONU. Elle est devenue la frontière *de facto* qui sépare depuis lors la partie pakistanaise du Cachemire (Azad Kashmir ou « Cachemire libre ») de la partie indienne (le Jammu-et-Cachemire).

L'Inde accuse le Pakistan d'armer les séparatistes du Jammu-et-Cachemire. Et Islamabad réclame la mise en œuvre du « *plébiscite libre et impartial* » préconisé par la résolution du 5 janvier 1949 de la Commission des Nations-Unies pour l'Inde et le Pakistan (CNUIP), de manière à ce que la population du Jammu-et-Cachemire décide de son rattachement à l'un des deux pays. Ce à quoi New Delhi répond en disant qu'il n'y a pas lieu de faire cette consultation électorale, parce que le ralliement à l'Union indienne signé par le *maharadjah* Hari Singh en 1947 a réglé le problème une bonne fois pour toutes.

New Delhi considéra, dès la partition, comme un enjeu vital que le Jammu-et-Cachemire, pourtant à majorité musulmane, fît partie de l'Inde. Celle-ci, avec sa minorité de 130 millions de musulmans, est composite et constamment menacée de délitement. Nehru voulait faire de l'Inde un État séculier et démocratique, sous la protection duquel pourraient cohabiter paisiblement les nombreuses cultures et religions constituant le chatoyant kaléidoscope indien. Nehru vit dans la question du Cachemire un moyen d'éprouver cette philosophie politique. Il considérait que la perte du Cachemire réveillerait les mouvements sécessionnistes latents dans une Union indienne comptant plus d'un milliard d'habitants.

Tous les successeurs de Nehru, y compris Atal Bihari Vajpayee, l'actuel Premier ministre (nationaliste hindou) ont repris à leur compte cette politique.

Mais ce qui vaut pour l'Inde vaut plus encore pour le Pakistan. Celui-ci considère lui aussi le Cachemire comme une pierre d'achoppement de son unité nationale, basée sur la religion musulmane, et non pas sur la laïcité.

La vie politique pakistanaise n'est pas un long fleuve tranquille. Le Pakistan a subi une grave mutilation à l'occasion du conflit de 1971 avec l'Inde, qui s'est soldé par la sécession de sa partie orientale, le Bangladesh. Depuis, il n'abrite plus qu'un tiers des musulmans des territoires des anciennes Indes britanniques. Des différends ethniques compliquent le problème. Les Pendjabis sont majoritaires (60 % de la population). Sans le Cachemire, les minorités ethniques du Pakistan se sentiraient écrasées par les Pendjabis : elles entreraient en rébellion, risquant de faire voler en éclats l'unité du pays.

Au Pakistan, les années 1990 ont été marquées par des tensions internes : divers conflits ethniques, en particulier entre Sindhi et Muhajir (ces derniers sont des musulmans indiens ayant immigré au Pakistan après la partition) ; violences sectaires entre sunnites et chiites. Les années soixante-dix avaient elles aussi été agitées : en 1972-1975, Islamabad avait dû réprimer énergiquement les mouvements nationalistes régionaux au Baloutchistan et dans la NWFP (Province de la frontière du Nord-Ouest).

Tout comme l'Inde, le Pakistan risque de se défaire. Islamabad considère donc la question du Cachemire comme l'une des clés de la cohésion nationale pakistanaise.

Et comme un enjeu stratégique vital : sans la protection que lui offrent les cols montagneux stratégiques du Cachemire, le Pakistan est, dans cette partie de son territoire, directement exposé à l'Inde.

Le Cachemire, c'est par excellence le nœud gordien géopolitique. Aucune des deux parties ne peut renoncer à ses prétentions. La guerre est inévitable.

À partir de 1983, s'est engagée une guerre de positions dans le Karakorum, au sud du glacier de Siachen. Mais c'est en 1989, à la suite du retrait des troupes soviétiques d'Afghanistan, que le Cachemire s'est à nouveau embrasé. Le Pakistan, par l'entremise de ses services de renseignement, l'*Inter Service Intelligence* (ISI), y a joué à fond la carte de l'extrémisme islamiste, en renforçant son aide aux mouvements de « *libération du Cachemire* » de plus en plus fanatisés par les réseaux intégristes. Dès le début des années quatre-vingt-dix, les groupes militants islamistes pro-pakistanais ont joué un rôle prépondérant, tels le Hezb-ul Mujahidin (*Parti des combattants*), prônant le rattachement au Pakistan. Ces groupes islamistes extrêmement brutaux se sont imposés au détriment d'autres mouvements indépendantistes traditionnels, comme le Jammu and Kashmir Liberation Front *(Front de libération de Jammu-et-Cachemire)*, qui lui, revendique une totale indépendance, et non pas un rattachement au Pakistan.

Cela fait donc plus d'une décennie qu'au Cachemire éclatent des escarmouches meurtrières au printemps, à la fonte des neiges. Des unités séparatistes musulmanes soutenues par le Pakistan s'infiltrent au-delà de la ligne de contrôle (LOC) pour pénétrer dans le Jammu-et-Cachemire.

Excédée, en mai 1999, l'Inde lançait des opérations aéroterrestres d'envergure sur les hauteurs montagneuses du Ladak, dans l'État de Jammu-et-Cachemire, au dessus de la route Srinagar-Leh qui mène au glacier himalayen de Siachen. Située à plus de 5000 mètres, la route suit sans jamais le rencontrer le tracé de la ligne de contrôle. Là sont stationnées en permanence, des deux côtés de la ligne, les deux armées, sur le plus haut champ de bataille du monde.

Traditionnellement, les postes avancés étaient évacués en hiver, quand la température tombe au dessous de moins quarante degrés. En avril 1999, les neiges fondirent précocement, à cause sans doute du réchauffement de la planète. Des commandos musulmans s'infiltrèrent aussitôt au delà de la ligne de contrôle, pour occuper des postes militaires, des bunkers et des héliports dans la vallée de Mashkoh, à proximité de Drass, Kaksar et Batalik.

L'armée indienne eut fort à faire pour lutter contre ces unités musulmanes solidement implantées sur les hauteurs et armées de missiles sol-air Stinger, surplus américains de la guerre en Afghanistan. La topologie du terrain étant extrêmement défavorable aux opérations aériennes, l'Inde perdit deux avions de combat, un avion de reconnaissance et un hélicoptère dès le début des combats. Mais l'armée indienne réussit à redresser la situation, et à refouler les troupes musulmanes.

Aux premiers jours de ce conflit de 1999, appelé guerre de Kargil, le premier ministre pakistanais de l'époque, Nawaz Sharif, et le vice-ministre des Affaires étrangères, Shamshad Ahmed, laissèrent entendre que le Pakistan utiliserait, si nécessaire, toutes les armes à sa disposition (sous-entendu : y compris l'arme atomique) en cas d'extension du conflit. Extension pouvant consister en l'ouverture d'un deuxième front dans le Punjab pakistanais ou au Sind, comme ce fut le cas en 1965 : les forces armées indiennes avaient alors fait une percée en territoire pakistanais, contraignant Islamabad à stopper son offensive au Cachemire.

Les menaces atomiques pakistanaises lancées lors de la guerre de Kargil furent prises très au sérieux par l'Inde, qui mit en état d'alerte son armée de l'air chargée du bombardement stratégique.

La massive incursion musulmane dans le Cachemire indien s'acheva fin avril sur une piteuse rédition diplomatique : le premier ministre, Nawaz Sharif, se rendit à Washington où, le 4 juillet 1999, il accepta dans une déclaration commune avec le président Clinton, le retrait des intrus musulmans. Il confirma ainsi l'implication directe de l'armée pakistanaise, niée jusque-là, dans cette action militaire anti-indienne.

Par la guerre de Kargil, l'armée pakistanaise sabotait la dynamique de rapprochement lancée par la déclaration faite à Lahore, le 21 février précédent, par le premier ministre pakistanais, Nawaz Sharif, et le premier ministre indien, Atal Bihari Vajpayee. Les négociations entre les deux hommes avaient été si avancées qu'on avait pu espérer une solution à la question du Cachemire dans les six mois.

Cet imbroglio entre le gouvernement et l'armée est révélateur de la situation pakistanaise : l'armée détient tous les pouvoirs, et rien ne peut se faire sans elle. L'état-major avait été tenu à l'écart des négociations de Lahore, il les a annihilées par la guerre de Kargil. Le chef d'état-major de cette guerre fut le général Pervez Musharraf : il avait lancé l'offensive de Kargil en estimant que c'était la seule façon d'internationaliser le conflit du Cachemire et d'obtenir des soutiens internationaux. Aussi les Indiens le surnomment-ils « *l'Homme de Kargil* ».

La guerre de Kargil entraîna d'importantes conséquences politiques en Inde : elle permit au BJP, le pari nationaliste hindou, de gagner les élections législatives de 1999...

En juillet 2001, se tint le sommet d'Agra, qui réunit Musharraf et Vajpayee : ce fut un échec.

Le double-jeu pakistanais continua : aide aux Américains dans la chasse à Al Qaïda, et agitation terroriste au Cachemire. Ainsi, un attentat massif devant le parlement du Jammu-Cachemire fit au moins quarante morts début octobre 2001. Le 13 décembre de la même année, les terroristes islamistes lancèrent une attaque particulièrement audacieuse contre le Parlement fédéral de New Delhi, qui souleva une grande émotion en Inde.

La crise indo-pakistanaise de mai-juin dernier, où un total d'un million d'hommes furent massés de part et d'autre de la ligne de contrôle, fit réapparaître le spectre d'une guerre atomique. Les États-Unis pesèrent sur le Pakistan, et la Russie sur l'Inde, pour enrayer une montée aux extrêmes de nature à déboucher sur un conflit atomique. La crise fut, encore cette fois-ci, désamorcée.

Mais il y aura d'autres crises : en Inde comme au Pakistan, la question du Cachemire est mise en avant par les partis nationalistes et religieux comme thème mobilisateur des masses, promptes à s'enflammer sur ce sujet. Le Cachemire est à l'Inde et au Pakistan ce que fut l'Alsace-Lorraine à la France et à l'Allemagne.

La France et l'Allemagne, c'était l'affrontement de deux États-nations, de deux nationalismes exacerbés. L'Inde et le Pakistan, c'est cela, mais c'est aussi l'affrontement de deux religions, de deux civilisations. L'Inde est l'État phare de la civilisation hindoue. Le Pakistan, lui, est l'un des États phares d'une civilisation qui en compte plusieurs, l'Islam.

Entre ces deux pays, le risque conventionnel est quasiment indissociable du nucléaire. Le schéma de la dissuasion nucléaire ne fonctionne pas entre l'Inde et le Pakistan. Les gouvernements des deux pays craignent d'être renversés au moindre signe de faiblesse. Face à leurs opinions publiques déchaînées, ils sont condamnés à la surenchère. S'il y a engagements militaires avec franchissement de la frontière par l'une ou l'autre armée, le dérapage nucléaire aura lieu.

Cela, c'est la donne actuelle, découlant de la présence à la tête du gouvernement pakistanais du général Musharraf, qui est relativement modéré. Mais Musharraf sera renversé par les intégristes islamistes, et la prise de pouvoir par ces derniers déclenchera presque automatiquement le conflit atomique indo-pakistanais.

En face, le Pakistan, « pays des purs »

Le Pakistan est régi par une constitution islamiste mettant le pays sous le contrôle de la *charia*, la loi islamique. Dès 1940, les élites musulmanes indiennes, ne souhaitant pas rester dans l'Inde indépendante à majorité hindoue qui s'annonçait, réclamèrent la création d'un État musulman : le Pakistan *(« pays des purs »)*. Celui-ci vit le jour le 14 août 1947.

Le Pakistan est né d'une volonté sécessionniste typique de la mentalité musulmane : une minorité musulmane importante et unifiée, bénéficiant de la part des autorités non-musulmanes auxquelles elle est théoriquement soumise d'une large autonomie juridique, culturelle et religieuse, est virtuellement sécessionniste. Elle est en état de rébellion latent. Parce que le musulman n'a aucun devoir d'obéissance envers *« l'autorité impie »*, c'est-à-dire non-islamique. Quand il peut, il se débarrasse de ce « joug » aliénant.

Le 14 août 1947, Muhammad Ali Jinnah, le président de la Ligue musulmane, devint gouverneur général. Il mourut prématurément en 1948. La démocratie parlementaire qu'il avait mise en place ne lui survécut que peu de temps. Son successeur, Liaqat Ali Khan, fut assassiné en 1951. Alors, le Pakistan bascula dans une instabilité politique chronique. Les phases de dictature militaire n'ont cessé d'alterner avec de brefs retours à la démocratie et au pouvoir civil.

Le général Muhammad Ayyub Khan saisit l'occasion qui lui était offerte par l'assassinat de Liaqat Ali Khan pour s'emparer du pouvoir et instaurer la loi martiale. Il promulgua une nouvelle constitution en 1962 (celle de 1956 ayant été abrogée lors de son coup d'État). Cette constitution stipulait que les lois de l'État ne pouvaient pas aller à l'encontre de la charia, la loi islamique.

Confronté à une forte opposition, le général fut contraint de démissionner en 1969, au profit d'un autre général, Agha Muhammad Yahya Khan, qui instaura la loi martiale.

Les élections de décembre 1970 donnèrent la victoire à la Ligue Awami du Pakistan oriental, menée par Mujibur Rahman. Le général Agha Muhammad Yahya Khan, voulant empêcher Mujibur Rahman de prendre le contrôle du pouvoir central, et les autonomistes bengalis de faire sécession, attaqua militairement le Pakistan oriental. Soutenus par l'armée indienne, les Bengalis menèrent une guerre d'indépendance et proclamèrent la souveraineté du Bangladesh en 1971

Cette défaite contraignit le général Khan à laisser le pouvoir à Zulficar Ali Bhutto, dont le parti, le Pakistan People's Party (Parti du peuple pakistanais) était arrivé en seconde position lors des élections de 1970. Bhutto mit en œuvre une politique mélangeant socialisme, nationalisme et islam, qui lui valut le soutien des classes populaires. Il fit adopter une nouvelle constitution en 1973.

Mais le gouvernement civil de Bhutto fut renversé en 1977 par le coup d'État du général Zia ul-Haq, chef d'état-major des Armées. Le pays était au bord de la guerre civile. Zia instaura la loi martiale, et fit pendre Bhutto, après une parodie de procès.

Le général Zia intensifia l'islamisation du pays.

La mort de Zia dans un crash d'avion (probablement dû à un sabotage) en 1988 permit l'organisation d'élections, gagnées par le parti de la fille de Bhutto, la ravissante et brillante Benazir Bhutto.

Mais celle-ci fut évincée par l'action conjuguée de l'armée et de la droite islamique en 1990. Malgré des oppositions très actives, le caractère islamique de l'État s'accentua au fil des années.

Cependant, Benazir Buttho, au lendemain des élections législatives d'octobre 93, reprit la tête du gouvernement jusqu'en 1996 où, accusée de corruption, elle fut démise de ses fonctions.

Les élections qui suivirent en 1997 ramenèrent au pouvoir la droite islamique dirigée par Mian Nawaz Sharif, dirigeant de l'Alliance démocratique islamique (IDA). Sharif bénéficia d'une confortable majorité à l'Assemblée. Il incarnait le triomphe des partis religieux.

Le 12 octobre 1999, le général Pervez Musharraf fit brusquement irruption sur la scène politique pakistanaise en conduisant un coup d'État militaire qui renversa Mian Nawaz Sharif. Le 20 juin 2001, le général Musharraf consolida sa prise de pouvoir en s'autoproclamant président de la République.

D'esprit réformiste, Musharraf avait confisqué la démocratie par son coup d'État, mais il s'était engagé à la restaurer dans ses droits. Ainsi, le chef de l'exécutif réitéra-t-il son engagement de respecter l'arrêt rendu en mai 2000 par la Cour suprême, qui justifiait la prise de pouvoir par les militaires au nom de la « *doctrine de la nécessité* » et leur accordait un délai de trois ans pour organiser des élections législatives. Toutefois, Musharraf n'indiquait pas le processus qu'il envisageait pour le retour à la démocratie.

Des élections locales « sans partis » se déroulèrent en plusieurs phases entre décembre 2000 et juillet 2001, avec un faible taux de participation. Un tiers des sièges était réservé aux femmes, chose très osée dans un pays aussi islamisé que le Pakistan. Ces sièges ne furent pas pourvus, faute de candidates. Sans doute, les femmes s'abstinrent-elles à cause de l'impitoyable pression exercée sur elles par un milieu ambiant imprégné de machisme islamique. Le général Musharraf espérait, par ces élections, renouveler le personnel politique afin de mener à bien une politique de réforme. Ce fut un échec : une bonne partie des élus étaient liés à des partis politiques religieux et aux structures traditionnelles de pouvoir. La Jamaat-e islami (qui est un parti intégriste islamiste pur et dur) et le Parti du peuple pakistanais (PPP) emportèrent la majorité des sièges.

L'ancien premier ministre, Nawaz Sharif, fut condamné en juillet 2000 à quatorze ans d'emprisonnement et à l'interdiction d'exercer toute fonction publique pendant vingt et un ans pour corruption. Par exemple, l'achat illégal d'un hélicoptère. Il faisait rimer islamisme et affairisme. Il fut également condamné pour piraterie aérienne et tentative de meurtre.

Soucieux de concorde nationale, le général Musharraf le gracia en décembre 2000 en échange de son exil en Arabie saoudite et de la confiscation d'une partie de ses biens. Le départ de Nawaz Sharif provoqua une crise au sein de son parti, la Ligue musulmane du Pakistan (PML) qui connut une scission.

Musharraf organisa à sa manière le retour à la démocratie. Le 30 avril dernier, il posa par référendum une question aux 70 millions d'électeurs pakistanais (sur une population de 140 millions) : « *Voulez-vous élire le président-général Pervez Musharraf comme président du Pakistan pour les cinq prochaines années ?* » Le score fut somptueux : 97,7 % des électeurs répondirent oui. La participation fut de 70 %.

Évidemment, tout avait été truqué : bourrage des urnes ; votes multiples ; secret du vote absolument pas respecté ; « électeurs captifs », tels que prisonniers (100 % de participation dans les prisons), employés des institutions locales et étatiques, travailleurs d'usine (conduits aux urnes situées dans les usines).

Cette réponse positive au référendum du 30 avril permit cependant à Musharraf de légitimer son coup d'État militaire d'octobre 1999 ainsi que son autoproclamation au poste de président de la République islamique du Pakistan en juin 2001.

Ce référendum n'était pas conforme à la Constitution : selon celle-ci, le président du Pakistan est élu par le collège des élus du Parlement islamique et des assemblées provinciales.

Mais, cette procédure référendaire truquée permit à Musharraf d'asseoir son pouvoir pour cinq ans. Et d'envisager sereinement les élections législatives dont il a décidé la tenue, et qui se dérouleront en octobre 2002. Ces élections s'annoncent très défavorables pour lui, avec une percée des islamistes.

Musharraf fait ainsi figure de despote éclairé. Éclairé parce qu'il essaie de moderniser le Pakistan tout en se maintenant au pouvoir par le viol de la démocratie. Mais cet homme à poigne est malgré tout ligoté par les partis religieux, qui le réduisent à l'impuissance. Son réformisme reste lettre morte. Soucieux de desserrer l'étreinte de la charia instaurée dans les années quatre-vingts, il avait annoncé un train de réformes. Celles-ci concernaient la loi sur le blasphème, qui est puni de mort : les femmes, les chiites et les chrétiens en sont régulièrement accusés. Les réformes proposés par Musharraf concernaient également les droits des femmes et des minorités. Et les meurtres d'honneur (on tue la sœur ou l'épouse ayant couché en dehors du mariage, ou même simplement soupçonnée de l'avoir fait). Musharraf a du renoncer à appliquer ces réformes, devant le raz-de-marée intégriste islamiste qui déferle au Pakistan comme dans le reste du monde arabo-musulman.

L'intolérance n'a cessé d'y gagner du terrain. Notamment dans la province du Nord-Ouest (NWFP) où une campagne violente a été menée contre les chaînes de télévisions par câble et où les bureaux du quotidien *The Frontier Post*, à Peshawar, furent saccagés et incendiés. Les violences contre les chiites et les chrétiens se multiplient.

Le Pakistan, c'est Allah plus la bombe atomique

Le Pakistan est la puissance nucléaire du monde islamique : il dispose de vingt-cinq ogives nucléaires.

Lors de l'attaque américaine sur l'Afghanistan, le général Musharraf fut sommé par la Maison Blanche de choisir son camp. Il dut faire un virage à 180 degrés, abandonner la politique de soutien aux talibans, et limoger une centaine de hauts responsables des services secrets et de l'armée. En échange, les Américains firent pleuvoir les dollars sur le Pakistan et réduisirent fortement sa dette.

Musharraf, homme de bon sens désireux de moderniser la société pakistanaise, est parfaitement conscient qu'il chevauche un tigre : le tigre islamiste. C'est pourquoi l'attaque américaine contre l'Afghanistan l'a empli d'inquiétude. Des manifestations anti-américaines ont eu lieu au Pakistan, énergiquement réprimées par la police.

L'intégrisme islamiste est partout dans ce pays. Pas seulement dans les masses, mais aussi dans les organes de l'État : la police, les services secrets, l'armée, l'administration, à tous les échelons. À la chute du régime des talibans, de nombreux combattants d'Al Qaïda se sont exfiltrés en zone pachtoune pakistanaise. L'ISI les oriente vers le brasier du Cachemire, qui sert d'exutoire à leurs instincts belliqueux. Mais ces fanatiques sont un puissant ferment de déstabilisation du Pakistan. Musharraf aura l'occasion de s'en rendre compte à ses dépens, lui qui ne cesse de jouer avec le feu islamiste.

Le Pakistan est la base arrière des deux plus importantes organisations islamistes du monde. Le premier est le Tabligh, qui envoie des prédicateurs fanatiser les musulmans jusque dans les banlieues occidentales. C'est lui qui, ces dernières années, a recruté la plupart des volontaires européens pour le djihad en Afghanistan. Le Tabligh a toujours proclamé sa proximité idéologique avec les talibans.

L'autre grand mouvement islamiste est le Jama'at-i-islami, qui est l'équivalant indo-pakistanais des Frères musulmans. Les écrits du fondateur du Jama'at-i-islami, Aboulal'a Al-Mawdoudi, sont l'une des références intellectuelles de l'un des plus grands théoriciens des Frères musulmans : Sayyed Qutb. Celui-ci s'en est inspiré pour développer une doctrine révolutionnaire-tyrannicide, dont se réclament tous les mouvements terroristes issus des Frères musulmans : Takfir wal Hijra, Jihad islamique, Gamaà islamiyya, GIA, GSPC (Algérie), Enahda (Tunisie), etc.

Le gouvernement Musharraf a tenté d'exercer un contrôle sur l'enregistrement des madrassas et leur financement : cela n'a guère été suivi d'effet, à cause de l'opposition virulente des partis religieux. Les madrassas, c'est leur chasse gardée, ils ne tolèrent aucune immixtion gouvernementale dans ce Saint des Saints de l'intégrisme islamiste. Une madrassa et une mosquée pakistanaises sur quatre sont contrôlées par des mouvements islamistes liés aux talibans : Jamiat Ulema i Islami, madrassas de Sami Ul Haq, de Fazlur Rehman, d'Ahmed Noorani.

Ces madrassas furent la matrice des talibans afghans, avec la totale approbation de l'ISI. Entre elles et les gouvernements pakistanais successifs, il y eut une alliance « objective » : la politique étrangère pakistanaise consista à aider à la mise sur pied du régime taliban en Afghanistan pour exercer à travers lui une influence en Asie centrale, et les madrassas concoururent à ce but de manière décisive. Des madrassas pakistanaises ne sortirent pas uniquement les talibans afghans : depuis 1995, elles ont aussi formé plus de vingt-mille étrangers venus du monde entier. Toujours avec les plus vifs encouragements de l'ISI. Et avec de copieux financements saoudiens.

De même, la politique pakistanaise s'attacha à attiser l'incendie au Cachemire pour contrer l'Inde, et les madrassas alimentèrent les maquis cachemiris en fous d'Allah prêts à mourir dans le *djihad* contre les hindous. Les dirigeants pakistanais utilisent le prosélytisme islamiste comme un outil de politique étrangère. Le fondamentalisme islamiste est consubstantiel au Pakistan.

Pervez Musharraf est le type même du chef d'État qui, en terre d'Islam, est pris entre l'enclume et le marteau, entre l'intégrisme islamiste et l'Occident. Son contrôle sur l'armée et l'ISI, fortement infiltrés par les intégristes, est très limité. Cela se terminera mal pour lui. Il a vocation à perdre le pouvoir au profit des intégristes dans de brefs délais. Le 11 septembre et la guerre anti-talibans ont accéléré la détérioration du climat au Pakistan. La crise économique et l'attaque américaine sur l'Irak donneront le coup de grâce au gouvernement Musharraf. Il sera renversé par l'opposition intégriste.

Le général Mahmoud, l'ancien chef des services secrets pakistanais, l'homme des coups tordus islamiques, s'y emploie. Musharraf l'a limogé de son poste de directeur de l'ISI un mois après l'attentat du 11 septembre. Depuis, Mahmoud n'est pas resté inactif. En mars 2000, il mit en place Jaish-e-Mahammad, un groupe islamiste très entreprenant au Cachemire et en Afghanistan. Après le 11 septembre, ce groupe fut interdit par le gouvernement Musharraf. Mais il a continué à fonctionner en sous-main, sous l'influence de Mahmoud.

Comme par hasard, après le limogeage de Mahmoud, les attentats se sont multipliés à l'intérieur du Pakistan. Il y en eut sept contre les Occidentaux en un an. Parmi lesquels l'enlèvement et l'assassinat de David Perl, et l'assassinat des ingénieurs français de la Direction des chantiers navals (DCN). Mahmoud est fortement soupçonné de tirer les ficelles dans l'ombre.

Mahmoud symbolise ces cadres dirigeants des services secrets et de l'armée qui furent limogés par Musharraf après le 11 septembre, et préparent leur revanche. Une revanche aux couleurs de l'intégrisme islamiste.

La civilisation chinoise : une tyrannie hydraulique

L'historien Joseph Needham inventa, à propos de la Chine, l'expression « *tyrannie hydraulique* ». Les caprices du Fleuve jaune ont en effet, depuis des millénaires, imposé la construction et l'entretien de digues. Cela a nécessité l'organisation fortement hiérarchisée de millions de surveillants, les paysans, et les fonctionnaires qui les commandent. Le succès de la hiérarchie dans cette organisation était le signe d'une vertu immanente qui descendait de l'Empereur jusqu'au plus humble sujet.

Cette bureaucratie, à peu près immuable, s'appuyait sur un système moral, plus qu'intellectuel, le confucianisme. Kong Zi (Confucius) mettait en exergue le *Jun ren,* l'homme de bien, le propriétaire terrien, le seigneur. Il incarnait la probité, la mesure et l'autorité administrative. C'était un lettré, à la fois poète, préfet et général. Par lui, se rediffusaient les bienfaits de la vertu impériale, de la dynastie et de ses rites. Car l'homme de bien était, par excellence, le conservateur des rites qui maintenaient debout le système hydraulique, immense et complexe, de la Chine.

La stratification sociale de la Chine classique s'établissait ainsi : *shi* (le lettré), *nong* (le paysan), *gong* (l'artisan), *sheng* (le marchand). Le soldat, souvent inefficace face aux barbares du Nord, enclin aux révoltes dans le Sud, n'apparaissait même pas dans ce classement.

Cette atmosphère a été propice au développement d'une pensée délicate, souvent juste dans ses appréciations, et à l'épanouissement d'arts flamboyants : une civilisation majeure et fascinante. Mais elle a aussi enfermé la Chine dans une idéologie totalisante : elle bénéficiait seule des bienfaits du soleil. Les autres pays lui étant, soit soumis, soit indifférents. La vertu suprême, le mandat du ciel, ce *ming* qui est aussi le destin, la fatalité, n'appartenait qu'à l'Empereur.

À partir de l'avènement de la République en 1911, et a fortiori du régime communiste en 1949, l'idéal confucéen de l'homme de bien ne fut sans doute plus aussi prégnant. Cependant, il perdurait à travers le culte de la personnalité qui entourait un leader politique de la Chine maoïste comme l'ancien Premier ministre Zhou Enlai : celui-ci, homme d'État et de lettres au raffinement extrême, était volontiers comparé à un célèbre personnage de la Chine ancienne, Zhou Gong, lui aussi fin lettré et politique avisé.

La Chine est demeurée une bureaucratie totalisante, fermée aux influences politiques, se considérant comme *« l'Empire du Milieu » :* elle voit le monde extérieur à travers un prisme déformant qui lui donne d'elle-même une image valorisante. Sa rapide croissance économique de la décennie quatre-vingt-dix lui a inspiré, prématurément, le projet de devenir la première puissance mondiale.

Elle attribue exclusivement ses succès économiques aux valeurs du confucianisme : importance donnée à la famille, à la solidarité de groupe, à la collectivité, au respect de la hiérarchie et au culte du travail. Elle bénéficie des apports de la diaspora chinoise, économiquement dominante dans une grande partie de l'Asie du Sud-Est, et manifestant un fort dynamisme sur presque tous les continents. Profitant de ses richesses nouvelles, la Chine s'est livrée à une course effrénée aux armements.

Mais elle oublie qu'elle appartient toujours au tiers-monde, par la précarité de son développement économique nouveau-né, qui sera laminé par la crise économique.

Les quatre modernisations que la Chine a entreprises rappellent les programmes de restauration des vertus publiques, que lançait chaque nouvelle dynastie impériale. La Chine reste et restera étrangère à une conception entièrement ouverte des échanges, à l'importance intrinsèque des flux. Elle est continentale, physiocratique, monétariste et dirigiste. Les hommes d'affaires occidentaux restent perplexes devant la conception chinoise du commerce : un jeu à somme nulle, où l'un seulement des deux partenaires est gagnant, aux dépens de l'autre. La création de richesses du seul fait de l'échange est une notion qui échappe encore à l'appareil d'État chinois, qui décide de tout.

La Chine conçoit sa politique étrangère d'une façon qui n'a pas varié : le multilatéralisme n'y a guère de part, puisqu'elle entend peser concentriquement sur ses voisins, de proche en proche. Jadis, elle était entourée de petits royaumes qu'il lui était facile de vassaliser. Mais, aujourd'hui, des géants peuplent son horizon : l'Inde, le Japon, la Russie. Et les États-Unis, dont la puissance est sans commune mesure avec la sienne.

Chine et États-Unis seront face à face, dans la Troisième Guerre mondiale.

La civilisation japonaise concilie authenticité et assimilation

Pour parler comme le ferait un moine zen, la civilisation japonaise est une énigme tout à fait limpide. Elle fusionne des mythes (qui n'ont pas exactement ce statut au Japon) et de fascinantes réalités (qui n'apparaissent pas vraiment comme telles à l'esprit occidental). Les mythes tiennent au panthéon japonais, qui occupe une place majeure, encore aujourd'hui dans la conscience nippone. Ce n'est qu'en août 1945, que l'Empereur admit qu'il ne descendait pas directement de la déesse Amaterasu Ododaikami. Encore le fit-il en *kanbun*, la langue classique, équivalent pour nous du grec ancien, inconnu de ses sujets.

Ce mythe des origines a glissé (et non disparu) du souverain au peuple. Les Japonais sont convaincus d'avoir débarqué d'Asie sur leur archipel il y a vingt-cinq siècles au moins. Et d'être un peuple parfaitement homogène, « pur », n'ayant jamais subi d'invasion ni accueilli d'autres groupes humains d'une importance numérique significative. Cette vision quelque peu mythique est battue en brèche par les avancées les plus récentes de la recherche historique : celles-ci mettent en évidence un peuplement venu du Pacifique Sud pour sa plus grande part, et relativement récent, peut-être le VIe siècle de notre ère.

Les linéaments historiques sont assez obscurs, d'autant que l'écriture, seule probante, n'arriva de Chine qu'au VIIIe siècle, superposant des caractères monosyllabiques au « *Yamato kotoba* », le parler de la plaine du Yamato, polysyllabique. Il s'ensuivit d'ailleurs une synthèse très complexe d'un mode d'écriture chinois avec la langue japonaise : c'est typique de l'adaptation d'esprit toute formelle des Japonais aux apports étrangers. Il y a là un des traits les plus étonnants, mais aussi les plus sujets à controverse, du Japon : les apports extérieurs ont trouvé dans un réceptacle parfaitement uni par ses origines et ses valeurs propres, un terreau des plus propices.

Il en est résulté une série de miracles : culturel avec l'infusion chinoise ; institutionnel et militaire avec l'ère Meiji (« gouvernement éclairé ») en 1868 ; démocratique et économique avec le « Shogunat » du général américain Douglas MacArthur en 1945. L'assimilation des traités étrangers dans ce creuset inaltérable que constitue le Japon est ainsi un des points forts d'une civilisation par ailleurs extrêmement codifiée, où l'esprit féodal reste très vivace. Le modernisme du mode de vie n'a pas empêché maints particularismes japonais de perdurer. Ainsi, se perpétue l'existence d'une caste d'intouchables, les *hi nin*, exclus, non de la vie économique, mais de ses pompes et de ses fastes. L'instauration de la démocratie n'a pas résolu le problème de l'introuvabilité des leaders politiques, comme d'ailleurs des dirigeants d'entreprises. Les titres ni les fonctions ne révèlent grand-chose au Japon et les vrais pouvoirs y sont, plus que partout ailleurs, occultes, procédant de liens personnels.

Le féodalisme ouvert sur le monde laisse place à bien des évolutions, et même des révolutions : le Japon l'a prouvé. Il lui permet de présenter un visage à peu près unanime sur les grandes questions qui se posent à lui, en tant que géant économique. Depuis 1945 à l'évidence, et même depuis 1863, sans que les autres puissances, à l'époque, aient pu ou voulu le comprendre, le Japon s'est rangé du côté de l'Occident. C'est, somme toute, pour avoir osé agir en puissance occidentale, depuis son affrontement avec les Russes 1905 jusqu'à son invasion de la Chine en 1931, que le Japon a risqué l'écrasement total. Depuis, l'amarrage du Japon à l'Occident a été cimenté par les bénéfices que le pays a tiré de son adhésion au libre-échangisme et au système de sécurité militaire américain.

L'héritage reçu de la Chine est avant tout culturel, mais il a depuis longtemps été digéré, frotté d'autres influences, « tatamisé ». Le confucianisme, la norme ultime de la morale chinoise, n'a pas pris dans l'archipel, qui conjugue shintoïsme (le panthéisme local) et bouddhisme (importé du continent asiatique). L'influence des « *Ran gaku nin* », ces Japonais experts en science hollandaise, c'est-à-dire européenne, y a peut-être autant compté que l'introduction des caractères d'écriture, et l'instauration du statut d'empereur, empruntés à la Chine.

Même si le Japon s'est rapproché de cette dernière au cours des années quatre-vingt-dix, l'allergie réciproque entre ces deux pays, qui se sont durement combattus au siècle dernier, reste très forte. Le Japon sera aux côtés de l'Occident dans cette Troisième Guerre mondiale.

La civilisation africaine écartelée entre animisme, christianisme et islamisme

La civilisation africaine, originellement animiste, a subi les influences musulmanes. La pénétration de l'islam chez les animistes s'est d'abord effectuée vers le Nord-Ouest (par la Mauritanie) et le Sud-Est (par les Comores et Zanzibar). Elle s'est accentuée au cours des siècles chez les animistes jusqu'au Golfe de Guinée, dans le Fouta-Djalon et dans le massif de l'Adamoua.

Le christianisme exerce, lui aussi, une grande influence sur la civilisation africaine. Il a d'abord été représenté par les Églises orientales coptes implantées en Égypte et en Éthiopie. Il a été diffusé à partir du XVIe siècle vers les pays du golfe de Guinée, puis en Afrique centrale et orientale au XIXe siècle.

Les Africains, islamisés et surtout christianisés, ne perdent pas le contact avec leurs religions traditionnelles, animistes, encore pratiquées par le tiers d'entre eux. Un syncrétisme religieux s'est établi entre christianisme et animisme.

L'Afrique eut à subir l'esclavage. D'abord celui mis en œuvre par les négriers musulmans qui, des premiers temps de l'islam jusqu'au XIXe siècle, conduisirent des milliers de caravanes d'esclaves de l'Afrique sub-saharienne vers les pays arabo-musulmans où ils étaient revendus sur les marchés. Ce commerce, en grande partie éradiqué par les autorités coloniales, perdura dans quelques pays musulmans resté indépendants, jusqu'au XXe siècle dans certains cas.

Les Européens pratiquèrent, eux aussi, le commerce des esclaves noirs à grande échelle, pour fournir leurs colonies du Nouveau Monde en main d'œuvre.

Un fossé se creuse entre deux Afrique : l'islamiste et la chrétienne. La première, travaillée par la montée du fondamentalisme islamique, s'en prend de plus en plus à la seconde. Dans des pays comme le Nigeria ou le Soudan, les islamistes persécutent les chrétiens. Le totalitarisme islamique manifeste en Afrique noire les même penchants hégémoniques et totalitaires qu'ailleurs.

L'Afrique s'enfonce dans un marasme que la Grande Crise économique poussera au paroxysme. La Troisième Guerre mondiale accentuera les affrontements ethniques et religieux dont l'Afrique est déjà le théâtre. En plein désarroi, elle sera divisée entre les camps occidental et islamique.

Le monde s'indigénise

Reflux occidental

L'Occident atteignit l'apogée de sa puissance au début du XXe siècle. À cette époque, il détenait l'essentiel des terres émergées, des ressources naturelles et humaines, du commerce mondial. La réussite de l'Occident fascinait les élites non occidentales, qui cherchaient à s'en inspirer pour trouver les chemins de la puissance.

La Première Guerre mondiale, que l'Occident se fit à lui-même, fut l'amorce de son déclin relatif. La Deuxième Guerre mondiale le contraignit à la décolonisation, c'est-à-dire à l'abandon de ses immenses possession territoriales. Processus catalysé par l'appui soviétique. Toutefois, elle substituait au colonialisme européen du XIXe siècle l'hégémonisme américain du XXe siècle.

Dans les anciennes colonies occidentales (ainsi qu'en Chine et au Japon), la première génération modernisatrice, celle d'après l'indépendance, avait généralement été formée dans les universités occidentales et dans une langue internationale occidentale, l'anglais ou le français notamment. Ces élites de la première génération avaient été profondément influencées par les valeurs et les styles de vie occidentaux.

Elles créèrent sur place, dans leurs propres pays, des universités qui adoptèrent de plus en plus les langues locales, et formèrent la plus grande partie de la deuxième génération. Les connaissances, indigénisées par la traduction, s'éloignaient de la culture mondiale métropolitaine.

Les diplômés de ces universités locales supportèrent mal la domination de la première génération formée en Occident. Ils se rapprochèrent des mouvements d'opposition nationaux et s'élevèrent de plus en plus contre l'influence occidentale.

À partir des années soixante, l'essor démographique et économique des anciennes colonies leur donna vigueur et aplomb. Elles contestèrent les modèles politique, culturel et civilisationnel occidentaux. À la fascination pour l'Occident faisait place la répulsion.

Ce fut très net à partir des années soixante-dix. Un mouvement de refus des valeurs occidentales se dessina dans les anciennes colonies, parallèlement à leur modernisation économique. Aux élites pro-occidentales de la conquête de l'indépendance, formées dans des universités à l'occidentale, succédaient maintenant des élites ayant subi le processus de « l'indigénisation ». Les premières élites avaient mis sur pied dans leurs pays des universités utilisant la langue indigène et renouant avec les traditions locales. Elles formèrent de nouvelles élites, qui prenant leurs distances avec les valeurs occidentales se tournèrent vers les mœurs, les langues, les croyances et les institutions indigènes, enracinées dans l'Histoire.

Ces élites se mirent à attribuer à leurs propres valeurs ancestrales les succès économiques qu'enregistraient leurs pays. Ce fut particulièrement évident en Asie, où les Chinois créditèrent le confucianisme de leur remarquable essor économique. La croissance économique du Japon, des Dragons d'Asie du Sud-Est et de Chine enorgueillirent les Asiatiques, qui estimèrent devoir leurs succès à eux-mêmes, leur respect traditionnel du travail, de l'autorité et des disciplines collectives hérité de leur civilisation multimillénaire, et non pas à l'influence des modèles occidentaux de développement économique fondés sur l'individualisme.

Les pays arabes producteurs de pétrole, eux, bénéficièrent d'un raz-de-marée de pétrodollars grâce au choc pétrolier de 1973. Ils en conçurent une grande fierté, et prirent leurs distances avec les valeurs de l'Occident.

Les années quatre-vingts et quatre-vingt-dix virent l'indigénisation arriver au premier plan partout dans le monde non occidental :

« ré-islamisation » des sociétés musulmanes ; « hindouisation » de la politique et de la société aux dépens des valeurs occidentales en Inde ; soutien apporté au confucianisme par les gouvernements d'Extrême-Orient soucieux d'« asianiser » leur société ; mise en avant du « *Nihonjinron* » (théorie du Japon et des Japonais) dans l'archipel nippon ; et en Russie, renouveau d'un panslavisme occidental qui est l'expression de l'indigénisation orthodoxe russe.

La démocratisation dans les pays non occidentaux entre en conflit avec l'occidentalisation et devient un facteur de repli. En effet, pour emporter les élections, mieux vaut ne pas afficher de penchants pro-occidentaux. Au contraire, il convient de flatter le populisme, donc ce qui est ethnique, nationaliste et religieux.

C'est de cette façon que les groupes fondamentalistes islamiques réussissent bien lorsque se présente à eux (rarement) la possibilité de présenter des candidats à une élection. Ce fut particulièrement spectaculaire eux élections de 1992 en Algérie, que l'armée annula pour éviter que le pays ne tombât entre leurs mains par la voie des urnes.

Les valeurs occidentales de la démocratie et des droits de l'homme n'ont jamais rencontré une totale adhésion dans le monde non occidental. Les résolutions en faveur des droits de l'homme n'ont guère eu gain de cause à l'ONU à quelques exceptions près, comme la condamnation de l'Irak.

Antioccidentalisme primaire

Au cours des années quatre-vingt-dix, la contestation des valeurs occidentales s'est amplifiée. Comme le montre la Conférence mondiale de l'ONU sur les droits de l'homme qui se tint à Vienne en juin 1993. Elle opposa vigoureusement deux camps : les pays européens et nord-américains dans l'un ; cinquante États non occidentaux dans l'autre, parmi lesquels neuf pays musulmans (la Malaisie, l'Indonésie, le Pakistan, l'Iran, l'Irak, la Syrie, le Yémen, le Soudan et la Libye), un pays bouddhiste (Myanmar) et quatre pays confucéens (Singapour, le Viêt-nam, la Corée du Nord et la Chine). Entre les deux camps adverses, se tenaient les pays d'Amérique latine (sauf Cuba) qui souvent soutinrent l'Occident, ainsi que les pays africains et orthodoxes qui l'ont parfois soutenu, mais qui s'y sont opposés le plus souvent.

Conduit par la Chine, le bloc islamo-asiatique infligea une défaite à l'Occident, en contestant radicalement le droit-de-l'hommisme. Une déclaration, publiée par les pays d'Asie réunis à Bangkok deux mois avant la tenue de la conférence de Vienne, avait donné le ton : les droits de l'homme doivent être considérés « *dans le contexte* [...] *des particularités nationales et régionales et des différents fonds religieux et culturels hérités de l'histoire* », soulignait la déclaration. Qui faisait remarquer que la politique des droits de l'homme implique des violations de la souveraineté des États. Le fait de conditionner l'assistance économique au respect des droits de l'homme est contraire au droit au développement. Ne s'embarrassant d'aucune inhibition, le bloc islamo-asiatique opposait droits de l'homme et droit au développement.

La conférence de Vienne se clôtura sur un texte de compromis, qui était une victoire pour la coalition islamo-asiatique : ce document ne contenait aucune défense de la liberté de la presse, d'assemblée et de religion.

La conférence de Vienne fut un excellent révélateur de l'état d'esprit planétaire. Elle fut un signe avant-coureur de la Troisième Guerre mondiale, dont elle dévoila les centres de gravité : Occident contre coalition islamo-asiatique.

Ce clivage apparut très nettement lors de la Conférence mondiale contre le racisme, la discrimination raciale, la xénophobie et l'intolérance, qui réunit 170 États à Durban en Afrique du Sud, du 31 août au 8 septembre 2001.

Lors des débats préparatoires précédant la tenue de la conférence, l'ambiance fut particulièrement houleuse. Le procès d'Israël y fut instruit avec virulence. Assimilant le sionisme à « *une forme de racisme* », les pays de la Ligue arabe dénoncèrent les comportements israéliens vis à vis de la population civile palestinienne, fondés selon eux sur le sentiment d'une supériorité raciale et le concept de peuple élu. Ils assimilèrent ces pratiques à celles de l'apartheid. La conférence doit « *nécessairement traiter la question du racisme manifesté par la partie israélienne envers les Arabes* », affirma la Ligue arabe. Qui ajouta que « *la souffrance des juifs dans le passé ne leur donne pas le droit de se montrer racistes envers les autres.* »

Les pays les plus modérés du groupe arabe ne se tinrent pas en retrait. Égypte en tête, ils proposèrent des formulations extrêmement corrosives. Par exemple, « *les pratiques racistes du pouvoir occupant* », ou bien « *la discrimination raciale contre les Palestiniens.* »

Les pays de la Ligue arabe définirent une position commune : « *une référence doit être trouvée* » dans les documents de la conférence pour évoquer la situation au Proche-Orient. « *C'est absolument indispensable. Il s'agit d'évoquer la détérioration très forte de la situation des droits de l'homme en Palestine occupée, qui engendre frustrations et violences répétitives* ».

Les États-Unis et Israël, qui s'opposaient à ce que la question palestinienne soit inscrite à l'ordre du jour, se retirèrent. Le secrétaire d'État Colin Powell annonça qu'il ne se rendrait pas à Durban. Et le président George W. Bush déclara que les États-Unis n'auraient « *aucun représentant sur place tant que* [la conférence] *aura pour cible Israël, tant qu'ils continueront à assimiler le sionisme au racisme.* »

Les États-Unis et les pays membres de l'Union européenne refusèrent toute assimilation du sionisme au racisme dans les documents officiels devant être adoptés par la conférence.

À Durban, le conflit israélo-palestinien ne fut pas le seul cheval de bataille antioccidental. Il y eut un autre : l'esclavagisme et le colonialisme. Certains pays africains souhaitèrent que l'esclavagisme soit reconnu comme un « *crime contre l'humanité* » et réclamèrent des compensation financières. Cette demande fut appuyée par une quarantaine d'organisations non gouvernementales (ONG) regroupées dans un mouvement appelé « Initiative de Gorée », en référence à l'île au large de Dakar (Sénégal), qui fut l'un des principaux lieux d'embarquement des esclaves noirs vers les Amériques du XVIIe au XIXe siècle.

Parmi les arguments invoqués, figurent les compensations obtenues par les juifs victimes de la Shoah.

Les principaux concernés par cette demande étaient les pays européens, qui avaient mis en place la traite d'une quinzaine de millions d'esclaves africains, sans compter ceux décédés durant le voyage transocéanique. Les européens acceptèrent de « *regretter* » publiquement ces pratiques d'un autre âge, mais refusèrent de s'en excuser. De même qu'ils refusèrent de les assimiler à la notion de crime contre l'humanité, ce qui pourrait ouvrir la voie à des compensations financières.

Les plus virulents des pays d'Afrique noire furent les anglophones, comme le Ghana et le Nigeria. Tandis que les francophones se contentèrent d'une reconnaissance morale, et de « *regrets* ».

Le réquisitoire prononcé contre l'esclavagisme européen à Durban était entaché de partialité. En effet, non seulement l'Europe n'a pas eu le monopole de l'esclavage, mais aussi elle ne l'a pas inventé. D'autres civilisations l'ont pratiqué. Et la civilisation esclavagiste par excellence fut l'Islam. Jusqu'à la colonisation européenne, l'esclavage fut une clé de voûte de ses institutions, comme le montre l'analyse historique plus haut. Si bien que seraient fondés à demander des excuses et des réparations aux pays musulmans, de nombreux États : non seulement ceux d'Afrique occidentale et orientale, où s'approvisionnèrent pendant des siècles les négriers arabes (souvent avec la complicité de chefs de tribus locaux), mais aussi ceux d'Europe occidentale, victimes des razzias barbaresques sur leurs rives méridionales ou des actes de piraterie sur leurs navires de commerce en Méditerranée. D'autres régions eurent aussi à pâtir profondément de l'esclavagisme islamique : l'Inde, l'Asie centrale, le Caucase, l'Europe centrale et balkanique.

L'esclavagisme islamique ne disparut que tardivement, perdurant dans certains pays jusqu'au XXe siècle. Il fut officiellement aboli en Perse au début du siècle dernier, en Arabie saoudite et au Yémen en 1962, en Mauritanie en 1980. Le racisme anti-Noirs, lui, est resté.

Il est clair qu'à Durban il y eut deux poids, deux mesures : l'Occident avait tous les torts, son passé était diabolisé, tandis que les autres civilisations n'avaient rien à se reprocher. Que cette amnésie historique ait été le fait des pays arabes, cela se comprend aisément puisqu'ils furent ô combien esclavagistes. Mais qu'elle ait affecté aussi leurs victimes, notamment les pays d'Afrique noire, qui ne demandèrent aucun compte aux descendants des négriers arabes pourtant si actifs, voilà qui est paradoxal.

Pourquoi cette mémoire sélective des pays d'Afrique noire ? Dénoncer l'esclavagisme islamique aurait affaibli la stratégie anti-occidentale, qui prévalut à Durban sur toute autre considération. Stratégie dont les pays arabes furent les actifs promoteurs.

Et pourquoi ce mutisme des Européens sur la place centrale de l'esclavagisme dans l'histoire de l'Islam ? Ils sont tellement perclus de sentiments de culpabilité qu'ils se soumettent à ces séances de flagellation avec complaisance. À cet égard, le cas de la France est typique. Elle qui excelle dans le repentir, fut la seule à cataloguer comme crime contre l'humanité (par une loi votée par son parlement en 2001), l'esclavage, la traite négrière transatlantique ainsi que la traite dans l'Océan indien, perpétrés à partir du XVe siècle contre les populations africaines, malgaches et indiennes. Fort bien. Mais pourquoi, à Durban, n'exigea-t-elle pas à haute et intelligible voix que les pays musulmans en fissent autant en ce qui concerne leur propre passé esclavagiste ?

Tandis qu'en ce début septembre 2001 l'antioccidentalisme primaire se déchaînait à Durban, les terroristes islamistes mettaient la dernière main aux préparatifs de l'attentat contre les *Twin Towers* et le Pentagone, déclenchant la Troisième Guerre mondiale.

La dernière grande conférence internationale en date fut le sommet de la Terre de Johannesburg, officiellement consacré aux problèmes écologiques, qui s'est clôturé le 4 septembre dernier par une « *Déclaration de Johannesburg sur le développement durable* ». L'adoption de la Déclaration fut retardée de plusieurs heures par des objections des pays en développement (G-77) : ceux-ci entendaient dénoncer notamment la disparition, dans le dernier projet de Déclaration, d'une condamnation des « *occupations étrangères* » et du « *droit de tous les peuples à la souveraineté* » qui figuraient dans la version initiale. Décidément, tout est bon pour instruire le procès politique de l'Occident.

À titre de compromis, le texte a été finalement rallongé pour inclure une référence aux « *occupations étrangères* » parmi les facteurs qui « *menacent sérieusement le développement durable* ». Cette inclusion fut le résultat d'une intense guérilla anti-occidentale menée dans les marges de ce sommet de la Terre, par certains pays du tiers monde et de nombreuses ONG.

LE KRACH MONDIAL
ET LA GRANDE CRISE ÉCONOMIQUE

Chapitre I

L'ère des illusions collectives prend fin

Tout le monde attend la reprise. Elle ne viendra pas. Les prochains mois verront les Bourses s'effondrer complètement, entraînant dans leur chute finale les économies réelles. Les foules avaient cru à la génération spontanée des richesses. Le surendettement était devenu la règle dans les secteur privé et public. Le système implose.

La croyance en la génération spontanée des richesses

L'opinion publique ne voit pas venir le krach

« *Le monde est parti pour la crise économique du siècle* », déclarait récemment Ryoji Musha, stratège de la Deutsche Bank au Japon, au magazine américain Forbes.

L'expert japonais a dit tout haut ce que certains commencent à penser tout bas. Les marchés boursiers sont engagés dans une chute vertigineuse. L'économie mondiale roule inexorablement vers la catastrophe.

Et pourtant, tout allait si bien naguère, dans les verts pâturages boursiers. Pendant la décennie quatre-vingt-dix, les conseillers financiers expliquaient à leur clientèle que, « *à long-terme, le* trend (c'est-à-dire la tendance du marché) *est toujours à la hausse* ». La preuve ? Le graphique des « *performances* », affichant plus 80 % sur les cinq dernières années haussières. La Bourse semblait un excellent moyen de gagner de l'argent...

Naturellement, on parlait peu des risques.

Cependant, il arrivait qu'avant de succomber à la tentation boursière, un client méfiant évoquât le crash de 1929, de triste mémoire. Le conseiller financier le rassurait sans difficultés : « *1929 ne pourrait pas se reproduire. Les techniques financières ont fait d'immenses progrès depuis cette époque. Aujourd'hui, on se* "couvre" *contre les baisses avec les* "options", *et les banques centrales contrôlent parfaitement les cycles économiques ! Au contraire : les petites baisses des marchés sont d'excellentes opportunités d'achat. Souvenez-vous du crash de 1987 : imaginez, si vous aviez acheté quand les cours étaient bas, quelle bonne affaire vous auriez faite !* ».

Tout paraissait simple : il suffisait d'« *investir à long terme* », et l'on était sûr de gagner.

Cette croyance dans le caractère illimité des richesses disponibles présidait également aux faits et gestes du secteur public occidental. Les dirigeants politiques persuadaient les masses accourues des pays pauvres, que la société d'abondance avait définitivement résolu le problème de la production de richesses. Et qu'elles aussi avaient le droit de s'asseoir à la table du festin. « *Toute la misère du monde* » affluait vers un Occident qui annonçait fièrement l'avènement de la « *Nouvelle Solidarité* » et de la « *Sécurité Sociale pour tous* ». Il semblait admis que les richesses naissaient désormais par génération spontanée.

De toutes les illusions collectives dont l'histoire a été prodigue, celle de la société d'abondance et de son corollaire, l'État-providence, dépasse toutes les autres : jamais tant d'êtres humains ne se seront fourvoyés dans des espoirs d'enrichissement aussi irréalistes, entretenus par des leaders politiques d'une inconscience aussi absolue.

Mais toute illusion a son prix. La note arrive, et elle est très salée. Cependant, le public occidental n'en a pas encore pris conscience. Il attend toujours la reprise. Il ne sait pas que c'est principalement lui qui la paiera, cette note.

Ignorante du désastre en cours, l'opinion publique reste « *haussière* », c'est-à-dire qu'elle attend patiemment le retour à la hausse des marchés boursiers, et la reprise économique. Mécaniquement, par habitude, comme on attend le train de huit heures. Mais il y a des trains qui n'arrivent jamais.

Plus tard, lorsque la catastrophe économique aura atteint son apogée, devenant visible de tous, la pensée de masse « fera son virage » et annoncera alors la fin du capitalisme. Ce sera à coup sûr le moment de parier sur son phénoménal renouveau.

Car la pensée dominante (c'est-à-dire l'opinion partagée par le plus grand nombre sur un sujet) est toujours prise à contre-pied par les zigzags de la réalité. Il n'est point d'exemple, dans toute l'histoire de l'humanité, où une pensée dominante ait prévu et anticipé un virage politique, culturel, économique et financier décisif.

La pensée dominante est comme un immense paquebot lancé sur une trajectoire rectiligne, que sa masse empêche de virer court. Lorsque le mastodonte commence à tourner pour prendre un nouveau cap, la réalité, ce hors-bord bondissant, y cinglait à pleine vitesse depuis longtemps déjà. Par sa lenteur extrême, l'opinion publique, à l'instar du lourd navire, se trouve constamment en porte-à-faux par rapport à la réalité. Si bien que la pensée dominante peut servir de boussole, la bonne méthode consistant à chercher les tendances de l'avenir à l'opposé de l'idée que s'en fait le plus grand nombre.

L'écroulement de l'État-providence

Le XXe siècle constituera, aux yeux des historiens futurs, le point culminant du pouvoir des masses. Celui des grandes hallucinations collectives, social-nationalistes et social-économiques. Ce fut l'ère des démagogues et des utopies politiques, de l'aventurisme militaire et économique, des manifestations de masse. Et l'ère des grandes bulles financières, qu'elle soient publiques (les budgets étatiques hypertrophiés) ou privées (celles des Bourses). Avec, en fin de parcours, la catastrophe économique, politique et sociale.

Le grand marché baissier en cours, et la crise économique qui le suit comme son ombre, ne sont pas une simple correction mineure à l'intérieur d'un *trend* haussier. Ils signalent au contraire, un grand *trend* baissier, expression d'un changement d'état radical du système économique mondial. Pour la première fois depuis les années trente, toutes les économies chutent simultanément, les États-Unis et l'Europe, encore suspendus à leur gigantesque bulle financière (publique et privée), étant les derniers à être immergés dans la grande déflation mondiale. La déflation est l'effondrement d'un système économique basé sur le crédit. Ce système de pyramide financière s'est étendu au monde entier : il a permis de financer la distribution illimitée de richesses organisée par l'État mutualiste, l'État-providence.

Ce système est arrivé à son terme.

En matière financière, l'ère des masses fut inaugurée au XVIIIe siècle par la faillite de Law (qui ruina les finances du royaume de France) et ensuite la gabegie de la France révolutionnaire. Cette ère prend fin au bout de deux siècles avec la banqueroute planétaire du système économique de l'endettement cumulatif : système surabondamment utilisé par l'État-providence du XXe siècle. L'esprit des masses est sur le point de vivre une douloureuse prise de conscience : l'État n'est pas d'essence divine, et il n'a pas le pouvoir miraculeux de créer des richesses *ex-nihilo,* ni celui d'assurer une protection économique sans limite.

La séparation du spirituel et du temporel n'est toujours pas consommée en ce vingtième siècle. Le culte jadis porté au « *Roi de droit divin* » a glissé vers le « *service public* ». L'on prêtait au Roi le pouvoir miraculeux de guérir les écrouelles. Le XXe siècle a crédité le « *Social* » du pouvoir de soigner tous les maux ici-bas. La sémantique évolue, pas les états d'âme.

Le XXe siècle a vu s'affronter le capitalisme, fondé sur une vision individualiste de l'existence, et le socialisme, d'inspiration collectiviste.

Le capitalisme a fait l'objet d'un malentendu. C'est la production de richesses, mobilisant l'énergie et la créativité individuelles, qui fait la force du capitalisme, et non pas son corollaire, la consommation (bien que l'être humain ait besoin et de l'effort et de la consommation). La psychologie enfantine, terreau de celle de l'adulte, le montre bien : l'enfant veut tous les jouets du magasin, mais il s'en lasse rapidement. Ses yeux ne brillent vraiment que lorsqu'il fabrique un dessin pour ses parents ou une cabane avec ses copains. Là, il se réalise. Le capitalisme met l'accent sur l'action, facteur d'épanouissement et de liberté. Il tresse une couronne de lauriers à l'entrepreneur. Ce dernier est diabolisé par le socialisme collectiviste. Qui insiste, lui, sur la consommation, « *la juste distribution* » (c'est-à-dire égalitaire) des richesses entre les membres du groupe, assurée par l'État-providence. Il tend à transformer les individus en consommateurs passifs et dépendants.

La révolution Russe de 1917 lançait une grande vague d'espérances matérielles pour tous, de paix et de bonheur éternels. Du marxisme-léninisme à la social-démocratie moderne, un *continuum* s'est établi. Ainsi, dans les années 1970-1980, en Europe et aux États-Unis, la cause semblait entendue : le salut économique collectif assignait aux appareils d'État la mission d'organiser la juste, donc égalitaire, répartition des richesse de la société d'abondance.

Résultat : le poids économique de l'État-Providence et le recours systématique à l'endettement général versèrent dans la démesure, échappant à tout contrôle. Ainsi se développa la bulle spéculative (publique et privée) nécessaire au financement du paradis économique des foules.

Dans son ouvrage « *Illusions populaires extraordinaires et la folie des foules* », Charles Mackay passe en revue tous les grands phénomènes collectifs, depuis les croisades jusqu'aux banqueroutes de vaste ampleur en passant par les croyances alchimiques. Lorsque les credo du groupe atteignent leur apogée, il se produit un phénomène que les scientifiques ont repéré dans d'autres systèmes naturels : la polarisation.

Mackay le décrit ainsi : « *L'opinion publique, timide et asservie, respecte cette erreur impérieuse et, apparemment, bien authentifiée. Ceux qui voient l'illusion gardent leur opinion pour eux-même, sachant à quel point il est vain de déclarer leur désapprobation à des gens remplis de préjugés et d'admiration.* »

Au début des années quatre-vingts, les dogmes de l'État-providence régnaient sur presque toute la planète. Mais cet apogée a été aussitôt suivi d'un délitement progressif. La distribution de richesses matérielles par l'État-providence a entraîné les esprits dans une spirale de frustrations et de revendications. Simultanément, sous l'effet des progrès technologiques, le *trend* séculaire (que l'on disait inéluctable) de concentration croissante des pouvoirs entre les mains de l'État-providence centralisé du XXe siècle, a subitement pris fin au profit des travailleurs indépendants et des entreprises privées. La globalisation de l'économie a de plus en plus fait échec au contrôle et à la confiscation par l'État-providence des biens des élites productrices de richesses : celles-ci, ou bien ont renoncé à investir leurs forces dans le travail, ou bien se sont installées ailleurs, hors de portée de l'État spoliateur. L'efficience économique des États, comme celle des producteurs, est désormais sanctionnée par la réalité des marchés.

Les castes bureaucratiques au pouvoir ont perdu leur situation monopolistique. Tous les jours, 24 heures sur 24, la dégradation de la situation financière des États est suivie sur les marchés monétaires par des centaines de milliers d'ordinateurs qui ne jugent plus sur « *le vent des discours* » que dénonçait déjà Saint-Exupéry, mais sur les faits et les chiffres. Rouble russe, pesos argentin ou mexicain, monnaies des tigres asiatiques : les dépôts de bilan se sont multipliés ici et là, sous le poids de dettes croissantes. Les masses des pays touchés, qui avaient vu en l'État-providence à la fois le vertueux gardien de leur argent durement gagné, et le dispensateur de toutes les largesses, se sont trouvées ruinées.

En Europe et aux USA, l'opinion s'imagine toujours à l'abri du choc économique provoqué par l'explosion de la bulle de dettes planétaire, produite par les États-providence tentant de donner corps au rêve de l'économie sociale.

Pourtant, le danger rôde depuis quelque temps déjà. Dès 1998, Alan Greenspan, président de la Banque fédérale des États-Unis (la Fed), disait, dans son discours aux étudiants de l'Université de Berkeley : « *Il n'est pas pensable que les États-Unis puissent rester une oasis de prospérité dans un monde qui éprouverait une tension toujours plus grande* ». Cette tension économique se manifestait, cette année-là, par le crash du rouble et des monnaies asiatiques. En économie, le miracle de « *l'effacement de la dette* » n'existe pas. Le réel impose sa loi d'airain, celle d'un long et douloureux processus d'ajustement des excès passés.

Un économiste éminent de l'École autrichienne (axée sur le capitalisme libéral), Ludwig von Mises, écrivait :

« *Les fables de Père Noël de l'école du* Welfare, *sont caractérisées par leur incompréhension totale des problèmes du capital. C'est précisément ce fait qui rend indispensable de refuser l'appellation de* welfare economics, *d'économies de sécurité, dont ses partisans prétendent décorer leurs théories.* »

« Quelqu'un qui ne prend pas en considération le fait que les capitaux matériels disponibles (les richesses réelles) existent en quantité limitée, n'est pas un économiste, mais un fabuliste. Il ne travaille pas dans le réel, mais dans un monde mythique de surabondance. Toutes les générosités verbales de cette école contemporaine de la Sécurité sociale reposent, comme celles des écrivains socialistes, sur l'hypothèse implicite d'une abondance de capitaux matériels (économie réelle). Cela supposé, il est évidemment facile de trouver un remède à tous les maux, de donner à chacun « selon ses besoins », *et de rendre tout le monde parfaitement heureux. »*

Les gouvernements eux-mêmes sont passés maîtres depuis longtemps dans l'art de faire croire aux foules que les richesses sont infinies : l'électeur-actionnaire a perdu toute notion des réalités. Il ne crée plus soi-même les richesses : il les achète avec son bulletin de vote, comme citoyen, ou sous forme d'actions.

Les loups et les lapins

Les marchés financiers et l'économie ne sont que la résultante ultime de l'action journalière de millions d'hommes et de femmes, de leurs croyances, de leurs systèmes de valeurs et de leurs émotions.

Depuis une dizaine d'années les recherches menées en sciences économiques, par le biais de la théorie des jeux et la psychologie du comportement, sont parvenues à la même conclusion : la vie économique est constituée de systèmes vivants dans lesquels le particularisme de chaque acteur est primordial.

Afin de mesurer l'influence du facteur humain, des simulations de marchés très réalistes, c'est-à-dire avec des pertes ou des gains réels et personnels, ont été effectuées dans des universités aux États-Unis et en Europe. Les réactions, les stratégies et les résultats de chaque étudiant étaient enregistrés, puis analysés. L'observation a fait apparaître deux groupes de traders, ou investisseurs, selon l'échelle de temps.

Le groupe le plus nombreux est constitué par les Lapins, caractérisés par les comportements suivants : myopie extrême, impulsivité, aversion au risque. Le sens profond du marché leur échappe totalement.

Le second groupe, beaucoup moins nombreux, est celui des Loups : ils comprennent la psychologie des Lapins, ils scrutent le marché avec sagacité, et ils posent des pièges. Ce sont des prédateurs.

Autre constatation : Les lois qui gouvernent la dynamique des systèmes humains, comme l'économie et la finance n'ont *rien* à voir avec les désirs des hommes ou la morale. « *Insister sur des moyennes,* souligne le célèbre mathématicien Ian Stewart dans son ouvrage « *Dieu joue-t-il aux dés ?* », *cela marche assez bien pour les gaz, et plutôt mal pour les populations* ». L'événement rare, l'individu rare sont au centre de tout. Pas les moyennes. Les hommes ne sont pas les atomes identiques d'un gaz qui serait l'humanité. Comme sur les terrains de sport, dans chaque activité humaine les meilleurs sont ultra-minoritaires. Le domaine économique et financier n'échappe pas à la règle : sur sept ans, seuls 10 % des professionnels de la finance font mieux que l'indice du marché, et sur 10 ans, ils ne sont plus que 5 %.

« *L'idée d'entrepreneur qui réussit et produit du profit est précisément celle qui n'est pas venue à l'esprit de la majorité,* expliquait Ludwig von Mises. *Ce n'est pas une bonne prévision moyenne qui, par elle-même, procure des profits, c'est une prévision meilleure que celle des autres. La palme ne va qu'aux dissidents, à ceux qui ne se laissent pas entraîner par les erreurs acceptées par la multitude.* »

Mais la foule est persuadée que l'individu entreprenant défendant ses intérêts est un égoïste peu à même d'optimiser les intérêts économiques du groupe, quand il ne les saccage pas purement et simplement : l'intérêt collectif ne saurait être bien défendu que par l'État.

La réalité apporte un démenti sans équivoque à cette conception étatiste du bien public : un marché, rencontre de tous les intérêts égoïstes, est plus que la simple somme de ses parties. Il fournit l'information économique indispensable à l'efficacité des acteurs, des acheteurs, ou des vendeurs. Il régule rapidement de lui-même les excès inévitables. À condition qu'il ne soit pas manipulé par un opérateur privé ou public.

« *Le marché est gouverné par les forces économiques fondamentales, qui sont affectées par l'état actuel du système politique, qui à son tour est constamment changé par les politiciens »* rappelle le trader Victor Sperandeo, basé aux États-Unis.

La crash par overdose de crédit

Dès les années 1965-1970, le credo quasi-mystique de la société d'abondance prenait d'assaut l'Occident. « *Sous les pavés, la plage* », criaient les soixante-huitards. Comme le joueur de casino à l'optimisme pathologique, les masses prirent le principe de plaisir pour le principe de réalité, et érigèrent la prodigalité des dépenses publiques en système de gouvernement.

Ce type de dérive hantait l'esprit de Thomas Jefferson, l'un des pères fondateurs des États-Unis :

« *Je place les économies (des dépenses) parmi les premières et plus importantes vertus et la dette publique parmi les plus grands dangers. Nous devons choisir entre les économies et la liberté, ou la profusion et la servitude. Si nous pouvons empêcher le gouvernement de gaspiller le labeur des gens sous prétexte de prendre soin d'eux, ils seront heureux.* »

Avec le temps, la bulle sociale dilate le secteur public, gonfle les finances publiques, les textes de loi, les règlements et documents, et exacerbe la réunionnite. La complexité croissante achève de paralyser l'État. Les fonctionnaires eux-mêmes ne s'y retrouvent plus. La bulle sociale est incontrôlable : c'est une manie collective irrationnelle. « *Seule la surface de la raison est rationnelle* » affirmait Marvin Minsky, directeur des laboratoires de physique, biologie et psychologie de l'université Harvard. Informaticien d'envergure exceptionnelle, mathématicien étudiant la composition musicale, il constate que la logique est une invention humaine qui joue « *un rôle infime* » dans la pensée. Mais les foules croient naïvement l'État bureaucratique plus prompt à résoudre les grandes questions, que les petits problèmes de la vie courante des particuliers.

Dès les années soixante-dix, les élections en Occident se jouèrent de plus en plus sur l'économie : « *les besoins* » étant illimités, le rythme des dépenses publiques s'est accéléré, dépassant rapidement la croissance de l'économie réelle. Ces politiques économiques se sont toutes réclamées du keynésianisme. Mais elles outrepassaient les recommandations émises par Keynes lui-même dans les années vingt. Il avait soigneusement expliqué aux dirigeants de l'époque comment utiliser le volume du crédit : c'est une manette des gaz injectant des liquidités dans le circuit économique. Mais il ne faut pas l'utiliser avec excès. Keynes invitait donc les décideurs à ne se servir de ce procédé qu'*« exceptionnellement, et allez-y doucement »*. Mais, pour les politiciens, chaque élection est exceptionnelle.

Leçon de pilotage : en gros, la manette commande deux injecteurs. Le premier, ce sont les taux d'intérêts. S'ils baissent, le crédit est moins cher, les acteurs économiques empruntent plus pour réaliser leurs projets de consommation ou d'investissement, l'activité augmente. Inversement, on remonte les taux pour éviter l'emballement de la machine (qui se traduit par une hausse des prix).

Le second injecteur est moins connu, mais au moins aussi important. C'est le niveau des réserves que la Banque centrale exige de chaque banque pour garantir les prêts qu'elle effectue auprès de ses clients. Si le niveau est fixé à 100 %, on ne peut prêter qu'à la hauteur de ses biens. Additionnez la valeur de votre maison et de vos économies et vous avez la somme que vous pouvez prêter à votre collègue de travail. *« Mais c'est risqué »*, direz-vous.

Exact. Vous prenez le risque. Si votre génial collègue arrive un soir et vous dit : *« Je suis ruiné, alors on efface la dette »*, il vous entraîne dans sa chute. C'est exactement ce que les financiers entendent par *« le risque systémique »*. Ici, le système est simple. Deux cellules : vous, et votre voisin.

Dans la réalité, le système financier devenu multinational comporte un grand nombre de cellules, et fonctionne exactement sur le principe des assurances : quand les sinistres ne sont pas trop nombreux, tout va bien. Mais si tous les assurés d'une compagnie, décident un beau matin de conduire à 200km/h, le sous-système de la branche automobile court droit à la faillite.

Les dépressions économiques commencent toujours par une cascade de faillites bancaires devenues subitement incontrôlables. La Grande Dépression des années trente débuta en 1931, un an et demi après le crash de Wall Street, avec la banqueroute de la banque viennoise *« Kredit Ansalt »* et de la banque allemande *« Danat Bank »*. En raison de réserves trop faibles, ces banques furent incapables de supporter le choc des retraits de capitaux américains.

De même, en 1997 le crash des monnaies des Dragons d'Asie du Sud-Est commença par la cessation de paiements de la banque japonaise Hokkaido Takushoku. Les banqueroutes du Mexique, de l'Argentine, du Brésil, et de tous les autres pays, ont toujours la même cause initiale : une spéculation utilisant au maximum l'effet de levier du crédit, pour « *stimuler* » l'économie.

Mais qui est le spéculateur en chef ? Dans « *Le temps des incertitudes* » qui sert de prêt-à-porter en matière de culture économique sur la dépression des années trente, John Kenneth Galbraith, disciple de l'État-providence, a braqué le projecteur sur le marché. Et trouvé trois fauteurs de spéculation : le public naïf et avide, les banques qui autorisent trop d'effet de levier du crédit aux premiers, et les sociétés. Exact : le schéma des grandes manies spéculatives est toujours identique : overdose de crédit. Pour le crash, l'inspecteur Galbraith s'arrête là : on a les coupables. Tout le secteur privé. Affaire classée.

Comme souvent, le vrai coupable n'est pas inquiété. Qui est le big-boss, qui dans l'ombre tire les ficelles ? Le gérant du casino social, qui indique à chaque directeur de table du système bancaire le degré de risque, de spéculation qu'il va utiliser pour « *préserver la croissance* » ou « *enrayer la crise* » ? Eh bien ce sont les États, qui opèrent par le biais des banques centrales, et des ministères des Finances, au nom de « *l'intérêt public* ». Eux seuls ont le pouvoir d'injecter le volume de liquidités monétaires nécessaire pour aboutir à la formation d'une bulle spéculative, et en même temps d'abaisser suffisamment le niveau des réserves bancaires pour qu'un choc puisse se propager facilement à tout le système.

Presque tous les ouvrages traitant des crises économiques, présentent les États, émanation du secteur public, comme purs et généreux. À l'inverse, le secteur privé y fait figure de spéculateur avide qui trafique les comptes, déclenche des crashs boursiers générateurs des dépressions économiques et finalement répand la misère sur le monde. Les choses ne sont pas si simples. Et aussi vastes soient-elles, les illusions collectives n'ont qu'un temps. Et lorsque l'on entend les politiciens démagogues déclarer aux masses : « *Faites nous confiance, tout va bien* », c'est que leur pouvoir touche à sa fin.

Un autre dogme couramment véhiculé par l'*establishment*, consiste à faire croire au public que tout ce qui est gros est solide : une grosse banque est plus sûre qu'une petite. Toujours l'idée de masse, que comprend bien la masse, et qui est la justification et la pratique de la pensée de groupe. Dans la réalité, rien n'est plus faux : la solidité d'une institution financière n'est pas liée à son échelle. Elle dépend uniquement du ratio de risques, c'est-à-dire du levier de crédit, avec lesquel elle opère. De grandes sociétés comme World-com disparaissent. Le plâtrier est toujours là. La vérité, c'est que les banques les plus solides du monde sont toutes, sans exception, de petite échelle, avec un excellent contrôle de risque.

Contrairement aux années 1930, le système financier et économique international est maintenant global. Les cloisons nationales assez étanches existant à l'époque permirent à beaucoup de pays d'éviter la banqueroute et de limiter les dégâts économiques internes. Elles n'existent plus. Aujourd'hui, c'est une pyramide de boules de billard, au sommet de laquelle se trouvent les États-Unis. La stratégie adoptée cette fois-ci est donc radicalement inverse : chaque fois qu'un pays est en banqueroute, on ne solutionne pas les problèmes de fond, trop douloureux politiquement, mais on subventionne à coup de crédits internationaux distribués par le FMI ou la Banque Mondiale, ou bien directement de pays à pays. Devant les caméras de TV, le politicien de service déclare solennellement : promis, juré, cette fois-ci on va faire des *réformes.*

Ce système (d'apparence humanitaire) d'octroi de crédit planétaire, permet aux puissants du jour (politiques et économiques) de rester en place, à d'autres de faire carrière dans le nouveau secteur du « *charity business* », et institutionnalise une mendicité dans laquelle tout le monde trouve son compte : des politiciens mendiants qui s'enrichissent, aux politiciens donateurs qui distribuent les richesses produites par les citoyens de leur pays. L'économie réelle ne pouvant pas se développer localement dans un environnement de castes administratives, de laxisme et de corruption, une bonne partie des liquidités sont détournées, puis recyclées dans le système financier international, et viennent se réinvestir sur les marchés financiers occidentaux, qui eux-mêmes vivent à crédit.

Lorsque les risques de cessation de paiement augmentent, la préservation et la sécurité générale du système bancaire ne peut passer que par un relèvement du niveau des réserves. Aujourd'hui, où en est-on ? Depuis un plus haut de 26 % en 1948, la Banque fédérale des États-Unis n'a cessé de baisser le niveau : 16,5 % de 1975 à 1988, puis 12 % en 1990. Après le grand marché baissier du sinistre automne 2001, alors qu'une cascade de faillites de grandes sociétés jaillit du marché, Alan Greenspan décida d'augmenter encore le risque, en baissant les réserves au niveau record de 10 %. Si on lui pose la question, le président de la FED n'admettra jamais qu'il essaye désespérément de sauver un système économique d'endettement qui n'est pas le sien (c'est un capitaliste convaincu) et répondra assurément dans son langage d'extra-terrestre : « *aucun risque* ».

Mieux vaut demander à un bon trader ce qu'il pense de ce genre de « *risk-management.* » Comme le pilote réduit la vitesse de l'avion à l'approche de la turbulence ou le navigateur réduit sa voile lorsque la tempête est en vue, la règle veut que lorsque la volatilité du marché augmente, les « pros » de la finance réduisent la taille de leur position et diminuent ainsi leur exposition au risque. L'un d'eux commente ainsi la manœuvre : « *Quand vous voyez un type qui connaît bien son job faire ce genre de chose, c'est qu'il est sérieusement en difficulté* ».

Pour l'analyste américain James U. Blanchard III, les méthodes officielles de calcul ne représentent pas du tout la réalité. Selon lui, le système monétaire de la dette opère en fait à un niveau inférieur à 2 %.

L'enfer des marchés financiers

Que connaît-on du risque systémique ? Rien. Ou plus grand-chose. On croyait connaître. Mais avec la théorie des catastrophes du mathématicien René Thom, les études sur les phénomènes critiques comme les avalanches ou les épidémies, ou les recherches sur le chaos, les scientifiques ont constaté que la mesure de l'état d'un système est délicate, ce qui rend la prévision de son évolution à long terme impossible. Appliqués aux « *sociétés humaines, ces belles choses artificielles* » dont parlait déjà l'économiste Jacques Rueff, ces enseignements sapent complètement l'idée rassurante de « *progrès* » omniprésente dans les manuels d'histoire, et rappellent l'homme à plus de modestie dans ses prévisions. Mesurées à cette aune, les théories marxistes sont dérisoires.

L'étude des phénomènes critiques démontre également que lorsqu'un système est trop sollicité, il y a d'abord une lente accumulation de tensions internes, puis quelques signes avertisseurs, et soudain le système saute brutalement d'un état à un autre. Dans la nature, il n'y a rien de linéaire. Et aucune moyenne ne peut rendre compte du risque réel.

La pensée de groupe, encore à l'âge de la mécanique, ne connaît que la ligne droite, la quantité, et les moyennes. Elle ne prend pas en compte la singularité, déclarée « *statistiquement insignifiante* ». Or les nouvelles statistiques non-linéaires et les études sur les systèmes démontrent qu'un événement rare ne signifie pas événement impossible, et qu'il a le potentiel de détruire tout le système, si vous avez basé votre survie, financière ou autre, sur une moyenne. Rapporté à l'emploi du temps du troupeau, l'attaque du félin est un événement rare, mais hautement « *signifiant* » dans l'esprit du zébu.

Dans son excellent livre « *Contre les dieux* », l'analyste américain Peter Bernstein montre que tout ce qui s'est fait de grand dans l'histoire de l'Occident est le résultat de l'affrontement avec le risque. La mentalité qui consiste à essayer d'avoir quelque chose pour rien, sans incertitudes, sans pertes, sans peines, est la pente glissante qui conduit immanquablement au désastre.

La magie de la pensée sociale prend racine dans l'illusion sécuritaire des mutuelles, où les grands nombres procurent à chacun un sentiment de sécurité, une *couverture sociale.* Elle n'imagine pas que la solidité de sa *couverture* ne dépend que de la qualité de chaque membre du groupe, et que l'addition des faiblesses n'a jamais procuré une force, mais simplement une fragilité générale. C'est la croyance naïve du joueur, qui n'a jamais fait un calcul de risque, et pense s'enrichir sans peine. Son aventure se termine toujours par un coup dur.

Sur les marchés financiers, les grands traders sont tous obsédés par le risque. Car ils ont appris, à leurs dépens, qu'il existe bel et bien. Et que les erreurs, qui se traduisent pour eux en pertes financières parfois abyssales, sont inévitables. Les marchés financiers sont une jungle impitoyable. Le trader Nassim Taleb a condensé quelques règles de survie de l'individu libre et responsable face aux marchés. Tous ceux qui ont réellement affaire au risque, quelque soit leur activité, reconnaîtront immédiatement le génie de l'action dans ces préceptes :

Règle 1 : Ne vous aventurez pas dans des marchés ou des produits que vous ne comprenez pas. Vous serez un canard assis.

Règle 2 : La prochaine grosse perte que vous allez ramasser ne ressemblera pas à la précédente. N'écoutez pas le consensus pour savoir où sont les risques. Ce qui va vous heurter est ce que vous attendez le moins.

Règle 3 : Restez indépendant d'esprit. Ne croyez que la moitié de ce que vous lisez, rien de ce que vous entendez. Faites vos propres observations. Méfiez-vous des méthodes quantitatives de faible qualité.

Règle 4 : La grosse faute d'inférence : *cet événement n'est jamais arrivé dans mon marché.* La plupart de ce qui n'est jamais arrivé auparavant dans un marché s'est déjà produit dans un autre. Le fait que quelqu'un n'est jamais mort avant ne le rend pas immortel (problème de l'induction de Hume).

Règle 5 : Ne jamais traverser une rivière parce qu'elle fait *en moyenne* 1,2 mètres de profondeur.

Le harassement des producteurs par l'État

La croyance commune est que les affaires publiques sont conduites avec un « *contrôle de risque* » au moins équivalent à celui du privé. On est loin du compte : le secteur public repose lui aussi sur un système politico-financier conduit par le crédit, qui nie l'existence même du risque, et qui se contente de reproduire les mêmes erreurs sans remise en question sérieuse.

L'irrationnel joue un rôle aussi important que la logique au sein des grandes institutions du secteur public. C'est ce que démontra Herbert Simon, prix Nobel d'économie en 1978, dans sa théorie sur « *la rationalité limitée* ». Les États sont capables de se mettre dans des situations aussi vulnérables que celles de sociétés comme World.Com, Enron ou Vivendi. La seule différence réside dans le fait que les États, avec une taille supérieure et le privilège de fabriquer de la monnaie, ou de confisquer des richesses, peuvent résister plus longtemps.

Mais il faut aussi du temps pour détruire l'économie réelle, celle des entreprises, des producteurs de richesses.

C'est un organisme vivant : tout dépend de la taille, de l'état général, et des doses de poison administrées. Rapide pour un homme, plus long pour une entreprise, et beaucoup plus long pour un pays. L'économie réelle est un organisme vivant qui va essayer de compenser les dysfonctionnements pour assurer sa survie. Plus les États confisquent les richesses, plus les entreprises et les individus compensent en s'endettant. Plus le temps passe, plus les acteurs s'habituent et ont la sensation que cet environnement est éternel et sans risque. Plus les règlements de l'aministration se multiplient, plus l'entreprise individuelle y passe du temps ou paye un comptable chargé de présenter les comptes à l'État. Les coûts augmentent, les profits et les degrés de liberté, nécessaires à l'entreprise pour s'adapter rapidement aux changements, diminuent.

La pression de la concurrence internationale a amené les marges de profits à des niveaux très bas, alors que l'endettement n'a cessé de s'accroître. Au moins 25 % des entreprises opèrent aujourd'hui avec un niveau de risque effrayant. Pour se noyer, il n'y a pas besoin de couler à 25 mètres de profondeur : 30 centimètres sous la surface sont suffisants. Pour ces entreprises, la perte de quelques commandes représente tout ce qui les sépare de la faillite.

« Grossière exagération ! » s'exclameront, indignés, les politiciens. Mais lorsque le marché baissier commencera vraiment à secouer tout ce qui n'est pas solide (c'est sa vocation de mécanisme correcteur) on ne les entendra plus. Le rêve social va coûter la vie à beaucoup d'entreprises qui auraient pu survivre.

Le chef d'entreprise, le capitaliste, ne s'enrichit plus. L'État-providence y veille : il lui confisque maintenant plus de la moitié de ses gains personnels. Et ce qui lui reste, qu'il économise pour ses descendants, n'appartient toujours pas à sa famille : l'État-providence confisquera encore 50 à 60 % de la part des enfants. La

« *politique familiale* » mise en œuvre par l'État-providence interdit le développement du capital familial, augmente l'insécurité économique des enfants et brise la capacité de l'individu à prendre des risques, à se projeter dans le futur. À l'insu de tout le monde, l'environnement économique a doucement mais radicalement changé. Ce n'est pas un choc social visible, c'est une lente corrosion dont personne ne remarque les effets dévastateurs et la montée du risque global qu'elle entraîne pour la survie de l'ensemble du système économique.

Lorsque l'enrichissement (c'est-à-dire l'accumulation du capital) individuel n'est plus possible, les acteurs s'adaptent : le métier d'entrepreneur, de moins en moins concurrentiel avec celui d'un emploi salarié dans le domaine de la rentabilité, n'intéresse plus personne. On préfère chercher fortune à la loterie ou à la Bourse. L'économie sociale atteint son stade final : l'économie-casino, le travail clandestin et le travail au noir. Les entreprises qui le peuvent évacuent le pays. Les autres font faillite. À ce stade, l'économie est « *socialisée* ».

Les résultats obtenus étant à l'inverse de ceux que l'on souhaitait, commencent alors les imprécations. Après la défaite de Salamine, le roi des Perses ordonna à ses serviteurs de fouetter la mer pour la punir. En France, un écrivain perspicace et ému désigne le coupable : « *l'horreur économique* ». Gros succès. Le ministre du Travail socialiste, Martine Aubry, lance la fatwa des 35 heures sur l'économie française. Les députés socialistes désignent des coupables : les États capitalistes étrangers (même méthode du bouc émissaire que celle mise en œuvre par les soviétiques naguère). Ces États, trop respectueux des libertés individuelles et de la propriété privée, sont traînés en pâture devant l'opinion : « *L'Angleterre, la Suisse, et tous les* « paradis fiscaux » *sont responsables de vos malheurs* », disent les politiciens.

Le système judiciaire cherche des preuves pour étayer ces accusations. Mais, pour les politiciens, accusation vaut preuve. Ils s'acharnent d'autant plus fiévreusement sur les bouc émissaires qu'ils se sentent eux-mêmes sur la sellette : le cours des événements place leurs propres errements sous une lumière de plus en plus vive.

Tout système écologique a ses limites, y compris l'économie. Dans les années 1960, les confiscations effectuées par les gouvernements représentaient en moyenne un peu plus de 20 % par an des richesses produites par le secteur privé. On arrivait déjà aux limites de charge préconisées par Keynes : 25 % maximum, et pas trop longtemps. L'économiste anglais avait oublié qu'il parlait à des politiciens démagogues : personne ne pouvait plus contrôler la dérive. Les confiscations augmentent : 28 %, 35 %, la machine tient toujours. Dans « *l'intérêt général* » les gouvernements continuent : 39 %, 43 %, 47 %. La hausse simultanée des marchés financiers est perçue comme un signe de solidité. Tout va bien : « *Les fondamentaux sont bons* ». L'opinion confond la bulle spéculative qui se forme sous ses yeux avec la santé de l'économie réelle. Après le crash, la boite noire indiquera 50 % en moyenne pour l'Europe et les États-Unis.

En décryptant les données, les historiens constateront que les alarmes s'allumaient pourtant normalement, les unes après les autres, sur le tableau de bord. Première alarme : la multiplication des banques et des société de comptabilité. Signe de la lente extinction de l'organisme de l'économie réelle, celles des producteurs, face aux liquidités de plus en plus abondantes injectées par les États. La « *financiarisation* » progressive de l'économie est perçue par le public comme un signe de bonne santé. Les banques ont toujours de jolies façades. Elles embellissent le quartier, et donnent une impression de richesse. Demandez aux Argentins.

Les besoins de l'humanité étant illimités, la confiscation des richesses produites par le capitalisme ne suffit pas : il faut que les États empruntent sur le marché. À son tour, la dette publique fait boule de neige et représente aujourd'hui environ 60 % du PIB, de toutes les richesses produites annuellement en Europe, 51 % aux USA, et 143 % au Japon. Plus la dette augmente, plus le risque de faillite augmente en cas de retournement du marché : la règle vaut pour les individus, les entreprises et les États. L'économie ignore ces catégories humaines, comme les lois de l'aérodynamique s'appliquent de la même façon au modèle réduit d'avion ou au Jumbo-Jet.

L'État-providence a besoin de crédit pour survivre ? Le crédit deviendra donc une mode sociale se diffusant à tout l'organisme économique. Il « *stimule* » l'économie, répètent les experts. C'est sûr. Et si l'on en prend trop, cela shoote.

Chapitre 2

Antagonisme entre dirigeants politiques et banquiers centraux

Les hommes politiques et les directeurs des Banques centrales s'affrontent régulièrement : les premiers réclament toujours de la relance économique à coups de diminutions des taux d'intérêt, pour se faire réélire. Les seconds renâclent : ils savent qu'une facilitation excessive du crédit mène à la faillite.

L'INCONSCIENCE DES DIRIGEANTS POLITIQUES

Les politiques promettent toujours tout

À de très rares exceptions près, les politiques ne connaissent rien à l'économie. Pour ce qui est des finances publiques, ce sont quelques hauts fonctionnaires des ministères des Finances et des Banques centrales qui font « *tourner la boutique* ». Leur travail est d'essayer de freiner un peu les dépenses de l'État, et de continuer à le faire fonctionner cahin caha au milieu des turbulences de plus en plus violentes dues à la mondialisation de l'économie.

Mais les politiques, eux, bataillent en première ligne sur le front de la misère. Il leur faut constamment de la relance économique, à tout prix. Les conséquences à long terme, ce n'est pas leur affaire. Dans son livre « *Les secrets du temple* », William Greider rapporte un affrontement typique, opposant le sénateur Riegle et le président de la Banque fédérale des États-Unis, Paul Volcker, surnommé « *l'homme de fer* » en raison de sa maîtrise de l'inflation galopante des années soixante-dix.

Le sénateur Riegle, glacial : « *C'est à vous de faire quelque chose pour ça* [baisser les taux d'intérêts, pour « stimuler » l'économie]. *Honnêtement, à mon avis, ce n'est pas comme si vous étiez un spectateur impuissant...* »

Paul Volcker, exaspéré : « *Ce n'est peut-être pas aussi simple que vous le supposez, Sénateur...* »

Des confitsde cegenre avec des parlementaires ou des chefs de l'exécutif inquiets pour leur réélection, nombre de directeurs de banques centrales, aux États-Unis et ailleurs, en ont eus.

Les foules et leurs représentants ont une conception magique des finances publiques, que chaque individu trouverait fantaisiste pour ses propres finances familiales. Personne n'imagine un seul instant qu'à l'échelle près, elles sont pourtant soumises aux mêmes lois : vous ne pouvez pas vivre éternellement à crédit.

Le premier signe annonciateur de la perte de contrôle du système économique conduit par le crédit à-tout-va, s'est produit dans les années soixante-dix. À cette époque, l'économie réelle stagnait après avoir encaissé les chocs pétroliers de 1973 et 1978. Les faillites se multipliaient et le chômage, inconnu lors du boom économique de l'après guerre, réapparaissait. Le sujet politique chaud devenait l'illusion sécuritaire du «*plein emploi*». Les masses n'ont jamais vu la terre promise du «*plein emploi*». Trente ans plus tard, cette fable fait rire tout le monde. Aujourd'hui, le marketing politique a un nouveau slogan : « *créer de l'emploi* ».

Pendant dix années, pour « stimuler » l'économie, et réaliser le rêve du plein emploi, les gouvernements (sociaux-démocrates américains en tête) poussèrent de plus en plus sur la manette des gaz liquidités, injectant ainsi de grandes quantités de monnaie dans la chambre à combustion. Mais le moteur ratatouilla : l'économie stagnait. Elle était trop riche en carburant monétaire. Et l'étincelle de l'économie réelle était trop faible. On continua à injecter. Soudain, le carburant, qui inondait maintenant le moteur, prit feu : c'était l'inflation, la perte de valeur des monnaies. «*Les prix montent*», constatait la foule, inquiète, qui demandait aux politiques d'arrêter l'incendie qu'ils avaient eux-mêmes allumé. Nouvelles manifestations pour conjurer le danger : « *Contre la vie chère* ».

Aux États-Unis, les politiciens, inquiets, se ruèrent dans le bureau de Paul Volcker, le patron de la Banque centrale : celui-ci, toujours aussi flegmatique, leur expliqua que la Fed avait perdu le contrôle de la circulation monétaire et du crédit. Qu'il fallait rétablir la discipline monétaire, c'est-à-dire couper l'arrivée de carburant en remontant brutalement les taux d'intérêt : « *Mais vous n'y pensez pas ! le pays va plonger dans la récession économique !* », trépignaient les politiciens.

Entre subir une perte d'altitude, et laisser se propager l'incendie qui annonçait l'explosion du système économique, il fallait choisir. Il n'est jamais facile d'accepter une perte. Entre Volcker et les sénateurs, l'atmosphère vira à l'orage. Au niveau national et international, on se consultait. Comment éteindre l'incendie, sans risque et sans peine ? Le temps passait. Et l'incendie gagnait. Finalement en octobre 1979, les politiques prirent peur : Volker eut le feu vert.

Il remonta brutalement les taux d'intérêts.

Après douze années d'inflation, l'incendie mit trois ans à s'éteindre. L'opinion sur le marché était pessimiste, seul 10 % du public avait investi en Bourse. Personne n'imaginait que devant, attendait le plus gigantesque marché haussier de toute l'histoire boursière. En Juillet 1984, lorsque Volcker annonça qu'il relâchait la pression sur les taux, les marchés repartirent à la hausse, et dépassèrent bientôt le plus haut historique de 1966. La crise était finie. Dans la rue, on repliait les banderoles « *contre la vie chère* ».

Le patient continuait à maigrir

Les politiciens pensaient que désormais l'économie réelle était hors de danger : ils augmentaient régulièrement les prélèvements fiscaux, et le patient continuait à maigrir. Pendant ce temps, le mal-investissement, dans des activités chroniquement déficitaires subventionnées par l'État ou les collectivités locales, devenait une mode sociale : « *On crée de l'emploi* », disaient les politiciens. En 1981, à Paris, le Parti Socialiste arrivait au pouvoir avec François Mitterrand, rose au poing. La foule exultait, dansait, on allait « *changer la vie* ». L'État-providence devint « *l''état de grâce* ». Plus le temps passait, plus l'illusion investissait des esprits. « *Les apparences de certitudes exercent sur les âmes autant d'action que les véritables certitudes»* soulignait déjà Gustave le Bon au début du siècle.

En réalité, les USA et les Européens venaient d'éviter de justesse un crash monétaire. Rien de moins. À part une petite minorité de spécialistes, personne n'a idée de la banqueroute inévitable des systèmes basés sur le crédit, comme ceux de l'Ecossais John Law fondateur de la Banque Royale de France en 1720, ou de la république de Weimar au début du siècle. Mais déjà les dégâts sont sérieux. L'Afrique et l'Amérique du Sud, Chili excepté, ne s'en relèveront jamais : elles continuent encore aujourd'hui à s'enfoncer dans l'endettement auprès du FMI et de la Banque mondiale, alimentés en capitaux par les USA et l'Europe, eux-mêmes endettés. Le système de la cavalerie financière du crédit devient planétaire.

Greenspan le « Grand sorcier »

En 1987, changement d'équipage : Alan Greenspan prend les commandes de la Fed. Doué d'un tempérament d'artiste (c'est un excellent saxophoniste) il est aussi hypersensible que secret. Ses admirateurs le surnomment le *«Grand Sorcier»* : le dieu qui commande les marchés, parle une langue inconnue des humains, et fait pleuvoir les billets verts sur le monde. *« Si vous avez compris ce que je voulais dire,* aime-t-il à dire, *c'est que je me suis mal exprimé. »*

À peine Greenspan installé dans son fauteuil directorial de la Fed, nouvelle alarme incendie. Le système oscillait à nouveau. Au mois d'octobre Wall Street se crashait : 24 % de baisse en une journée. Le double de 1929. L'Occident était consterné. L'inflation que l'on pensait éteinte, était toujours là : le carburant enflammé des liquidités monétaires s'attaquait maintenant aux marchés financiers, comme dans tous les boums économiques basés sur le crédit. Une bulle spéculative venait d'éclater, et l'onde de choc allait provoquer une sérieuse dépression économique, pire que celle de 1929. *«Il faut sauver l'économie réelle»* devint le leitmotiv. Personne ne parlait de la cause fondamentale de son agonie : les États essayant de sauver le rêve social.

Alors, essayant de retarder l'inéluctable, Greenspan ouvrit en grand la manette des gaz liquidités. Mais le moteur de l'économie réelle occidentale avait déjà subi des dégâts structurels trop importants. Étouffée par l'État, l'entreprise personnelle n'était plus un investissement très compétitif, et le carburant enflammé des liquidités monétaires inonda le marché, procurant aux foules treize années d'illusion de richesses.

Alors que dans le monde entier, les États les plus faibles s'enfonçaient déjà les uns après les autres dans la banqueroute clôturant inéluctablement l'expansion à crédit, les capitaux mondiaux convergeaient comme un vol d'étourneaux vers les États-Unis et l'Europe, catapultant un peu plus les marchés boursiers à des niveaux stratosphériques. Ils permettent aux derniers États-providence encore à flot de continuer à financer la croissance de leur endettement. Les chiffres de plus en plus modestes de l'économie réelle s'effacèrent devant le rêve de la « *nouvelle économie* », où les sociétés n'ont plus besoin de faire des profits : il leur suffisait de s'endetter. Des deux côtés de l'Atlantique, la spéculation devint un mode de raisonnement. Tout le monde s'enrichit et s'endetta : les États, les entreprises, qui s'achetèrent les unes les autres, se rachetèrent elles-mêmes, les caisses de retraites, les particuliers, qui sont maintenant 50 % à être dans le marché. « *Si vous achetez des actions, vous aurez droit à des réductions d'impôts* », dirent aux masses les États-providence, qui depuis longtemps ne respectaient plus leur parole et leurs engagements financiers vis-à-vis des individus, trafiquaient les règlements fiscaux et les statistiques, tentaient de manipuler les marchés, vivaient à crédit, et comptaient sur « *la confiance* » du public et sur des lendemains qui chantent, pour payer la facture de « *l'intérêt public* ». La pensée sociale est infiniment généreuse et elle ignore la notion de risque.

À ce moment-là, la vague des croyances collectives atteignit son paroxysme : « *les nouvelles technologies* », « *la nouvelle économie* », « *la nouvelle solidarité* » persuadèrent les masses occidentales que l'ère des richesses pour tous avait commencé. La multitude vivait dans l'enchantement : la perception de la réalité s'était retirée de toutes les activités, au profit d'émotions régies par le principe de plaisir.

Pour flamber, les marchés ont flambé. Le XXe siècle se terminait par le grand feu d'artifice final de son système économique planétaire basé sur le crédit.

« *Exubérance irrationnelle* » dit Alan Greenspan, qui s'inquiétait déjà de la suite. Mais la Banque fédérale ne contrôlait plus rien.

Durant la crise financière de 1987, les gouvernements en arrivèrent à l'étape finale à laquelle aboutissent tous les systèmes financiers basés sur le crédit : la manipulation du marché des actions. Le ministre japonais des Finances téléphona aux grandes banques pour qu'elles achètent massivement, afin de soutenir le marché. L'indice Nikkei repartit à la hausse.

Le célèbre financier (repenti) Georges Soros vit dans cette manipulation une brillante manœuvre d'intérêt public : « *Amusant que les Japonais aient une meilleure compréhension que les Occidentaux du caractère réflexif des marchés financiers. Et il est regrettable qu'ils doivent l'utiliser pour le succès d'un système fermé (le marché japonais). Les autorités ont peut-être été capables d'éviter le crash du marché des actions. S'ils elles réussissent, cela représentera une première historique, l'aube d'une nouvelle ère dans laquelle les marchés financiers sont manipulés pour le bénéfice du bien public.* »

Après la « *sécurité sociale* », voici donc le « *marché social* », manipulé pour « *le bien public* », et transformé soudain en fontaine d'abondance. Le livre de Soros, un best-seller de la pensée magique qui régnait à l'époque, s'intitule : « *L'alchimie de la finance* ». N'épargnant personne, l'illusion collective inaugurée en 1917 à Moscou par Lénine finissait sa course séculaire à Wall Street.

Deux ans plus tard, en 1990, le Japon, deuxième économie mondiale, entamait son marché baissier. La bulle financière interne éclatait : tout le système bancaire était en faillite. Dopé au crédit à l'abri de ses barrières douanières, le « *miracle économique Japonais* » a pris fin. La main de fer de la déflation, de la grande liquidation des dettes, a commencé à étrangler à son tour l'économie japonaise. Elle la ne lâchera plus.

Chapitre III

Crash par overdose de crédit

La politique de baisse des taux d'intérêt pour relancer l'économie a été abusivement utilisée depuis trop longtemps. La déflation règne. L'économie américaine flanche à son tour. Bientôt, le crash des monnaies. Cette crise économique sera bien pire que celle de 1929.

L'EFFET DE RICHESSE DE LA BOURSE

Après l'illusion, l'effondrement

L'économiste Ludwig von Mises avait cependant mis en garde depuis longtemps contre ces dangers :

« Le mouvement de vagues affectant le système économique, la récurrence de périodes de boom suivies par des périodes de dépression-récessions, est le résultat inévitable des tentatives, répétées encore et encore, de baisser les taux d'intérêts au moyen d'une expansion du crédit. Il n'y a aucun moyen d'éviter l'effondrement final d'une expansion provoquée par une expansion du crédit. L'alternative est seulement de savoir si la crise doit venir plus tôt, après un abandon volontaire de l'expansion du crédit, ou plus tard avec une catastrophe finale et totale du système monétaire impliqué. »

Dans toute l'histoire de l'humanité, il n'existe pas un seul exemple ou une illusion collective ne soit pas allée jusqu'à l'effondrement final : personne ne peut rien contre le mysticisme erratique du groupe social qui refuse le réel.

C'est ce que pressentait l'économiste Jacques Rueff dès 1965 : *« Il ne faut pas se le dissimuler : la solution la plus vraisemblable, c'est que nous continuerons à dériver dans l'inaction et dans les discours vers l'accident... À ce moment, les dommages seront tels que la situation ne pourra pas durer et que le problème sera résolu.* »

Sa longue expérience au sein de l'appareil d'État français et des institutions internationales avait renseigné Jacques Rueff sur leur mode de fonctionnement : maintenir le *statu quo*. Celui qui débattait avec Keynes du « *lancinant problème de la balance des paiements extérieurs des États* », avait perçu le risque représenté par les gigantesques forces accumulées dans le système financier mondial en raison du déséquilibre chronique des échanges financiers entre pays, jamais résolus, toujours renvoyés au lendemain, à coups d'empilages de crédits.

En cette fin d'avril 1999, un soleil radieux inonde les salons du Palace-Hôtel de Montreux, en Suisse. En contrebas, le lac Léman scintille sous les ailes des mouettes criardes. Installés dans de larges fauteuils, trois hommes sont en grande discussion.

Le benjamin, Francis Gelin, est un Français de 45 ans svelte et élégant. Journaliste économique et financier d'avant-garde, il s'est signalé dans la presse française, notamment l'hebdomadaire *Le Figaro-Magazine*, par des articles iconoclastes et visionnaires. Pour la journée, il a quitté ses recherches sur la dynamique des systèmes économiques et financiers. Assis face à lui, un Américain de près de deux mètres, souriant et placide : Paul Volcker, ancien directeur de la Fed. « *Vous savez, l'économiste c'est lui, et pas moi* » dit-il en désignant l'aîné du trio, un vieil homme de noble allure et de nationalité allemande : le docteur Kurt Richebächer. Cet ancien de la Dresdner Bank, dont il fut chef du service d'études économiques, responsable d'investissements se chiffrant en milliards de dollars, puis membre de la direction, est l'un des plus éminents spécialistes mondiaux de la finance. Des journaux financiers au pedigree fameux, comme *The Wall Street Journal* ou *Barron's*, le citent fréquemment. De grands financiers scrutent sa lettre mensuelle économique et financière. Paul Volcker, qui l'a en grande amitié et estime, connaît bien ses prophéties fort argumentées sur l'inéluctable krach mondial, toujours énoncées sans la moindre concession à « l'économiquement correct ». « *Je pense parfois*, sourit-il, *que la tâche des présidents des Banques centrales est d'essayer de démontrer que Kurt se trompe* ».

Francis Gelin et Kurt Richebächer sont en train d'interviewer Paul Volcker. Mais l'article ne paraîtra pas, à cause de son contenu explosif, qui inquiétera les directeurs de journaux.

« *Le marché des actions aux États-Unis est très haut et très lourd, et les mesures traditionnelles de valeur des sociétés ont été abandonnées. Je ne crois pas du tout à l'arrivée d'une* « nouvelle économie » *et à l'absence de troubles à venir, comme on l'entend souvent en ce moment* », affirme Paul Volcker.

Kurt Richebächer : « *Il n'y a pas de doute que l'économie américaine est propulsée par un effet de richesse créé par la hausse des marchés. De plus, comme vous le savez, elle a été la locomotive du monde durant les trois dernières années. La question est : combien de temps est-ce soutenable et n'y a t il pas un sérieux risque ?* »

Paul Volcker : « *Je ne sais pas s'il y a un risque, oublions les scénarios... Mais si quelque chose de sérieux se produit, il y a un risque, car le marché aide à supporter l'économie.* »

Francis Gelin : « *Il y a maintenant cette curieuse opinion couramment répandue parmi les économistes et les journalistes et qui consiste à croire que la Banque fédérale peut facilement solutionner tous les problèmes. Quel est votre sentiment ?* »

Paul Volcker : « *Cette croyance existe. Les gens sont plus à l'aise en pensant que la Fed est toute-puissante, peut faire face et fera face à tous les problèmes. Je pense que c'est un sentiment dangereux, car je n'y crois pas. Je pense que la Fed fera un bon job, mais elle n'est pas omnipotente, et vous pouvez voir dans beaucoup d'autres pays que des Banques centrales, mêmes efficaces, ne peuvent éviter les gros problèmes lorsque les déséquilibres sont trop importants.* »

Kurt Richebächer : « *Je viens juste de terminer l'étude des chiffres du quatrième trimestre : il y a une explosion du crédit sans précèdent. Des chiffres incroyables !* ».

Paul Volcker : « *Vous pouvez avoir un drame et un dilemme lorsque la Banque fédérale est prise dans une situation où, pour ne pas précipiter un problème économique, elle augmente les liquidités qui vont alimenter une bulle spéculative qui un jour sera insoutenable. C'est le dilemme de la Fed* ».

Francis Gelin : « *Ne pensez-vous pas que le système monétaire actuel basé sur les taux de changes flottants ajoute un sérieux potentiel d'instabilité ?* »

Paul Volcker : « *Je crois que nous avons un problème monétaire international déjà amplement démontré, mais il n'est pas pris suffisamment au sérieux. Tout l'*establishment *économique aux États-Unis a écrit et s'est convaincu lui-même que le système actuel des changes flottants est merveilleux, et ne veut pas voir qu'il ne fonctionne pas très bien. De plus, beaucoup d'institutions financières en vivent et elles n'ont pas envie que cela s'arrête. Ceux qui perdent, ce sont les producteurs internationaux, les entreprises : ils ne peuvent plus faire face à une telle volatilité.* »

Kurt Richebächer : « *C'est tout le problème de la crise des monnaies asiatiques : d'énormes masses de capitaux qui peuvent alimenter une bulle spéculative dans n'importe quel petit pays et faire exploser la monnaie et l'économie.* »

Francis Gelin : « *Si rien n'est fait, y a-t-il le risque d'un accident sérieux dans le futur ?* »

Paul Volcker : « *Je le pense, la volatilité de ces flux de capitaux peut un jour opérer comme l'eau dans le canoë : s'il penche un peu trop, toute l'eau va d'un côté, on le redresse, toute l'eau revient dans l'autre sens et le canoë se retourne.* »

Au bout du lac, le soleil descend sur l'horizon. L'entretien se termine.

Paul Volcker se veut rassurant : « *Nous n'avons rien dit d'irrationnel, nous n'avons pas prédit la fin du monde...* ». « *La fin du monde non. Mais la fin d'un monde oui* » songe Francis Gelin en s'installant au volant d'un petit coupé gris pétaradant, sous l'œil amusé d'un groom à l'uniforme impeccable.

La longue route de la déflation

Le fantasme du contrôle

Au mois de mars 2000, moins d'un an plus tard, la plus grande bulle spéculative de l'histoire éclatait. Les États-Unis et l'Europe allaient rejoindre le reste du monde sur la longue route de la déflation.

À cette époque, les principales organisations économiques et financières occidentales et les États n'avaient pas la moindre idée de ce qui se passait. Les prévisions de croissance économique pour 2001 effectuées par l'OCDE étaient de + 3,5 % aux États-Unis et + 3,1 % en Europe. Dans leurs prévisions budgétaires, les gouvernements (toujours à court d'argent) étaient encore plus optimistes. La misérable réalité sera une croissance de 0,5 % en Amérique du Nord et 0,6 % en Europe. Le même scénario se répète en 2002, avec des chiffres revus à la baisse, mais toujours en retard sur l'évolution réelle de la situation. Cet optimisme congénital de la pensée de groupe et les erreurs systématiques d'analyse qu'elle provoque, a amené dans les cercles avertis ce commentaire : « *L'économie est sans doute la seule discipline où l'on peut se bâtir une réputation d'expert en se trompant sans arrêt.* »

Pour Kurt Richebächer, la dépression économique ne fait aucun doute : « *On ne soulignera jamais assez que les causes et le schéma du retournement actuel de l'économie américaine sont radicalement différents de la variété type garden-party de l'après-guerre. Pour la première fois, l'économie a brusquement ralenti d'elle-même, en l'absence de tout resserrement du crédit.* »

Comme un moteur trop sollicité qui rend l'âme, comme un système climatique qui bascule, le système économique venait de changer d'état. De lui-même.

Ignorante des faits, l'opinion dominante dans la presse financière continue, elle aussi, à faire preuve de ce bel optimisme général lié à toutes les illusions collectives. Alors que la réalité fait entendre le premier craquement sinistre de la falaise de dettes qui s'effondre, on raconte partout une belle histoire : celle de la baisse du marché de 1929, mais avec une jolie fin. Cette fois ci-il n'y aura pas de dépression économique, car Alan Greenspan ne va pas commettre l'erreur de la Fed de l'époque qui avait augmenté les taux d'intérêt. Non : il va les baisser, ce qui va « *stimuler* » l'économie, « *relancer* » la croissance.

Ce raisonnement scolaire s'était progressivement imposé comme un dogme dans les esprits, en raison de sa simplicité extrême qui le mettait à la portée de tous, et de son caractère rassurant. Facile et agréable, comme toutes les grandes manies collectives. L'auteur talentueux de cette fable économique est John Kenneth Galbraith, grand chaman de l'Éat-providence. Sous une apparente rigueur universitaire, son célèbre livre «*Le temps des incertitudes*» explique aux foules comment l'État, avec le contrôle de la monnaie et des taux d'intérêts, va désormais éviter les calamités économiques, et leur garantir une vraie sécurité sociale, à l'abri de l'égoïsme individuel des brigands du secteur privé. L'État-providence devient l'opium des masses, et «*Le temps des incertitudes*» le dictionnaire de l'économie sociale.

Pour Francis Gelin, c'est le piège analytique redoutable car il est tendu par la *psyché* humaine : « *Si vous n'êtes pas averti, vous tombez là-dedans sans même vous en rendre compte. Tout le problème des sciences humaines est dans la très forte interaction des réflexes émotionnels de l'observateur avec le système qu'il étudie. Des croyances de l'observateur avec les faits observés. Autant les croyances humaines se sont retirées des sciences exactes (non sans avoir mené contre elles une terrible inquisition) autant elles apparaissent encore partout dès que vous grattez un peu le vernis scientifique qui recouvre certaines branches des sciences humaines, en particulier l'économie politique. La logique formelle est respectée, mais les postulats de départ sont faux. C'est tout le fantasme du contrôle : on voudrait commander à la nature comme à une machine. Ca n'existe pas. Le philosophe anglais Francis Bacon disait :* «On ne peut commander à la nature qu'en lui obéissant». *Cependant, avec l'arrivée en renfort des mathématiciens, des physiciens et des psychologues, ça devient passionnant. Mais la vérité qui émerge est dure à avaler : nous ne sommes pas plus malins que nos ancêtres, et nous sommes prêts à croire n'importe quoi, pourvu que cela nous procure le maximum de confort psychologique, dans notre vie individuelle ou collective. Pas de quoi pavoiser.* »

Tout le système économique planétaire basé sur le crédit et des richesses illimitées, est le produit des croyances humaines : un système virtuel. L'anti-matière de la science économique basée sur le réel.

Le moteur économique américains s'éteint à son tour

«*Je n'ai pas sur mon bureau un grand livre qu'il me suffirait d'ouvrir pour trouver une solution à tous les problèmes*», dit Alan Greenspan. Lui aussi a parfaitement remarqué l'aspect inédit et brutal du ralentissement économique. Inquiet, il multiplie les injections de liquidités pour « *relancer* ». Comme son collègue de la Banque centrale du Japon dix ans plus tôt. À son tour, le moteur économique américain devient silencieux.

« *Pour la première fois dans l'histoire*, constate Kurt Richebächer, *l'économie et le marché ont continué à chuter face à l'injection de liquidités monétaires. La Fed a baissé les taux d'intérêt avec une série sans précédent de 11 interventions ... et cela n'a pas stimulé l'économie. Ce schéma de retournement n'a pas de précédent depuis la guerre.*

Lorsque la bulle de dettes explose, c'est la déflation. La grande liquidation des tensions accumulées dans le système économique et financier. Un processus d'ajustement naturel sur lequel l'État-providence n'a aucun pouvoir. Depuis douze ans, la Banque centrale du Japon baisse ses taux et gave aujourd'hui le réseau bancaire de liquidités à 0 % d'intérêt, dont il ne sait pas quoi faire. Depuis douze ans, l'État finance de grands travaux de « *relance* » et s'enfonce dans une dette qui représente 610 % du PIB. Rien n'y fait. La dépression économique poursuit son chemin, avec une production industrielle en baisse de 15 % en 2001, les faillites et le chômage. La déflation, c'est-à-dire la baisse des prix, opère à une vitesse de – 4 % par an.

La vérité, c'est qu'après l'éclatement de la bulle, l'économie change d'état et passe à la déflation. À ce stade, la commande de la baisse des taux devient inopérante. Mais ce n'était pas prévu dans les manuels d'économie sociale. Maintenant les foules attendent tous les jours le miracle de « *la reprise* ». Le plein effet des onze interventions de la Fed aurait dû se faire sentir à partir de la fin de l'été 2002, entrainant la reprise économique. Il n'en a pas été ainsi, à cause de l'intensité du trend baissier. Cependant, ce dernier sera provisoirement interrompu un jour ou l'autre par une «vague haussière de correction», puis il reprendra son cours. Il n'y a pas de ligne droite dans la nature.

Ce sera bien pire qu'en 1929

Assurément, cette fois-ci la crise ne va pas ressembler à celle des années trente. En effet, les économies et leurs environnements sont très différents.

D'abord, contrairement aux années trente, il n'y a plus grand chose à *« stimuler »*. Le moteur de l'économie réelle est sérieusement atteint aux USA, avec un endettement des entreprises qui dépasse 75 % du PIB, et virtuellement hors d'usage dans les États sociaux-démocrates européens après trente années de bulldozer fiscal et de mal-investissement du secteur public. Au-delà des chiffres fournis par les bilans, les dégâts dans les esprits sont inouïs. Assurément, le travailleur des années trente était infiniment plus réactif et rigoureux. La qualité de l'homme est fondamentale pour évaluer un potentiel économique. Elle est cependant totalement absente chez les théoriciens de l'économie sociale, qui ne voient l'homme qu'en terme de groupes, c'est-à-dire de masses.

Que le démagogue de l'État-providence nie les faits et parle de complot *« des riches »*, ou que le demi-démagogue propose sa énième *« réforme »*, n'a aucune importance : aucune économie réelle ne pourra renaître et se développer solidement dans un environnement aussi hostile.

L'examen du domaine macro-économique révèle également deux situations radicalement différentes. En 1930, la balance des paiements des USA était positive, le pays était le créancier du monde, les entreprises et les ménages étaient peu endettés. Cela laissait beaucoup de degrés de liberté pour faire face à la crise. Aujourd'hui, ces avantages ont tous disparus :

« *L'expansion économique récente des USA*, déclarait il y a peu Kurt Richebächer au Börsen Zeitung, *est la conséquence directe d'une expansion du crédit inégalée dans toute l'histoire. Elle surpasse toutes les bulles financières précédentes. En regard de l'expansion du crédit des quatre dernières années et demie, le nouvel endettement de l'économie américaine a augmenté de plus de 7200 milliards de $, soit 40 %, atteignant un total de 24428 milliards de $. Cela représente 363 % du PIB actuel. Si l'on examine les statistiques, il est évident qu'entre 1997 et 1998, le système du crédit des États-Unis échappe à tout contrôle. Le nouvel endettement du secteur financier privé a augmenté d'une année sur l'autre de 41 %, mais l'endettement à l'intérieur du système financier s'est accru encore plus rapidement. L'Amérique est le cas le plus extrême de* "bulle financière" *et* "d'économie bulle" *qui ait jamais existé.* »

Contrairement aux USA des années trente ou au Japon de 1990, la balance des paiements est chroniquement déficitaire après être descendue de –100 milliards de $ par an en 1998 à – 400 milliards en 2000. Ce niveau semble maintenu. Mais il est extrême. Si la Fed veut baisser les taux pour injecter des liquidités dans l'économie, elle risque à l'extérieur de perdre le contrôle de la baisse du dollar sous le poids du déficit de la balance des paiements, et de provoquer le crash de la monnaie. Sous un tel choc, le système monétaire international explose, et ce qui reste de l'économie japonaise et de la fragile économie européenne se désintègre. On est loin d'une petite manœuvre facile des taux d'intérêts enseignée dans tous les manuels d'économie.

Enfin, pour survivre, le système du crédit perpétuel a un besoin vital d'attirer sans cesse à lui de nouveaux capitaux. Sinon, il s'effondre. Or, depuis que la déflation a commencé son œuvre « *d'effacement de la dette* », les capitaux se font plus rares de jour en jour. Contrairement au Japon et à la situation américaine des années trente, le taux d'épargne aux USA est virtuellement négatif. Les ménages s'enfoncent dans l'endettement, qui atteint maintenant 77 % du PIB soit plus que les entreprises (70 %) ou le secteur public (51 %). Le financement de l'endettement dépend entièrement de l'arrivée de capitaux extérieurs, autrement dit de la défense du dollar. Mais toute remontée des taux d'intérêts pour soutenir le billet vert diminue les liquidités et accentue la dépression économique. Hausse ou baisse, la manœuvre des taux ressemble de plus en plus à une opération de déminage.

Pendant ce temps, au dernier « *Sommet de la terre* », s'épanouissait l'illusion collective d'économistes sociaux et de politiciens généreux préconisant de taxer des capitaux dont l'économie mondiale a un besoin vital pour continuer à vivre à crédit. Sans même se rendre compte que ce sont trente années de mauvaise gestion de l'économie mondiale par les États-providence qui sont la cause de ces excès de liquidités. Sans même comprendre que leur propre système, basé sur l'endettement, s'effondre maintenant sous leurs pieds, par réduction à l'état gazeux des liquidités monétaires, la déflation.

Quand le crash sera complet, le bouc émissaire des politiciens sociaux sera tout désigné : les banques centrales et les spéculateurs. Le magazine anglais *The Economist* a senti le vent tourner : « *On se souviendra de 1998 comme de l'année où le pouvoir des banquiers centraux a atteint son apogée. À eux de bien profiter de ce instant glorieux : il ne durera pas* ».

Les Japonais retirent discrètement leurs capitaux

Le prêteur en dernier ressort de la grande pyramide de dettes est le Japon, qui a placé en billets du Trésor et en prêts bancaires environ mille quatre-cents milliards de dollars aux États-Unis et en Europe. Or, après douze années de déflation et de dépression économique, le système bancaire japonais est maintenant au bord de la dislocation interne : les onze mille milliards d'épargne des ménages pèsent bien peu face à une dette qui dépasse déjà trente mille milliards de dollars. À tel point que le gouvernement ne communique même plus les chiffres officiels.

Au magazine Forbes qui lui demandait si le Japon ne prenait pas lui aussi le chemin de l'effondrement vécu par la Russie, Shoichiro Toyoda, président honoraire de Toyota, a répondu : « *On est déjà au milieu du processus* », avant de déplorer que les dirigeants du pays ne veuillent pas l'admettre.

On ne le crie pas sur les toits. Mais les retraits de capitaux japonais investis en Europe ont déjà commencé discrètement, pour tenter d'enrayer la débâcle dans la mère-patrie. Les capitaux japonais investis aux États-Unis suivront bientôt le mouvement, eux aussi.

L'illusion collective n'imagine pas que les deux seules similitudes causales de cette crise avec celle des années 1930 sont, d'une part, une cause systémique identique (dont on se garde bien de parler) : la manipulation monétaire effectuée par les États au nom de « l'intérêt public », qui entraîne systématiquement une bulle spéculative. D'autre part, une amorce similaire, par un rapatriement contraint et forcé de capitaux étrangers qui déclenche une réaction en chaîne, en raison d'un niveau trop bas des réserves bancaires décrétées par les États.

Mais la pensée du groupe, institutionnalisée par les États-providence, ne voit pas l'évidence : c'est l'État qui est le seul maître du jeu des créations monétaires. Elle impute à l'individu, et à l'entreprise, les responsabilités des dépressions économiques.

La comparaison de la crise actuelle avec celle de 1930 s'arrête là. Aujourd'hui, il ne reste plus que trois monnaies : le dollar, l'euro et le yen. Toutes les autres sont constituées de quelques satellites régionaux et d'une écrasante majorité de devises crashées depuis longtemps. En valeur, il circule plus de dollars en URSS que de roubles. La déflation des monnaies, commencée dans les pays situés à la périphérie du système mondial de l'endettement, se dirige vers le centre. Ces trois dernières devises « *financiarisées* », suspendues aux élastiques du FOREX, le marché des changes internationaux, ne reposent plus que sur les dettes de chaque zone. Le gros des liquidités créées durant des décennies par les États, se sont concentrées sur le FOREX. La première des trois Banques centrales qui perdra le contrôle de sa monnaie à la suite d'un incident domestique, mettra en mouvement cette masse qui fera exploser le marché monétaire. Les trois derniers piliers du système du crédit s'effondreront à coup sûr en même temps, soufflant toute l'activité économique.

Le système monétaire du XXe siècle, où les devises ne sont plus reliées à aucune valeur matérielle, comme l'or, permet aux États de manipuler impunément leur valeur. Ce système est né à Gènes en 1922, cinq ans après l'arrivée au pouvoir de Lénine. Les États ne remboursent jamais leur dette. Les particuliers français demandent toujours le remboursement de l'argent prêté à la Russie avant l'arrivée de Bolcheviks. L'État russe n'a pas du tout l'intention d'honorer une de ses dettes anciennes. Mais il emprunte à nouveau de l'argent sur les marchés, à d'autres particuliers. Prévenues, les agences de notation de risques n'ont pourtant rien dit aux nouveaux investisseurs. Et les autres États non plus. « *Faites-nous confiance* », disent les politiciens.

L'Occident est sur le point de vivre le choc économique le plus terrible de son histoire : la banqueroute des monnaies des États-providence. C'est « *la cartouche explosive introduite dans la civilisa-*

tion occidentale », dont parlait déjà Jacques Rueff, et dont les foules ignorent même jusqu'à l'existence. La bulle d'endettement chronique aura éclaté comme elle avait vécu : sans aucun contrôle humain.

Le secret des cycles financiers

En 1912, Charles H. Dow avait déjà apporté à l'analyse technique des marchés les premiers indices Dow-Jones devenus mondialement célèbres. De sa propriété au bord de l'Océan, il contemplait fasciné le spectacle de ces grandes vagues de l'Atlantique, arrivant du large en séquences de longues ondulations, pour se fracasser sur les rochers dans un bruit assourdissant.

Il était en train de penser aux marchés, mystérieux phénomènes de houle de la *psyché* humaine, quand il vit soudain l'analogie : eux-aussi se déplacent par vagues. Par séquences de plusieurs petites vagues, suivies d'une grosse. Puis le cycle recommence.

Au cours du siècle, plusieurs analystes allaient reprendre et approfondir l'intuition de Dow. Le plus célèbre est Ralph Nelson Elliott. Le principe des vagues d'Elliott affirme que les vagues d'impulsion, qui sont dans le sens du *trend* du marché se composent des cinq vagues. Trois vagues de hausse, entrecoupées de deux vagues de baisse. Inversement, les vagues de correction se composent de trois vagues : deux de baisse, séparées par une vague de hausse. Les troisièmes vagues sont souvent les plus dynamiques. L'analyse opère à toutes les échelles de temps : depuis des mouvements de quelques minutes jusqu'à des durées de plusieurs dizaines d'années.

Les théoriciens des vagues d'Elliott utilisent également les fameux nombres d'or de la série de Fibonacci qui entrent dans la composition de maints grands chef-d'œuvres artistiques. Ils expriment une harmonie naturelle captée par l'intuition de l'artiste. Mais cette série exprime aussi la spirale logarithmique, où les phénomènes de croissance initiés par un choc initial ne relèvent pas des mathématiques linéaires. Walter E. White rappelle justement que le physicien Niels Bohr était un lecteur assidu du philosophe Kierkegaard.

Mais l'interprétation des graphiques demande des années d'expérience, et les meilleurs « Elliottistes » ont appris douloureusement à se méfier du simplisme naïf du débutant. Beaucoup de traders à succès n'utilisent pas les vagues d'Elliott. Mais tous, sans exception, parlent des vagues du marché.

Une des plus étonnantes découvertes des éconophysiciens est que la notion d'équilibre (pilier sur lequel repose toute la pensée traditionnelle de l'économie sociale) n'existe tout simplement pas. Le système va d'un excès à l'autre et se régule de lui-même, comme un milieu écologique. Seul un choc extérieur, comme une tentative de contrôle ou un épuisement des ressources nécessaires à son fonctionnement, ici le capital, peuvent déclencher une catastrophe. Comme dans la nature. La science de l'écologie observe exactement les mêmes dynamiques, et les échanges entre ces diverses disciplines se multiplient.

« Si vous pensez l'économie comme un milieu naturel, vous êtes fondamentalement juste, explique Francis Gelin. *Comme dans la nature, ce n'est pas seul contre tous, ou groupe contre groupe. Cela n'a aucun sens. Tout le monde a besoin de tout le monde : du peintre, du pilote, du chirurgien, du boulanger, de l'entreprise et de l'État. Mais si l'État se prend pour le milieu, et veut réorganiser toute cette merveilleuse complexité avec les croyances de l'époque, vous avez d'abord un déséquilibre du milieu, puis une catastrophe écologique ».*

Dans quoi investir ? La prévision par les vagues d'Elliott

L'Américain Robert Prechter est le plus célèbre analyste des vagues d'Elliott. Pour lui, comme pour beaucoup de traders, les vagues observées sur les marchés ne sont que le produit des comportements humains. Interviewé par le *Financial science,* il explique le point de vue technique qui l'amène à conclure à un crash, et une dépression économique : *« Je crois qu'on y est déjà. Le marché était monté à un niveau extrême, jamais vu depuis 300 ans. Et chaque fois que l'on s'est approché de ces niveaux élevés, on a toujours eu une sévère contraction de l'économie après la baisse du marché ».* Les mythes fleurissent toujours à la fin des grande illusions collectives : *« La fameuse* « nouvelle économie », *exact ? Le premier graphique du livre* (« Conquer the Crash ») *est très amusant. Il montre le nombre de fois où des articles de journaux parlaient de* « nouvelle économie », *et naturellement le sommet est en 2000 avec 4000 mentions rien qu'aux USA. C'était vraiment un sujet chaud à ce moment-là. La vraie question était : est-ce que le roi est nu ? On a vu qu'il était nu. Tout cela était engendré entièrement par la psychologie et l'optimisme en ébullition, à la vue du marché qui montait. Dans la réalité, ce que l'on avait était l'opposé d'une* « nouvelle économie ». *Regardez les chiffres, et comparez ce puissant marché haussier de 1974 à 2000, avec celui de 1942 à 1966. Nous avons trouvé que dans presque tous les compartiments, cette cinquième vague1974-2000 était plus faible que celle de 1942-1966, depuis la production intérieure brute, la production industrielle, les capacités d'utilisation, en passant par le taux de chômage et toutes les mesures de dettes, de liquidités et de taux d'intérêts. Il ne fait pas l'ombre d'un doute que la première période était beaucoup plus solide. Alors ma question est : où est la nouvelle économie ? Et la réponse est : on n'en a pas eue. »*

Le véritable démarrage de la dépression économique commencera dans les ménages américains. Selon la fédération des consommateurs américains, un quart des ménages sont des *« riches-pauvres »* ayant moins de 10000 dollars de liquidités immédiates. Ils ont les plus hauts revenus et le plus de biens. Mais leur dette est encore plus importante. Pour beaucoup, un licenciement signifie la faillite personnelle. Les entreprises et les particuliers tombent dans une déflation dont ils n'ont jamais imaginé l'existence.

Bob Prechter explique : « *Très peu des gens savent quelque chose sur la déflation, et il y a deux raisons à cela : La première est qu'au XIXe siècle, on en avait si souvent que tout le monde était au courant. Vous aviez une expansion d'environ deux ans et demi, suivie d'une contraction d'un an et demi, et le cycle continuait. C'était une économie en excellente santé, car elle faisait ce que l'on nomme* « une respiration ». *Elle se développait et se contractait normalement. Si vous étiez dans les affaires, dès que vous aviez traversé trois ou quatre cycles, vous disiez* « OK je vois », *et vous pouviez faire vos plans. Ce que nous avons eu depuis la création de la Fed aux États-Unis, et l'introduction de la monnaie papier contrôlée par des gouvernements, est un climat de boums massifs suivis d'un énorme éclatement. On a eu un boom après la création de la Fed en 1913 qui a duré jusqu'en 1929, et après l'incroyable effondrement jusqu'au bas de la dépression en 1933. Depuis, nous n'avons rien eu que de l'inflation et de l'expansion jusqu'aujourd'hui. C'est sorti des mémoires, non seulement des gens qui vivent aujourd'hui, mais il faut remonter aux grand-parents qui sont généralement tous décédés, pour amener des histoires de déflation à la lumière. Aussi la majorité du public aujourd'hui ne sait même pas de quoi vous parlez lorsque vous dites déflation. Mais il ne fait aucun doute que c'est ce que l'on a devant nous : une contraction de la quantité de monnaie et de crédit qui provoque un effondrement général des prix.* »

L'analyse des marchés en terme de vagues d'Elliott par Bob Prechter, indique une poursuite du marché baissier des indices, au moins jusqu'au niveau de 1976, soit 600 points sur le Dow. Mais si le marché baissier actuel est du degré « *grand super-cycle* » (c'est-à-dire que s'achève un cycle commencé vers 1780), l'objectif est le niveau de 1932, soit entre 381 et 41 points.

Sur le marché pétrolier, une remontée des cours vers 57$ le baril est un premier objectif.

Enfin, l'or sur lequel Prechter était baissier depuis vingt ans, arrive dans les premiers stades d'un futur marché haussier, mais qui pourrait prendre encore du temps pour s'élancer. Pour lui, quelques soient les fluctuations à court terme, il ne fait aucun doute qu'un investisseur sérieux peut commencer à accumuler de l'or.

Et les dettes des gouvernements ?

Les agences de notations sont soumises à de terribles pressions des États pour ne pas dégrader leurs notations les concernant. Conséquence : plus encore que pour les sociétés, les investisseurs sont prévenus trop tard, lorsque les obligations ont déjà perdu une grosse partie de leur valeur. Prechter reste à l'écart de toutes les obligations des grands États occidentaux, et ne recommande que des billets du Trésor.

Dès que la situation déflationniste deviendra sérieuse, les gouvernements réaliseront ce qui se passe, et réagiront d'une manière très violente pour sauver leur existence et leur pouvoir sur la monnaie « *dans l'intérêt public* ». Une des premières mesures sera la suspension «*provisoire*» de leurs propres dettes. Après les obligations dévorées par l'inflation des années 1960-1970, ou des millions d'épargnants ont perdu une vie de travail, cette fois-ci, les États diront encore une fois : « *Tout va bien, on paiera demain.* »

Les traders et les investisseurs ont douloureusement appris à prévoir ce que vont faire les gouvernements. Les autres seront ruinés.

L'ouvrage de Prechter «*Le principe des vague d'Elliott*», réalisé avec le vénérable Canadien A.J. Frost, spécialiste des vagues d'Elliott, et ancien Président de la National Capital Commission, met en évidence l'homogénéité intellectuelle d'un groupe de chercheurs talentueux qui ont oeuvré ensemble, dans l'esprit d'Elliott. Ils concluent ainsi :

«*Au nom d'un droit qui n'existe pas dans les lois de la nature, l'homme a forcé l'acceptation d'un papier qui ne représente rien, mais coûte tout. Il a acheté, dépensé et promis à un taux exponentiel, créant dans ce processus la plus grande pyramide de dettes de l'histoire du monde, refusant de comprendre que ces dettes devraient finalement être payées sous une forme ou une autre. Salaires minimums qui dénient l'emploi des peu qualifiés, socialisation des écoles qui étouffe la diversité et décourage l'innovation, contrôle des loyers qui consume la construction, extorsion au travers des transferts de paiements, et étouffantes régulations des marchés, sont des tentatives politiques de l'homme d'abroger les lois naturelles de l'économie et de la sociologie, et par conséquent de la nature. La fonction du capital, comme une graine, est de produire plus de capital et plus de revenus, assurant le bien-être des générations futures. Une fois gaspillé avec les politiques socialistes de dépenses, le capital est parti. L'institutionnalisation de ces politiques crée une instabilité croissante et a le pouvoir de transformer une nation de producteurs consciencieux en un secteur privé plein de joueurs impatients, et un secteur public plein de pillards sans principes.*

« *Quand la cinquième vague de la cinquième vague atteindra le sommet, nous n'aurons pas besoin de demander pourquoi c'est arrivé. La réalité sera à nouveau en face de nous. Quand les producteurs seront saignés, les sangsues qui resteront auront perdu le système vital qui leur servait de support, et les lois de la nature devront être patiemment réapprises.*

«Le trend *du progrès humain, comme le montre le principe des vagues, est toujours haussier. Cependant, sa trajectoire n'est pas une ligne droite, et ne le sera jamais. À moins que la nature humaine, qui est une des lois de la nature, soit abrogée. Demandez à n'importe quel archéologue. Il sait.»*

Le public, lui, ne sait pas. Pas encore. Un sondage réalisé aux États-Unis durant l'été 2002 par John Hancock Financial Service, montre que les investisseurs attendent une hausse de 16 % en moyenne *pour les 20 prochaines années.*

Chapitre IV

Misère planétaire

Cette crise économique sans précédent va faire déferler une vague de misère sur le monde entier. L'Occident souffrira, mais ce sera bien pire encore pour le tiers-monde, du fait de son extrême fragilité structurelle et de la concentration de larges fractions de sa population dans des mégalopoles vulnérables.

Le retour de la misère en Occident

Ce qui semblait acquis deviendra rare

Le bien-être et la sécurité matérielle installés par des décennies de croissance économique en Occident seront brutalement remis en cause par le cataclysme économique. Au point de faire réapparaître les stigmates de la misère au centre de sociétés qui l'avaient reléguée à leurs marges depuis longtemps.

La chute des investissements des entreprises entraînera des vagues de chômage qui iront jusqu'à submerger une partie importante des classes moyennes occidentales. Les ménages subiront de plein fouet le poids de leur endettement qui, durant les années optimistes, avait servi à financer leurs acquisitions boursières et immobilières, ainsi que leur consommation.

Les retraités, si privilégiés jusque-là, basculeront dans l'impécuniosité. Ils pourront de moins en moins venir en aide à ceux de leurs enfants qui seront réduits au chômage tout en ayant une famille à charge : la ruine des fonds de pension liée au krach boursier tarira fortement le versement des retraites par capitalisation.

En outre, la crise du système de retraite par capitalisation sera suivie de près par celle du système par financement public, dit de répartition. Parce que la récession économique diminuera les recettes fiscales des États.

Les politiques de transferts sociaux portées à leur paroxysme par les États européens continentaux ces dernières décennies n'y résisteront pas. D'autant que ces États auront à accroître leurs budgets policiers et militaires pour faire face à la montée généralisée des tensions.

La montée du chômage et le tarissement des transferts sociaux bouleverseront brutalement la condition des centaines de milliers d'immigrés qui ont afflué dans les pays occidentaux ces dernières décennies. Les ghettos urbains où ils vivent seront livrés à la misère et au chaos. Ils constitueront autant de foyers de violence irradiant sur les quartiers moins pauvres.

LE TIERS-MONDE FOUDROYÉ

Rupture presque totale d'approvisionnements

L'impact de cette grande crise économique sera foudroyant sur une humanité aujourd'hui fortement urbanisée, celle du tiers-monde plus encore que celle des pays riches. Depuis un siècle, l'exode rural n'a cessé de s'amplifier, concentrant les populations dans les villes : 280 d'entre elles comptent plus d'un million d'habitants, et 26 mégalopoles regroupent chacune plus de 7 millions d'habitants.

Deux de ces 26 géantes sont aux États-Unis : New York et Los Angeles. Deux autres en Europe : Londres et Paris. Et deux autres encore au Japon : Tokyo et Osaka-Kobe.

Les autres monstres urbains sont dans le tiers-monde. Le tiers-monde asiatique n'en compte pas moins de 11 : Istanbul, Karachi, Bombay, Delhi, Calcutta, Dacca, Bangkok, Jakarta, Manille, Shanghai, Pékin, Séoul. L'Amérique latine en a cinq : Mexico, Rio de Janeiro, Sao Paulo, Lima, Buenos Aires. L'Afrique en possède deux : le Caire, Lagos.

Ces villes géantes du tiers-monde seront frappées de plein fouet par la crise économique, qui est en train d'élargir vertigineusement le fossé déjà immense séparant pays riches et pauvres : quand ceux-là s'enrhument, ceux-ci agonisent.

Le monde est devenu deux fois plus inégalitaire qu'en 1960. Dans la seconde moitié du XXe siècle, le revenu mondial a été multiplié par sept et le revenu moyen théorique par habitant par trois. Mais, entre 1960 et 1995, les 20 % d'individus les plus riches du globe, qui vivent en quasi-totalité dans les pays du Nord, ont vu leur part de ce revenu passer de 70 % à 86 %, tandis que celle des 20 % les plus pauvres chutait de 2,3 % à 1,3 %.

En d'autres termes, en 1960, les 20 % d'individus les plus riches du globe disposaient d'un revenu environ trente fois supérieur à celui du milliard de personnes les plus pauvres. À la fin des années 90, la proportion était passée de 1 à 60, les pays les plus riches disposant alors des quatre cinquièmes du revenu planétaire. Cela entraîne de grands écarts d'espérance de vie : 76,4 ans pour les habitants des nations les plus riches, contre 56,5 ans au Cambodge ou 45,3 ans au Burkina-Faso. Et des taux de mortalité maternelle (décès des femmes liés à l'accouchement) quinze à soixante fois plus élevés dans les pays sous-développés que dans la plupart des pays développés.

La Banque mondiale affirme qu'au cours des seules années quatre-vingts, le nombre des individus vivant dans un dénuement total s'est accru de 100 millions. Alors que ces dernières années, la croissance économique mondiale n'a jamais été inférieure à celle de la population, l'écart entre pays du Nord et du Sud s'est élargi.

Toutefois, le Sud se découple en deux grands pôles : l'Asie, dont une bonne partie voit nettement reculer la pauvreté ; et l'Afrique, qui ne cesse de se paupériser. L'Amérique latine, en progrès, reste dans une précarité qu'avivera la crise économique.

Celle-ci est de nature à exacerber les redoutables questions d'aménagement que posent les villes tentaculaires du tiers monde à des États démunis en moyens financiers et techniques. L'eau est un élément clé de la santé publique. Dans de nombreux pays en voie de développement, elle fait cruellement défaut : sa consommation journalière varie de plus de 600 litres par personne aux États-Unis à moins de 10 litres dans certains pays africains.

Encore faut-il qu'elle soit propre. Le lessivage des mégalopoles par les eaux de pluie est extrêmement polluant. Les fleuves qui les traversent se chargent en déchets organiques et minéraux toxiques. Aussi les pays riches s'équipent-ils de dispositifs très coûteux de traitement des eaux usées pour pallier cela. Tandis que, faute de moyens, les pays en voie de développement ne bénéficient que rarement de systèmes de distribution d'eau répondant aux normes sanitaires de l'Organisation mondiale de la santé (OMS).

C'est pourquoi 1,1 milliards de personnes (18 % de la population mondiale) n'ont toujours pas accès à une eau potable, et 2,4 milliards ne bénéficient pas de services d'assainissement de base. Chaque année, les eaux sales provoquent 3,5 millions de décès par maladies diarrhéiques et autres, en majorité des enfants : le choléra, notamment, est le fléau des eaux usées.

La crise économique fera exploser ces chiffres, en désorganisant les systèmes d'épuration des eaux usées dans certains pays en voie de développement.

Les cavaliers de l'Apocalypse

La crise économique anéantira une sécurité alimentaire déjà précaire dans le tiers monde. Aujourd'hui, la malnutrition afflige plus de 800 millions de personnes dans le monde. Non pas que la production alimentaire globale soit insuffisante. Mais une part majoritaire est concentrée dans les pays développés. Et un pouvoir d'achat insuffisant (dans certains pays d'Afrique, d'Amérique latine, d'Asie du sud et du Moyen-Orient) empêche une partie de la population d'accéder aux aliments en quantité et en qualité nécessaires. En dépit du processus de libéralisation des échanges agricoles, les marchés sont restés très instables. La crise économique aggravera cette instabilité, rendant plus précaire encore l'approvisionnement des pays déficitaires, en particulier les plus pauvres. Les palliatifs apportés par l'aide humanitaire seront aussi ramenés à la portion congrue, à cause des contraintes imposées par la crise économique aux pays développés eux-mêmes.

Les productions agricoles locales ne seront pas à même de prendre efficacement le relais des importations défaillantes : dans l'Afrique subsaharienne (la zone sahélienne notamment), de nombreuses famines naissent de la désertification et de l'exploitation excessive des sols, dues aux labours, au surpâturage, au déboisement et à l'agriculture sur brûlis. La poussée urbaine brutale qui caractérise le Sud depuis quelques décennies accroît la demande de produits agricoles, laquelle accélère la rotation des cultures, puis précipite la dégradation des sols, rendant impossible l'autosuffisance alimentaire. Quand la crise économique aura entièrement naufragé le financement des importations céréalières du tiers monde, en provenance des vastes et fertiles plaines d'Amérique du Nord, d'Europe, de Russie ou d'Australie, le spectre de terribles famines s'abattra sur le Sud.

L'hygiène publique, les campagnes de vaccination de l'OMS et les approvisionnements en médicaments pâtiront également de la crise économique dans les pays en voie de développement. Des maladies infectieuses comme la tuberculose y sont de nouveau en expansion, à cause de l'épidémie de sida qui sévit en Afrique et en Asie. A la fin du XXe siècle, 14 % des cas d'infection par la tuberculose dans le monde étaient imputés au sida, et 25 % des décès « évitables » parmi les jeunes vivant dans le Sud. Cela va s'amplifier.

Les couvertures vaccinales de différentes maladies (poliomyélite, diphtérie-tétanos-coqueluche) sont parvenues à des niveaux remarquables (entre 80 et 90 %) grâce aux grandes campagnes de vaccination de l'OMS. La crise économique va les faire régresser.

Ainsi, la crise économique exacerbera les pénuries en eau potable, nourriture, médicaments et équipements, faisant exploser les chiffres de la morbidité. Les fléaux galopent ensemble, comme les cavaliers de l'apocalypse : la famine, parce qu'elle diminue les défenses immunitaires de l'organisme, déchaîne les épidémies. Le désespoir favorise la violence et la guerre, qui elles-mêmes désorganisent la vie économique. Ce qui aggrave encore les pénuries et la surmortalité.

Les grandes villes deviendront des pièges inhumains dont les masses ne pourront pas s'extraire.

Dans les campagnes, on peut amortir le choc en se repliant sur soi, en organisant sa survie grâce au potager, aux arbres fruitiers, à l'élevage d'animaux de basse-cour et de pâture, à la pêche, à la chasse.

Des citadins essaieront bien de trouver refuge en milieu rural. Mais ce sera malaisé, et réservé seulement à des petits groupes capables de renouer avec des pratiques agricoles généralement oubliées dans l'exode urbain. Pratiques qui s'exerceront dans un contexte de pénurie en engrais, insecticides et engins mécanisés. Et bien souvent de sécheresse et de désertification des sols.

L'Irak fournit une illustration des effets d'une pénurie, celle provoquée en l'occurrence par l'embargo qui lui a été imposé à la suite de la guerre du Golfe : notamment, interdiction de commercer, contrôle des ventes de pétrole, zones d'exclusion aérienne. L'embargo et les sanctions internationales ont provoqué l'effondrement de la société irakienne, ramenée plusieurs décennies en arrière.

Ainsi, de 1995 à 2000, l'espérance de vie des Irakiens était très faible : 58,7 ans. Elle était nettement supérieure dans les pays de la région : 69,7 ans en Jordanie, 70,5 ans en Syrie, 71,3 ans à Gaza, 72,5 ans en Cisjordanie, 72,6 ans au Liban.

Toujours dans la période 1995-2000, la mortalité infantile irakienne était de 91,7 /1000, contre 20 au Liban, 24 à Gaza, 26,4 en Cisjordanie, 26,6 en Jordanie, 26,9 en Syrie. Elle était entre trois fois et demi et quatre fois et demi supérieure à celle de ses voisins, qui eux n'avaient pas eu à subir le choc d'un embargo.

La densité de la population irakienne est de 52,8 habitants au kilomètre carré. C'est faible, comparé à celle du Liban (336,2) ou bien de la Cisjordanie et Gaza (510). Cette faible densité aurait pu être un amortisseur du choc lié à l'embargo, au moins sur le plan alimentaire. Mais cette population est à 74 % urbaine : aussi a-t-elle reçu de plein fouet les conséquences de cet embargo.

Malgré le caractère désastreux de la situation irakienne, celle-ci ne donne qu'une idée réduite de ce que sera l'impact de la crise économique en cours sur les économies sous-développées. En effet, dès 1996, l'embargo pétrolier infligé à l'Irak s'adoucissait par l'entrée en vigueur du programme « Pétrole contre nourriture » : Bagdad était désormais autorisé à exporter du pétrole. De quoi lui assurer des revenus de 10,5 milliards de dollars par an. Et financer des importations alimentaires.

Face à la crise économique, génératrice d'insolvabilité, la détresse des économies sous-développées sera totale. Le trop plein démographique du tiers monde sera au centre de cette problématique de crise.

Certes, le taux de croissance de la population mondiale s'est infléchi, tombant de 2 % entre 1965 et 1970 à 1,3 % à la fin des années 1990, au moment le plus fort de la vague. Un très grand nombre de pays sous-développés sont, en ce début du XXIe siècle, en période de transition démographique, caractérisée par la baisse de la mortalité suivie de celle de la natalité. Même le continent africain est « entré en transition » dans les années 1990. Cependant, malgré cette inflexion, la population mondiale continuera de croître encore longtemps, par la force d'inertie de ces tendances lourdes. Les Nations unies, établissant des perspectives à long terme sur la base de la révision de 1996, envisagent une stabilisation aux alentours de 11 milliards d'êtres humains vers... 2200.

La crise économique ramènera de vastes secteurs du tiers monde aux fléaux (famines, épidémies etc.) qui l'affectaient naguère, et qu'a connus l'Occident jusqu'à la Révolution industrielle.

Grandes villes : l'enfer

Les villes tentaculaires des pays en voie de développement revêtiront très vite un aspect dantesque : cadavres brûlés dans les rues pour réduire les risques d'épidémie, épaves humaines rongées par la faim et la maladie se disputant une épluchure, rixes, meurtres et émeutes. Des foules grandissantes tenteront de migrer vers les pays développés, au grand effroi de ces derniers.

Les apôtres du conflit ethnique et les prophètes de la guerre sainte trouveront dans ces masses souffrantes et convulsées les auditoires survoltés dont ils ont besoin pour assouvir leurs ambitions mégalomanes. La haine et la paranoïa posséderont les esprits. Le délire mystique sera devenu monnaie courante. Les braves gens ayant conservé la raison seront obligés de se taire, sous peine de cruelles représailles.

Les mégalopoles sans âme du tiers monde seront le creuset de toutes les folies. Ces cités brouillent les points de repères traditionnels par leur immensité (Bangkok s'étend sur 150 000 hectares, Karachi sur un territoire grand comme la Belgique). Et par leur déploiement autour de « non-lieux » tels que supermarchés, échangeurs d'autoroutes, aéroports et banlieues-dortoirs. Dans cet urbanisme sans règle, où les anciennes solidarités familiales et communautaires fonctionnent de moins en moins bien, où les écarts entre riches et pauvres sont exacerbés, les conflits en tout genre (sociaux, religieux, inter-ethniques) sous-tendus par la haine de l'autre, seront portés au rouge par la crise économique. Et serviront de matériau de combustion aux pantagruéliques chaudières du fanatisme.

Celui-ci pourra compter sur le poids démographique de la jeunesse, terrain de prédilection des extrémismes.

L'IRRÉSISTIBLE ASCENSION DE L'INTÉGRISME ISLAMIQUE DANS LE MONDE ARABO-MUSULMAN

Chapitre I

La montée au pouvoir par la crise économique

La crise économique de 1929 porta Hitler au pouvoir. Celle de 2002-2003, combinée à l'attaque américaine sur l'Irak, fera tomber les appareils d'État arabo-musulmans sous la coupe des intégristes islamiques, par le vote ou la révolution. Les réseaux intégristes sont fin prêts.

LE BOUC ÉMISSAIRE

Crise économique et haine anti-américaine

La mise à feu du monde arabo-musulman est imminente. Elle sera déclenchée par la crise économique et l'attaque américaine sur l'Irak. Attaque que les supplications des dirigeants arabo-musulmans «*pro-occidentaux*» adressées à la Maison Blanche n'auront pas empêchée. Ces dirigeants sont, à juste titre, obsédés par les inévitables retombées de ce conflit chez eux : à savoir l'embrasement de la rue. Ils sentent, beaucoup mieux que la plupart des observateurs occidentaux, l'instabilité croissante de la *psyché* des foules arabo-musulmanes. Ils se savent sur un siège éjectable.

Sans la crise économique, les conséquences politiques de l'attaque américaine sur l'Irak auraient vocation à se maintenir dans les mêmes limites que celles de la guerre du Golfe en 1991 : la rue ne bougerait pas, et les régimes en place ne seraient pas inquiétés. La haine serait endiguée par la prospérité.

Mais la crise économique est bien là. Le secteur touristique est plombé en Égypte. Il est menacé en Turquie, au Maghreb. Les exportations souffrent. Le surendettement des États est abyssal. Le krach boursier qui ébranlera les fondamentaux des économies occidentales, achèvera des économies arabo-musulmanes, déjà bien fragiles.

Ce contexte de crise économique a propagé un climat psychologique bien différent de celui, euphorique, qui régnait à l'époque de la guerre du Golfe : celle-ci s'est déroulée « *au sommet du marché* ». Le business se portait très bien ; il jouait un rôle de stabilisateur du monde arabo-musulman. Pour les agitateurs intégristes islamistes, la situation n'était pas mûre. La guerre du Golfe ne leur donna guère de prise sur les foules musulmanes. En outre, ils n'étaient pas mécontents de voir mis à mal le régime baasiste de Saddam Hussein, adepte de la laïcité.

Depuis, Saddam Hussein a fait un virage à 180 degrés et s'est rapproché des islamistes.

Le marasme économique actuel, en voie d'aggravation rapide, installe désespérance et frustration : une lourde atmosphère de serre où se déploient les passions collectives. Les fantasmagories enfiévrées concernant « *le complot judéo-américain* » prennent possession de l'imaginaire collectif musulman. Elles imputent à l'Amérique et à Israël la responsabilité des échecs et des malheurs de l'Islam. L'Occident « *des croisés et des juifs* » est accusé de vouloir du mal aux musulmans : il est le bouc émissaire utilisé par le totalitarisme islamiste, pour regrouper les foules autour du *djihad*, la guerre sainte.

Un phénomène comparable s'est produit dans les années trente en Allemagne. La crise de 1929 avait plongé la République de Weimar dans un grand marasme économique : chômage galopant, dévaluation du mark, montée de la misère. Hitler, qui dans les années vingt n'était pas parvenu à convaincre l'électorat allemand, était maintenant plébiscité. Le 30 janvier 1933, le président Hindenburg l'appelait au poste de chancelier. Le petit agitateur professionnel devait sa triomphale marche vers le pouvoir à la crise économique de 1929. Celle-ci lui apportait la réussite sur un plateau d'argent. Sans elle, il serait resté dans les marges obscures de la vie politique allemande.

Le paramètre économique a joué un rôle clé dans l'irrésistible ascension du nazisme. La crise de 1929 fit s'effondrer les digues de la raison et basculer l'Allemagne de Goethe dans la folie collective. Le nationalisme revanchard et la haine des juifs devenaient l'épicentre de la vie politique allemande.

Hitler devenu chancelier, la partie n'était toutefois pas encore entièrement jouée. Il lui fallut éliminer les oppositions qui se dressaient contre lui et représentaient des forces considérables. S'appuyant sur une police politique, la Gestapo, l'État nazi épura le parti lors de la «*Nuit des longs couteaux*», où les corps francs (SA) d'Ernst Röhm, le rival de Hitler, furent massacrés. Röhm, à la tête de ses hommes, voulait continuer la révolution (ce qu'il appelait la «*seconde révolution*») et constituer avec ceux-ci les fondements d'une armée du peuple dans laquelle l'armée traditionnelle serait intégrée. En éliminant Röhm, Hitler gagna la confiance de l'armée, qui se rangea sous la bannière du régime nazi. Hitler renforça également son aura auprès des milieux industriels et financiers, soulagés de la disparition de Röhm, dont l'anticapitalisme les inquiétait.

Hitler élimina tous les opposants au régime (communistes et socialistes) après l'incendie du *Reichstag*, le parlement allemand. Il s'arrogea les pleins pouvoirs, en s'instituant *Reichsführer*. Toutes les forces d'opposition au nazisme avaient été liquidées. Hitler prépara à son aise l'Allemagne à la guerre par une politique de grands travaux et de course aux armements qui supprima le chômage. Et par un expansionnisme agressif: remilitarisation de la Rhénanie, Anschluss, démembrement de la Tchécoslovaquie, puis invasion de la Pologne, le 1er septembre 1939, qui déclencha l'embrasement général de la planète.

Le nazisme prit le pouvoir en Allemagne en combinant séduction et terreur : le binôme de la réussite politique en temps de crise économique.

Ce basculement de l'Allemagne dans la folie collective surprit d'autant plus les observateurs qu'il était le fait d'une nation occupant les sommets de la modernité. Comme le prouvaient ses taux de scolarisation très élevés, sa vitalité industrielle et commerciale, le dynamisme de ses activités de recherche scientifique et technologique.

Abusés par ce tableau, les analystes mirent beaucoup de temps à comprendre la nature du phénomène totalitaire qui se développait sous leurs yeux. Ils pensaient que le nazisme, une fois arrivé au pouvoir, s'assagirait en délaissant la rhétorique fanatisée des temps d'opposition pour une gestion raisonnable des affaires du pays.

La crise de 1929 fit tomber le pouvoir, comme un fruit mûr, aux mains des nazis. La crise de 2002-2003 portera au pouvoir les mouvements intégristes islamistes dans le monde arabo-musulman. À l'instar des forces qui s'opposèrent au nazisme, celles qui se dressent contre l'intégrisme islamiste sont puissantes : les mouvements laïcisants, l'importante fraction des femmes qui aspirent à l'émancipation, une grande partie des classes moyennes et des milieux d'affaires. Mais, dans ce monde arabo-musulman tourmenté par la crise économique, la combinaison de la séduction et de la terreur montrera sa terrible efficacité, tout comme dans l'Allemagne nazie des années trente.

L'attaque américaine sur l'Irak, intervenant dans ce climat de crise économique, servira de détonateur à la colère musulmane. Ceux des régimes en place qui sont « *compromis* » avec l'Occident seront balayés.

C'est un raz-de-marée électoral qui a porté Hitler au pouvoir. De même, les intégristes islamistes surferont sur des raz-de-marée électoraux, là où des consultations électorales seront organisées. Ce qui leur fournira une éclatante légitimité politique.

Certains des gouvernements en place annuleront ces élections, apparaissant alors comme des « *tyrans* », des « *ennemis du peuple* ». C'est ainsi que procéda le gouvernement algérien en 1992, pour contrecarrer le triomphe électoral du FIS. Il mit en place une répression anti-intégriste musclée.

Mais cette stratégie est désormais vouée à l'échec, à cause de l'impact psychologique de la crise économique et de l'attaque américaine sur l'Irak.

À défaut de consultations électorales, les foules se soulèveront et prendront le pouvoir par la force sous la direction des réseaux intégristes. Le monde arabo-musulman connaîtra ainsi une vague de révolutions qui le balaiera de l'Atlantique au Pacifique. Ce sera la véritable grande déferlante islamiste, à côté de laquelle celle des années 1980 fera pâle figure.

L'Irak attaqué : une aubaine pour les intégristes

La prochaine attaque américaine sur l'Irak accélérera la marche vers le pouvoir de l'intégrisme islamique. Ce conflit ne ressemblera pas à celui de 1991 : cette fois-ci, Saddam Hussein ne livrera pas bataille dans le désert. À l'époque, sa défense était organisée à la soviétique, avec des lignes de défense dans les étendues sablonneuses, les unes derrière les autres, qui furent pulvérisées par les bombardiers américains.

Cette stratégie désuète n'est plus de mise. Cette fois-ci, Saddam Hussein a disposé l'essentiel de ses troupes au sein des villes, en cercles concentriques, en fonction de leur niveau d'efficacité militaire et de leur fidélité au régime. Les agglomérations irakiennes, au premier rang desquelles Bagdad, sont bunkérisées.

Les Américains (et leurs alliés anglais) devront livrer de durs combats de rue, qui leur infligeront des pertes sévères. Mais surtout, ils devront combattre au milieu des civils irakiens, que l'armée de Saddam Hussein empêchera de fuir hors des villes, afin qu'ils lui servent de bouclier humain. Les dommages collatéraux seront considérables. Des documents filmés ne manqueront pas de circuler dans le monde entier, qui montreront des femmes et des enfants irakiens déchiquetés par les tirs des armées occidentales. Ces images exacerberont la haine antiaméricaine des foules musulmanes. Les intégristes islamistes n'auront plus qu'à tirer les marrons du feu.

Alors, pourquoi les Américains s'obstinent-ils à vouloir attaquer l'Irak ? Parce que celui-ci renferme la deuxième réserve de pétrole du monde. Les Américains veulent s'en emparer pour diminuer leur dépendance vis-à-vis du pétrole saoudien.

La guerre contre l'Irak découle directement du 11 septembre. Jusque-là, l'Amérique avait joué l'Islam contre la Russie. La politique de *containment* de l'URSS, dont l'un des théoriciens est l'Américain Zbigniew Brzezinsky, avait été machinalement reconduite contre la Russie après la chute du Mur de Berlin. L'Amérique continuait à penser que son ennemi d'hier restait celui d'aujourd'hui.

L'Amérique instrumentait aussi l'Islam contre la vieille Europe, dans le cadre d'une politique visant à interdire l'édification d'une puissance rivale en Eurasie. La Grande-Bretagne avait fait de même au XIXe siècle et dans la première moitié du XXe siècle, en manoeuvrant pour tuer dans l'œuf toute velléité hégémonique d'une puissance continentale, russe ou européenne.

L'islamisme balkanique : un revolver braqué sur l'Europe

L'Amérique s'évertuait à enfoncer un coin (l'islam balkanique) entre l'Europe et la Russie, pour empêcher tout rapprochement politique et économique entre ces deux voisins. C'est dans ce cadre géopolitique que s'inscrivirent les guerres balkaniques de la décennie quatre-vingt-dix, qui débouchèrent sur la mise sur pied de l'État islamiste de Bosnie Herzégovine, relais de l'intégrisme islamiste en Europe, aux côtes de l'Albanie, qui est un foyer intégriste. L'islam balkanique est un revolver braqué sur l'Europe, et la Russie.

Pour s'en convaincre, il suffit d'examiner les convictions d'Alija Izetbegovic, « libérateur » de la Bosnie, fondateur du SDA (*Stranka demoktatske Akcije*, Parti de l'action démocratique), qui est un parti islamiste jouant un rôle déterminant dans la vie politique bosniaque. Izetbegovic fut titulaire de la Présidence collective bosniaque depuis 1990 jusqu'à octobre 2000, date de son retrait de la vie politique. Cet homme politique adulé de l'Occident, à qui il doit son accession au pouvoir, avait rédigé et publié en 1970 une *Déclaration islamiste*, qui fut rééditée en 1990, et qu'il ne renia jamais.

Objectif d'Izetbegovic : la création d'un État islamique pro-turc et panislamisme. « *Il n'y a pas de paix*, écrit-il, *ni de coexistence pacifique entre la religion islamique et les institutions sociales non islamiques... L'islam exclut clairement le droit et la possibilité de la mise en œuvre d'une idéologie étrangère sur son territoire. Il n'y a donc pas de principe de gouvernement laïc et l'État doit être l'expression et le soutien des concepts moraux de la religion. Le mouvement islamique doit et peut prendre le pouvoir dès qu'il est moralement et numériquement fort, à tel point qu'il puisse non seulement détruire le pouvoir non islamique, mais qu'il soit en mesure de construire le nouveau pouvoir islamique (...). Dans les conditions actuelles, la fonction naturelle de l'ordre islamique étant le rapprochement de tous les musulmans et de toutes les communautés musulmanes dans le monde, cette tendance implique la lutte pour la grande Fédération islamique, du Maroc à l'Indonésie et de l'Afrique tropicale à l'Afrique centrale..* »

En 1984, Izetbegovic avait publié un autre ouvrage, précédant la réédition du premier en date de 1990, où il réaffirmait clairement ses positions islamistes : « *L'Islam ne peut en aucun cas coexister avec d'autres religions dans le même État, sauf comme un expédient à court terme. Sur le long terme, par contre, après être devenus plus forts, dans un pays quelqu'il soit, les musulmans ont le devoir de s'emparer du pouvoir et de créer un État authentiquement islamique* ».

Le régime autoritaire et ultra-nationaliste mis en place par Izetbegovig n'a cessé d'œuvrer à la mise en œuvre du programme tracé par son fondateur : réintroduction partielle de la charia (la loi coranique) dans les tribunaux bosniaques ; islamisation à 90 % de l'armée et de la police ; exaltation de la civilisation turco-ottomane et islamique dans les manuels scolaires ; « préférence musulmane » pour les embauches et les promotions ; attaques contre les mariages mixtes et encouragements au port du voile ; cours d'arabe et de Coran dans les écoles ; rues rebaptisées avec des noms musulmans ; introduction de termes arabes et turcs dans la langue bosniaque ; destruction de centaines d'églises orthodoxes et catholiques ; expulsion de milliers de Croates et de Serbes de Bosnie, etc.

L'aide occidentale à Izetbegovic s'inscrivait dans le cadre de la constitution d'une *ceinture verte* (c'est-à-dire islamiste), autour de la Russie.

La stratégie pro-islamiste américaine d'avant le 11 septembre s'appliqua tout particulièrement à un autre pays : l'Afghanistan. Les États-Unis couvrirent de dollars le régime des talibans, dans l'espoir d'être autorisés à construire un pipe-line en Afganistan afin d'acheminer le pétrole et le gaz d'Asie centrale vers la mer d'Oman, le détournant ainsi de la Russie.

En effet, l'Asie centrale est gorgée d'hydrocarbures : ses réserves seraient équivalentes à celles du Golfe. Les chiffres sont vertigineux : la zone de la Caspienne renfermerait des « réserves possibles » de 178 à 200 milliards de barils de pétrole et de 1000 à 7500 milliards de mètres cubes de gaz.

Ces gisements, les Américains comptent les exploiter intensément et installer des oléoducs allant vers le sud, contrariant ainsi le drainage par les oléoducs russes orientés vers le nord.

Les grandes compagnies pétrolières américaines (Exxon, Chevron, Amoco, Mobil) ont multiplié à cette fin les contrats avec les États locaux, dont le sous-sol recèle du pétrole et du gaz, ou bien qui sont des passages obligés pour les oléoducs et les gazoducs : le Kazakhstan, l'Azerbaïdjan, le Turkménistan. Ce dernier est crédité de réserves de gaz de l'ordre de 4500 milliards de mètres cubes et de réserves de pétrole estimées à 6 milliards de barils.

L'Afghanistan ne possède pas de gisements de pétrole et de gaz. Mais il fallait qu'il revienne à la stabilité politique pour que la compagnie américaine Unocal et la saoudienne Delta Oil y installent des pipelines afin d'acheminer les hydrocarbures du Turkménistan vers le sud. C'est pourquoi les États-Unis soutinrent le régime des talibans, dont ils s'empressèrent de reconnaître le pouvoir lorsqu'ils prirent le contrôle de la capitale afghane le 26 septembre 1996.

Le grand jeu pétrolier d'Asie centrale occupait tellement l'esprit des dirigeants américains, qui étaient en train de négocier avec les talibans au sujet des pipelines (de concert avec les Saoudiens), qu'ils ne s'attendaient pas à un attentat islamiste de l'ampleur de celui du 11 septembre, sur leur propre sol.

Ce jour-là, Oussama Ben Laden a renversé la table à jeu.

Les pétroliers américains et saoudiens voisinent dans tous les conseils d'administration qui comptent dans la gestion de l'industrie pétrolière. C'est un écheveau financier inextricable basé sur une confiance mutuelle aujourd'hui volatilisée. Le 11 septembre, Ben Laden mit fin aux noces pétrolières de l'Amérique et de l'Islam. L'Amérique a soudain compris que l'ennemi, ce n'est pas la Russie, ni l'Europe : c'est l'Islam, qui a lui-même pris l'initiative de la désigner, elle, l'Amérique, comme l'ennemi. L'alliance islamo-américaine devenait soudain caduque.

Désormais, pour ses approvisionnements pétroliers, l'Amérique ne saurait dépendre des états d'âme islamiques. La cogestion américano-islamique du pétrole étant devenue impossible, les États-Unis n'ont pas d'autre choix que de s'emparer par la force des puits de leur ex-partenaire.

Ils commenceront par l'Irak de Saddam Hussein, véritable éponge à pétrole (la deuxième réserve mondiale), qui occupe une position stratégique : c'est une corniche donnant à la fois sur l'Asie centrale et le Proche-Orient. En prenant possession du pétrole irakien, les États-Unis se donneront une marge de manœuvre par rapport à l'OPEP et à l'Arabie Saoudite, qui y exerce un leadership.

La mainmise américaine ne s'arrêtera pas là. Déjà, des plans sont prêts pour s'emparer de l'est de l'Arabie Saoudite (qui fait maintenant figure d'ex-alliée), où sont concentrés les gisements de pétrole de ce pays. Les autres États pétroliers du Golfe subiront le même sort, si besoin est. Comme par exemple le Koweït, secouru en 1991 par la coalition occidentale. Et qui s'empressa de financer, aussitôt après, les Frères musulmans en Europe et aux États-Unis et le Hamas palestinien. Sur sa lancée, le Koweït participa à la création, à Lugano, du Nada Management Group, l'un des holdings clés d'Al-Qaïda en Europe.

Toutefois, leurs traditions culturelles conduisent les dirigeants américains à une vision optimiste des répercussions, sur le monde musulman, de l'attaque de l'Irak. Ils pensent qu'ils pourront démocratiser un Irak enfin débarrassé de Saddam Hussein. Et que cela aura un effet d'émulation sur les pays environnants : ceux-ci s'émanciperont à leur tour des despotes qui les dirigent et s'engageront dans la voie de la démocratie et du progrès. Cette ambiance positive, estiment les Américains, relancera les négociations israélo-palestiniennes. Et engagera tout le Proche-Orient sur la voie d'une réorganisation rapide.

Bifurcation imprévue

La crise économique, catalysant une haine antiaméricaine qui n'a cessé de croître depuis le 11 septembre dans le monde arabo-musulman, fera bifurquer l'histoire dans la direction opposée à celle prévue par les stratèges américains. Ce n'est pas la démocratie, mais l'intégrisme islamiste qui remportera la mise.

La chute du régime de Saddam Hussein et son remplacement par un problématique gouvernement démocratique irakien déboucheront sur une agitation interne, sur fond d'irrédentisme kurde. L'intégrisme islamiste multipliera les actions de harcèlement contre les « *troupes d'occupation* », avec l'approbation d'une partie de la population irakienne, ulcérée par plus d'une décennie de blocus, et sous les hourvari des foules arabo-musulmanes.

Les tensions israélo-palestiniennes s'aggraveront. Les nuages s'amoncelleront sur le Proche-Orient. Les réseaux intégristes se démèneront en terre d'Islam, pour fomenter des troubles et prendre le pouvoir, aidés par la crise économique galopante qui fera basculer les foules dans la violence aveugle.

INTÉGRISME : UNE GESTATION DE TRENTE ANS

Naissance d'un monstre

L'intégrisme islamique, travaillé de revanchisme anti-occidental et de jusqu'au-boutisme conquérant, n'a pas surgi en un instant, armé de pied en cap. Il tisse patiemment sa toile d'araignée depuis plus d'une trentaine d'années. Sans que, aujourd'hui encore, de nombreux observateurs et dirigeants politiques prennent conscience de la nature et de l'ampleur du phénomène.

La première manifestation spectaculaire de l'essor de l'intégrisme islamique fut la révolution iranienne de 1979, sous l'égide de l'ayatollah Khomeiny, première grande figure du fondamentalisme islamique. La deuxième manifestation fut l'assassinat du président égyptien Anouar el-Sadate par les Frères musulmans, des fondamentalistes égyptiens hostiles aux accords de Camp David. La troisième fut la prise du pouvoir au Soudan par le général Omar Assan Ahmed al-Béchir, qui ne tarda pas à faire promulguer un nouveau code islamique basé sur la charia. La quatrième fut la résistance afghane aux Soviétiques dans les années 80, dont la coloration religieuse dominante était l'intégrisme islamique.

L'intégrisme islamique était à l'œuvre. Il était le parachute extracteur de ce que Samuel P. Huntington nomme « *le Renouveau de l'islam* ». Celui-ci s'inscrit dans ce que l'islamologue français Gilles Kepel appelle « *la revanche de Dieu* » : la religion reprend vie partout dans le monde depuis le début des années 70. Les sociétés avaient besoin de se redonner un fondement sacré. En réaction à un modernisme laïc auquel elles attribuent leurs échecs et leurs impasses.

Ce mouvement a concerné toutes les grandes religions : le christianisme, l'islam, le judaïsme, l'hindouisme, le bouddhisme, l'orthodoxie. Les courants fondamentalistes, soucieux de purification des doctrines et des institutions religieuses, sont les locomotives de ces tendances. Ce renouveau concerne tous les aspects de la vie personnelle, sociale et publique, qui doivent être mis en conformité avec les préceptes religieux. Il en résulte un regain d'engagement et de ferveur religieuse.

Le renouveau religieux amorcé dans les années soixante-dix déborde largement le cadre des fondamentalismes. Ceux-ci en sont en quelque sorte la pointe. Le monde se désécularise depuis une trentaine d'années. Là encore, se termine un cycle historique de long terme, cycle de sécularisation des sociétés qui avait commencé en Occident à la fin du Moyen Âge et s'était affirmé au XVIIIe siècle, celui des Lumières.

C'est dans ce contexte que s'est développé le renouveau islamique. Dont les signes apparaissent clairement : fréquentation des moquées en forte hausse, prières et cultes de plus en plus pratiqués, publications religieuses se multipliant. La façon de s'habiller s'islamise : le port du voile par les femmes se répand. Les comportements se mettent en conformité avec les préceptes du Coran : on évite de boire de l'alcool. La charia (la loi musulmane) tend à reprendre du terrain sur la loi occidentale, comme cela apparaît dans les Codes de la famille par exemple. L'enseignement islamique est en pleine expansion, à travers la multiplication des écoles islamiques et l'islamisation des programmes dans les écoles publiques courantes.

Il redonne au monde arabo-musulman une identité face à l'influence aliénante du mondialisme. Un slogan fait fureur : « *L'Islam est la solution* ». La solution à tout : la quête d'identité, de puissance et d'espoir. Il s'agit de prendre à son compte la modernité apportée par l'Occident : les sciences, la technologie, etc. Mais de rejeter la culture occidentale en renouant avec l'islam comme guide de vie dans le monde moderne.

Le fondamentalisme intégriste est en quelque sorte l'expression politique de ce renouveau islamique, lequel est un retour aux idées, aux pratiques et à la rhétorique islamiques. Retour que Huntington compare à la Réforme protestante : « *Toutes deux sont des réactions à la stagnation et à la corruption des institutions en place, défendent un retour à une version plus pure et plus exigeante de leur religion, prêchent le travail, l'ordre et la discipline, et s'adressent à des populations dynamiques appartenant aux classes moyennes montantes. Toutes deux sont également des mouvements complexes, avec des tendances diverses, mais deux principales, le luthéranisme et le calvinisme, l'islam chiite et le fondamentalisme sunnite. On peut même faire un parallèle entre Calvin et l'ayatollah Khomeiny : ils ont tous deux tenté d'imposer la discipline monastique à leur société. L'esprit de la Réforme et de la Résurgence, c'est la réforme profonde.*

« *La Réforme doit être universelle,* déclarait un pasteur puritain : *on doit réformer partout dans le monde ; on doit réformer les tribunaux et les magistrats, réformer les universités, réformer les villes et les pays, réformer les lieux de savoir, réformer le sabbat, réformer les ordres, le culte de Dieu* ».

Une analyse confirmée par le soudanais Hassan El-Tourabi, grand idéologue du fondamentalisme islamique : « *Ce réveil est général, il ne porte pas seulement sur la piété individuelle ; il n'est pas seulement intellectuel et culturel, ni seulement politique. Il est tout cela à la foi, une reconstruction générale de la société de bas en haut* ». Al-Tourabi estime que « *la religion est un moteur du développement* ».

Si le renouveau religieux est universel, il est particulièrement vivace dans l'islam. « *La revanche de Dieu,* dit Huntington, *est un phénomène global, mais Dieu, ou plutôt Allah, a fait en sorte qu'elle soit plus forte et plus complète dans la Oumma, la communauté de l'islam* ».

Le fondamentalisme islamique a grandi sur l'essor urbain galopant des dernières décennies. Lié à une pression démographique obligeant les jeunes à chercher dans les villes un salut économique faisant défaut dans le monde rural. Ils sont venus s'entasser dans des banlieues insalubres.

Ces nouveaux urbains, orphelins des traditions villageoises millénaires, livrés à la détresse économique et au vide moral et spirituel, ont fourni à l'intégrisme islamique ses grandes masses de manœuvre révolutionnaire. Les groupes religieux ont établi une emprise solide sur ces déracinés, en satisfaisant du mieux possible des besoins sociaux laissés sans réponse par des bureaucraties étatiques débordées et souvent incompétentes. Et en leur apportant du sens et de la dignité. En même temps que les corps, ils nourrissaient les âmes.

C'est ainsi que les groupes religieux ont mis sur pied des systèmes d'entraide qui prennent en main les fidèles depuis le jardin d'enfants et les écoles jusqu'à la tombe. En passant par des bourses d'étude à l'université. Les groupes islamistes ont porté une attention toute particulière à l'enseignement, qui donne accès au contrôle des esprits. Ils ont multiplié les écoles islamistes, tout en accentuant leur influence dans les écoles d'État.

Les groupes islamistes s'occupent des soins aux personnes âgées. Ils fournissent une assistance en cas de catastrophe naturelle. Ainsi, en 1992, lors du tremblement de terre qui a sinistré le Caire, les organisations islamiques étaient à pied d'œuvre sur le terrain avant les secours gouvernementaux, y distribuant nourriture et couvertures.

Les organisations islamiques viennent en aide aux chômeurs, si nombreux parmi les jeunes. La récession économique les trouve fidèles au poste, faisant fonctionner au maximum les mécanismes d'entraide qu'elle ont mis au point.

Les groupes religieux, pour la plupart fondamentalistes, suppléent ainsi les carences souvent abyssales d'une société civile minée par la corruption. Ils ont développé une société civile islamiste qui bien souvent dépasse en efficacité les institutions laïques.

Réislamisation au grand galop

Le renouveau de l'islam est un phénomène urbain. Les masses de manœuvre de l'intégrisme islamique sont les déshérités de l'exode urbain. Ils représentent une force gigantesque, mais qui resterait désordonnée et latente si elle n'était pas structurée par une élite. Celle-ci est composée d'éléments d'avant-garde qui eux, ne sont pas des damnés de la terre, des illettrés misérables, des analphabètes désorientés qui cultiveraient la foi du charbonnier corsée du fanatisme de l'ignorance. Au contraire, ce sont des esprits brillants ayant un excellent niveau d'études et tournés vers la modernité. Le noyau dirigeant du fondamentalisme intégriste, celui qui fournit les cadres militants et les troupes de choc, est composé d'étudiants et d'intellectuels issus des classes moyennes et même de la grande bourgeoisie fortunée. La plupart sont diplômés des meilleures universités. Ils sont fonctionnaires, médecins, architectes, avocats, professeurs, hommes d'affaires, ingénieurs, journalistes. Stupéfait, l'Occident a découvert que les kamikazes du 11 septembre étaient des jeunes gens très instruits, issus de milieux nantis.

Au cours des années soixante-dix, dans des pays comme l'Égypte, le Pakistan et l'Afghanistan, la première phase du processus d'islamisation politique commença dans la fabrique des élites : le monde universitaire. Les islamistes y prirent le contrôle des syndicats étudiants. L'islamisation universitaire a évité la ghettoïsation dans les disciplines littéraires et philosophiques, où elle se serait limitée à de purs exercices rhétoriques sans portée pratique : c'est dans les facultés des sciences, les instituts de technologie et les écoles d'ingénieurs que son influence s'est exercée le plus fortement. Là où se forgent les outils de la modernité et de l'action.

La jeunesse offre la meilleure prise à l'intégrisme.

En termes quantitatifs, elle a dans le monde arabo-musulman une place égalée nulle part ailleurs. Le taux de croissance annuel des sociétés musulmanes est presque partout supérieur à 2 %, souvent même à 2,5 ou 3 %. Les jeunes musulmans sont religieux quand leurs parents sont laïcs. Ces jeunes qui ont suivi leurs études dans leur langue et sous la houlette d'enseignants souvent fondamentalistes, subissent l'influence de « l'indigénisation » de deuxième génération.

On pourrait croire les femmes réfractaires à ce renouveau islamique, qui serait pour l'essentiel une affaire d'hommes en mal de machisme. Aussi étonnant que cela puisse paraître à des observateurs occidentaux imprégnés de féminisme, ce n'est pas du tout le cas. Si une partie des femmes du monde arabo-musulman tournent le dos au renouveau de l'islam, d'autres, en nombre croissant, sont réceptives aux influences islamistes, comme en témoigne l'extension du port du voile. L'exemple le plus frappant est la Turquie, qui fut au siècle dernier le temple de la laïcité dans le monde musulman. Les femmes de l'ancienne génération, laïques, influencées par le kémalisme, voient se creuser la distance avec leurs filles et petites filles, qui font retour à l'islam.

La réislamisation galope partout dans le monde musulman. Le triomphe de la révolution islamique d'Iran, en février 1979, a marqué le début d'une vague d'expansion radicale de l'islam dans tout le Moyen-Orient.

En 1981, le président égyptien Anouar el-Sadate était assassiné par les Frères musulmans. En 1984, les troupes américaines et françaises cantonnées au Liban se retirèrent après avoir subi des attentats meurtriers. Ces derniers furent complétés de prises d'otages et d'actions terroristes menées à l'été 1985 sur le territoire français. Le Hezbollah libanais, allié de l'Iran, multiplia les actes de terrorisme, devenant ainsi le fer de lance de la résistance anti-israélienne. En Turquie, la fin des années 1980 vit la montée en puissance du parti islamiste turque Refah. Tandis qu'en Palestine s'affirmait le Hamas, qui se réclamait de l'islam, et non du nationalisme arabe.

Ailleurs aussi, le radicalisme islamique se répandait comme une traînée de poudre.

Le Front islamique de salut (FIS), nouveau-né de la politique intérieure algérienne, triomphait aux élections législatives de décembre 1991. Atterré par ce raz-de-marée électoral, l'État annula les élections, sous peine de voir les intégristes accéder finalement au pouvoir par les urnes. Au Soudan, ce fut un coup d'État militaire qui, en juillet 1989, imposa un régime islamique, dirigé par Hassan el-Tourabi. En Afghanistan, la défaite des troupes soviétiques, qui se solda par un retrait humiliant, fut la victoire des intégristes islamistes : les mouvements des moudjahidines les plus radicaux, soutenus par le Pakistan, mirent la main sur le pays. Et des attentats islamistes frappèrent les pays occidentaux. Parmi bien d'autres, celui du World Trade Center à New York en 1993, ceux qui eurent lieu en France en 1995, celui du World Trade Center et du Pentagone en 2001. Sans parler des attentats contre les ambassades américaines de Nairobi (Kenya) et Dar es Salam (Tanzanie) en août 1998, et le navire de guerre américain USS Cole à Aden en octobre 2000.

Parallèlement au développement de cet islamisme radical, se déploya dans divers pays une islamisation conservatrice de la société. Elle se manifesta par la prolifération des mosquées un peu partout, l'extension du port du voile. Et l'introduction d'éléments de la *charia* (la loi islamique) dans divers pays. Comme l'Algérie, avec le Code de la famille promulgué en 1984, ou le Pakistan, avec le *Shariat Bill* promulgué en 1982.

L'Asie centrale : de Marx à Allah

La chute de l'URSS a fait le lit d'une série de rebellions islamistes et irrédentistes dans le Caucase (Tchétchénie), en Asie centrale et dans les Balkans (guerres de Bosnie et du Kosovo). Ces insurrections sont financièrement et moralement soutenues, pour l'essentiel, par trois pays musulmans : l'Arabie saoudite, la Turquie et le Pakistan. Une guerre de civilisation s'est ainsi installée entre les mondes slavo-orthodoxe et turco-musulman.

L'Asie Centrale, composée de cinq Républiques (Kazakhstan, Kirghizistan, Tadjikistan, Turkménistan et Ouzbékistan) est symptomatique du dynamisme de la réslamisation. Dynamisme reposant avant tout sur celui de la démographie : en Asie centrale, entre 1970 et 1993, la population a augmenté de 2,9 % au Tadjikistan (pays le plus secoué par le fanatisme islamique) ; 2,6 % en Ouzbékistan ; 2,5 % au Turkménistan ; 1,9 % au Kirghizistan.

Le Kazakhstan, lui, se distingue par un pourcentage de jeunes beaucoup plus faible : 1,1 % seulement. Pourquoi ? Plus de la moitié de la population de cet État est d'origine russo-orthodoxe. Sa natalité est faible, comme celle du monde slave dans son ensemble.

La déferlante juvénile propulsa l'intégrisme islamique en Asie centrale. Avec l'aide inespérée fournie par la chute de l'Empire soviétique. Une fois libérés du joug communiste, les habitants des Républiques d'Asie centrale n'éprouvèrent pas, dans leur grande majorité, un besoin de démocratie, d'économie de marché, de culture occidentale et de consumérisme. Contrairement au reste de l'ex-Union soviétique, notamment la Russie (orthodoxe) et les États baltes (protestants ou catholiques). Sans plus attendre, les populations d'Asie centrale se rattachèrent spirituellement et culturellement à leur passé musulman. Et renouèrent ainsi des relations avec leurs voisins musulmans du sud, dont elles avait été coupées par le régime communiste. Le clivage des civilisations a joué à plein lors de la chute de l'Empire soviétique.

Aussitôt, les prédicateurs de l'islam déferlèrent sur les Républiques indépendantes d'Asie centrale. Les mosquées, qui avaient été totalement éradiquées par les Soviétiques, y refleurirent. Les constructions d'écoles religieuses et autres centres islamiques allèrent bon train. Des milliers de Coran furent offerts. En même temps que les imams affluait l'argent, tout cela venant principalement de trois pays : l'Arabie saoudite, la Turquie et le Pakistan. Les musulmans du Caucase et de Russie bénéficièrent du même soutien à la réislamisation de leurs populations musulmanes.

Les dirigeants d'Asie centrale arrivés au pouvoir après la chute de l'Empire soviétique ne comprirent pas tout de suite ce qui se passait : ils laissèrent une complète liberté d'action aux prêcheurs étrangers. Quand ils prirent conscience de la situation, c'était déjà trop tard : les idées fondamentalistes s'étaient largement répandues.

Les gouvernements entreprirent alors de réprimer très durement l'activisme islamique. Mais aussi l'opposition démocrate, rejetant en quelque sorte celle-ci dans le camp islamique. La situation se radicalisa plus ou moins rapidement selon les cas. C'est au Tadjikistan, l'État le plus pauvre de l'ex-URSS soviétique (son économie repose essentiellement sur le trafic d'héroïne d'origine afghane) qu'éclata le drame le plus important : une sanglante guerre civile qui dura cinq ans, de 1992 à 1997. Elle opposa des rebelles islamiques et des démocrates tadjiks au régime en place, et fit plus de cinquante mille morts. Au terme de ce conflit, naquit un gouvernement de coalition incluant le Parti de la Renaissance islamique, qui est modéré. Mais la violence ne disparut pas pour autant.

La stabilité de l'Asie centrale est condamnée notamment à cause du Mouvement islamique d'Ouzbékistan (MIO), fondé en 1998 par des extrémistes déçus par la modération d'un autre parti islamique, le Parti de la renaissance islamique.

L'Ouzbékistan est stratégique : c'est la plus peuplée et militairement la plus puissante des Républiques de l'Asie centrale, dont elle est le centre nerveux. C'est pourquoi les Soviétique avaient installé à Tachkent l'état-major de la région militaire du Turkestan russe, une zone opérationnelle qui couvrait les cinq Républiques d'Asie centrale. C'est l'Ouzbékistan que les Américains avaient choisi pour faire transiter leurs troupes et leur matériel vers l'Afghanistan lors de la guerre contre les talibans.

Aussi les agissements et les intentions des extrémistes ouzbeks revêtent-ils une grande importance. Leurs buts sont radicaux : ils veulent renverser le gouvernement de l'Ouzbékistan, dirigé par Islam Karimov.

La déplorable situation économique de l'Ouzbékistan est leur alliée. Certes, le maintien du contrôle de l'État, hérité de l'ère soviétique, a sauvegardé un minimum d'acquis sociaux et certains secteurs économiques. Par exemple, une industrie automobile subsiste, qui fournit le marché local. Mais, de la période soviétique subsistent aussi les longues files d'attente devant les magasins. L'économie ouzbèke reste repliée sur elle-même. On change les devises au marché noir. Le niveau de vie est très bas. Plus de 60 % des Ouzbeks vivent en milieu rural, dans des villages retirés. La majeure partie des paysans sont illettrés et misérables. Celui qui gagne entre 30 et 50 dollars par mois fait figure de riche. Les citadins ne sont guère mieux lotis. À Tachkent, un salaire mensuel de 100 dollars est considéré comme phénoménal. Il y a un énorme excédent de main d'œuvre : la population augmente de 400 000 à 500 000 individus par an. Et la situation ne peut que s'aggraver : les enfants du baby-boom des années quatre-vingts arrivent sur le marché du travail.

Aussi, en 1999, 2000 et 2001, le MIO lança-t-il des actions de guérilla contre l'Ouzbékistan depuis ses bases, installées dans des pays voisins : le Tadjikistan et l'Afghanistan. Et de proche en proche, le MIO a étendu son djihad à toute l'Asie centrale, sous le commandement militaire d'un chef charismatique : Juma Namangani. Celui-ci s'est fixé un objectif stratégique : la vallée de Fergana, surpeuplée et pauvre, qui contraste avec les espaces semi-désertiques qui dominent dans ces régions. La vallée de Fergana, qui était jadis un relais très important de la Route de la Soie, est partagée par trois pays : l'Ouzbékistan, le Kirghizistan et le Tadjikistan. Qui tous trois se retrouvent ainsi sous la menace militaire du MIO. Depuis 2000, les autorités de ces trois pays ont entrepris d'unir leurs efforts pour essayer de le contrer.

La vallée de Fergana est considérée comme la place forte du fondamentalisme. Les moeurs y sont bien plus strictes que dans les villes, notamment Tachkent où l'on voit beaucoup de filles en minijupes dans les boîtes de nuit. Elle est un lieu de prédilection pour les intégristes.

Pour l'instant, l'objectif du MIO est la déposition des régimes en vigueur en Ouzbékistan, au Tadjikistan et au Kirghizistan, et l'instauration de la charia dans ces trois pays. Au Tadjikistan, notamment, pullulent les détachements d'insurgés et les camps d'entraînement de terroristes. C'est à partir de ces camps que Juma Namangani, le dirigeant militaire du MIO, a mené ses attaques vers l'Ouzbékistan et le Kirghizistan. Des centaines de jeunes Tadjiks ont pris part à ces raids. Et plus de mille d'entre eux sont allés combattre auprès des talibans.

Mais l'aura du MIO est telle qu'elle déborde les frontières de l'Ouzbékistan, du Tadjikistan et du Kirghizistan : ce parti recrute dans tous les groupes ethniques d'Asie centrale. Et au delà, parmi les Tchétchènes, les Daghestanais du Caucase et les Ouïgours musulmans de la région autonome du Xinjiang en Chine.

Se sentant menacé par le dynamisme expansionniste du MIO, le Kazakhstan a renforcé ses dépenses militaires en prévision d'un affrontement à grande échelle qui ne manquera pas de se produire sous peu...

La puissance d'aimantation du MIO n'a pas échappé à l'Arabie saoudite, qui s'est empressée de lui apporter un généreux soutien financier. Ce qui ne l'empêche pas de se financer aussi par le trafic d'armes et de drogue.

Plus c'est anachronique, mieux cela marche

En plus du MIO, une seconde menace grave est apparue en Ouzbékistan. Elle est constituée par l'émergence d'une autre organisation islamique radicale, le Parti de la libération (*Hizb ul-Tahir*, initiales : HT) qui emporte un immense succès auprès de la jeunesse ouzbèke. Plus particulièrement l'élite de la jeunesse, celle qui a un haut niveau d'instruction.

C'est en 1953 que naquit le HT, loin de l'Ouzbékistan : en Jordanie. Il fut fondé par un petit groupe de Palestiniens qui avait pour chef le cheikh Taqiuddin an-Nabhani Filastyni *(« le Palestinien »).* Cet intellectuel diplômé de la célèbre université Al-Azhar du Caire, fut instituteur et juge islamique en Palestine. Qu'il quitta lors de la création de l'État d'Israël, pour émigrer en Jordanie où il créa le HT.

Celui-ci a été ensuite dirigé à partir de Beyrouth par Abdel Qadim Zaloum, après la mort de Taqiuddin an-Nabhani en 1977.

Une question se pose : comment le HT, parti panislamique très discret né il y a un demi-siècle au Moyen-Orient (où il finit par être interdit), a-t-il pu devenir le mouvement clandestin le plus répandu en Ouzbékistan, au Kirghizistan et au Tadjikistan ? Il y compte plus de membres emprisonnés que le MIO. Centré initialement sur la question palestinienne, il a connu ensuite une destinée prodigieuse : dépassant le cadre du Proche-Orient, il s'est mué en un mouvement supranational. Il est en pleine expansion en Asie centrale. En Europe, il est aussi très influent : il fascine la deuxième génération issue de l'immigration.

De tous les mouvements islamiques radicaux, le HT est sans doute celui dont les objectifs sont les plus ésotériques et « anachroniques », d'un point de vue occidental. C'est justement cela qui fait son succès. En effet, parti islamo-palestinien à l'origine, le HT a élargi ses vues. Il souhaite unir l'Asie centrale, la province chinoise du Xinjiang (qui compte sept millions de musulmans) puis l'ensemble de l'oumma (la communauté mondiale des musulmans) au sein d'un grand califat. Comme aux premiers temps de l'islam, de 632 à 661, qui virent régner des quatre califes successeurs du Prophète. Cette époque fut celle de l'expansion foudroyante de l'islam à travers le Moyen-Orient et l'Afrique, par le sabre et la conversion. Cette période « pure et dure » sert de référence à la plupart des mouvements islamistes radicaux : ils estiment que c'est le seul moment où une véritable société musulmane a existé, unie dans une foi non pervertie par les déviances ultérieures.

Il est une autre période de l'histoire musulmane qui fascine le HT, c'est celle de l'Empire ottoman. Elle représente l'apogée politique de l'islam. D'Istanbul où il était installé, le califat ottoman contrôlait à la fin du Moyen Âge l'essentiel du monde islamique, y compris le Moyen-Orient et les Balkans. Il maintenait l'unité des musulmans sous sa férule. Ces temps de splendeur de l'Empire ottoman enfièvrent l'esprit des jeunes musulmans cultivés, qui brûlent de voir renaître un islam politiquement unifié et puissant.

Le HT voit l'abolition du califat (qui en réalité n'était plus que l'ombre de lui-même) par Kemal Atatürk en 1925, comme le résultat d'un complot ourdi par le mouvement sioniste international dans le but de réduire les musulmans à l'impuissance.

Le HT considère la restauration du califat comme la clé du renouveau politique de l'islam. Selon le cheikh Abdel Qadim Zaloum, auteur de nombreux ouvrages et actuel leader du HT, « *la transformation des pays en foyer islamique et leur rassemblement sont un objectif que les musulmans veulent atteindre, et la méthode qu'ils devraient adopter pour y parvenir est de rétablir le califat.* »

Les préoccupations du cheikh Abdel Qadim Zaloum font écho à celles d'An Nahbani, le fondateur du HT, qui déjà avait vu grand. Il écrivait en 1962 : « *L'esprit des musulmans est consumé par la situation actuelle et ne conçoit la notion de gouvernement qu'à travers les régimes démocratiques dépravés imposés aux pays musulmans* [...]. *Le but n'est pas d'établir plusieurs États, mais un seul État couvrant l'ensemble du monde musulman.* »

Pour sa part, c'est ce que le HT cherche à faire. Il prévoit une montée au pouvoir en deux temps. Tout d'abord, plusieurs pays islamiques passeront sous son contrôle. Ensuite, il pourra conquérir le reste du monde musulman, qui sera alors encadré par un seul État, un « *État islamique pur* » où la charia (la loi islamique) régnerait sans partage.

Le MIO et la plupart des autres mouvements intégristes islamistes ont eux aussi pour objectif l'instauration d'un califat (par la violence), mais le HT est particulièrement prolixe sur ce thème. Et déclare vouloir employer des procédés pacifiques pour accéder au pouvoir.

Selon le HT, quels pays succomberont les premiers à son emprise ? Ceux d'Asie centrale, qui ont atteint un «*point d'ébullition*». Il y ramassera le pouvoir tombé à terre comme un fruit mûr, lorsqu'il y disposera d'une masse suffisante d'adeptes. Le tout premier de ces pays étant l'Ouzbékistan. Le HT y a des sympathisants partout : dans l'armée, les services secrets et parmi les hauts fonctionnaires (notamment dans les douanes).

Le HT rayonne en Asie centrale. Il progresse fortement au Kirghizistan, où la misère est intense. Selon la Banque mondiale, en 2001, 68 % de la population gagnait moins que l'équivalent de 7 dollars par mois, le salaire annuel moyen correspondant à 165 dollars. La somme nécessaire pour vivre décemment est estimée à 295 dollars par an. Entre 1990 et 1996, le PIB du Kirghizistan a diminué de 47 %, la production industrielle de 61 %, la production agricole de 35 % et l'investissement de 56 %.

Cette détresse économique s'augmente d'une démographie galopante. Le recensement de 2000 faisait état de 4,8 millions d'habitants, soit une augmentation de 13 % depuis 1991. Les populations rurales viennent s'entasser dans les bidonvilles de Bichkek, la capitale (qui compte maintenant 1,1 million d'habitants) ou d'Och.

Autre facteur favorable au développement du HT : la présence de Russes chrétiens orthodoxes (17 % de la population). Présence d'autant moins bien tolérée par les musulmans que, pour éviter le départ de cette population russe fort utile à l'économie du pays, le chef de l'État, Askar Akaiev, a favorisé la construction de nouvelles églises orthodoxes. Fait aggravant : le Kirghizistan est le seul pays d'Asie centrale où l'on tolère le prosélytisme de divers mouvements évangélistes chrétiens. Le nord du Kirghizistan se christianise, tandis que le sud s'islamise.

Le HT exploite toutes ces rancoeurs.

Il s'introduit également au Kazakhstan : ce dernier voit ainsi s'introduire sur son territoire un radicalisme islamique dont il était indemne jusque-là.

Le HT développe son influence par les mosquées et les groupes de prière. Ses militants, souvent âgés d'une vingtaine d'années, distribuent des tracts la nuit, se livrant à un prosélytisme extrêmement actif. Ils se donnent pour tâche la *« reconversion »* des musulmans *« égarés »* ou *« assoupis »*, par la prédication. Ils sont remarquablement organisés en petites cellules secrètes et étanches de cinq à sept membres, qui se consacrent à la propagation du message du HT. Seul le chef de cellule est en rapport avec le niveau hiérarchique supérieur. Il fixe des objectifs hebdomadaires aux membres, qui sont censés créer à leur tour de nouvelles cellules. Ce cloisonnement, règle primordiale de toute activité politique clandestine, rend le HT extrêmement difficile à infiltrer. Les polices d'Asie centrale s'y essayent. Mais, si elles disloquent quelques cellules de temps à autre, elles ne parviennent jamais à remonter la chaîne de commandement.

Les Russes, qui voient le HT exercer son prosélytisme auprès des musulmans de Russie, collaborent activement avec les services de renseignements d'Asie centrale pour contrer l'influence du fondamentalisme islamique.

On mesure d'autant mieux la vitesse de propagation du HT en Asie centrale si l'on considère sa date tardive d'introduction dans la région, en Ouzbékistan plus précisément : 1995. Le mouvement ne figurait pas dans le premier flux de missionnaires islamiques qui fit irruption immédiatement après la chute de l'URSS en 1991. Ce fut un Jordanien nommé Salahuddin qui vint à Tachkent créer la première cellule. Il fut aidé au départ par deux Ouzbeks. Les cellules se multiplièrent ensuite dans la capitale ouzbèke et dans la vallée de Fergana, ensuite dans tout l'Ouzbékistan, puis au Tadjikistan et au Kirghizistan, et maintenant au Kazakhstan. Aujourd'hui, le HT compte plus de 60 000 partisans à Tachkent, et des dizaines de milliers dans beaucoup d'autres villes. Le HT possède un magazine du parti, Al Vai *(« la conscience »)*. Il diffuse des textes traduits en ouzbek, en kirghiz et en tadjik. Il publie des livres tels que *« L'État islamique »*, *« Le Système économique de l'islam* », et « *Comment le califat fut détruit* », qui furent écrits par An Nahani, le fondateur du mouvement, ou bien Zaloum, l'actuel leader. Moins de sept ans pour établir une telle influence dans les Républiques centrasiatiques, voilà qui donne la mesure du dynamisme torrentiel de ce mouvement islamique radical.

Le HT réussit également très bien en Turquie, en Égypte et au Maghreb. Il se développe aussi en Afghanistan. Et il multiplie les cellules au sein de la communauté musulmane d'Europe, particulièrement en Allemagne et au Royaume-Uni. Londres est une plaque tournante du HT (comme de bien d'autres mouvements intégristes). C'est là que sont collectés les fonds et que sont formées les recrues qui iront porter la bonne parole en Asie centrale. Le HT connaît un grand succès auprès des étudiants musulmans des universités britanniques.

Le HT dispose de fonds très importants, et d'une logistique remarquable. Par exemple, il organisa à Londres le 26 août 2001 un congrès pour discuter de la crise politique au Pakistan. Des autobus bondés de sympathisants affluèrent de toute la Grande-Bretagne. L'accueil était impressionnant. Une équipe médicale au grand complet était en alerte. Un accès spécial avait été aménagé pour les handicapés et les enfants. Les participants au congrès disposaient de lieux de prière, et d'un site Internet animé en continu.

Contrairement au MIO, le HT dit ne pas avoir recours à la violence armée et au terrorisme. Néanmoins, ses idées sont très proches du wahhabisme. Et son agressivité verbale est parfois extrême, comme en témoignent les propos d'Omar Bakri Mohammed, responsable à Londres d'un des principaux centres du HT. Profitant de la totale liberté de parole octroyée par la démocratie anglaise (qui en l'occurrence relève de la jobardise), ce Syrien émigré dans les années quatre-vingts n'a pas pour habitude de mâcher ses mots. En février 1991, il n'hésita pas à parler ainsi du Premier ministre anglais de l'époque : « *John Major est une cible légitime. Je prie Dieu pour que quelqu'un le tue.* » En 1999, il déclara : « *Je veux voir le drapeau noir de l'islam sur Downing Street.* » Omar Bakri Mohammed participa au congrès du Califat, qui se tint à Londres le 7 août 1994.

Parallèlement à ses activité au HT, Omar Bakri Mohammed a fondé Al-Mouhadjiroun *(« l'Émigrant »),* qu'il dirige de sa permanence de Tottenham, au nord de Londres. Il revendique deux mille membres en Grande-Bretagne et des antennes en Amérique, au Liban et au Pakistan. Il dit avoir envoyé des centaines de jeunes musulmans britanniques en Afghanistan pour faire le djihad contre les troupes occidentales. Trois d'entre eux, issus de Luton, une lointaine banlieue de Londres, auraient accédé au rang de martyr en tombant sous les bombes américaines à Kaboul.

Le baby-boom islamique

Le MIO, le HT et les autres mouvements intégristes d'Asie centrale prospèrent sur le baby-boom islamique : sur les 50 millions d'habitants qui peuplent l'Asie centrale, plus de 60 % ont moins de vingt-cinq ans. Les économies chancelantes de la région, livrées à elles-mêmes depuis qu'elles sont privées du soutien de l'ex-Union soviétique, et pilotées par des bureaucraties incompétentes et corrompues, sont incapables de fournir à ces jeunes les emplois et le niveau de vie dont ils ont besoin. Désoeuvrés et sans perspectives d'avenir, ils tournent en rond à en devenir fous. L'intégrisme islamique est là pour leur offrir une issue : le djihad, qui libère les énergies et promet du butin, tout en galvanisant les sentiments de fierté identitaire et d'honneur liés à la réhabilitation des traditions ancestrales. Aux yeux des jeunes, l'islam est vraiment la solution.

Le HT ne figure pas sur la liste des organisations terroristes établie par le département d'État américain, parce qu'il n'a jamais participé à des activités de guérilla, à l'organisation de camps d'entraînement et à des enlèvements, préférant se prononcer en faveur d'une conquête pacifique du pouvoir. Les dirigeants du HT disent ne pas avoir de relations avec les mouvements radicaux, comme Al-Qaida, le MIO ou les talibans.

Mais en fait, ces mouvements dialoguent discrètement les uns avec les autres, Al Qaida jouant le rôle de coordinateur. À Kaboul, en septembre 2000, se réunirent le HT, le MIO, les talibans, les séparatistes tchétchènes et... Ben Laden. Ils discutèrent de la meilleure façon de coopérer ensemble.

Chapitre II

L'unification du monde arabo-musulman

Là où la laïcité a échoué, le fanatisme religieux réussira : par la puissance d'attraction de la Oumma *(la communauté de tous les musulmans), il fédérera les peuples d'Islam sous l'autorité d'un Grand Califat turc, réminiscence de la splendeur ottomane de jadis. La Turquie sera le porte-étendard de l'Islam.*

Faiblesse de l'État-nation en terre d'Islam

De la tribu à la Oumma

Si les moyens employés par le HT diffèrent de ceux des autres mouvements, les buts sont les mêmes : mettre l'ensemble du monde arabo-musulman sous l'autorité d'un pouvoir islamique faisant régner la charia (la loi islamique). Tous les intégristes islamistes sont réceptifs à l'idée d'un califat unifiant politiquement l'oumma.

Pour des esprits occidentaux, cette idée de restauration d'un califat est surréaliste et n'a aucune chance d'être réalisée. Ils méconnaissent la mentalité musulmane, où l'État n'occupe pas une place aussi prépondérante qu'en Occident, comme l'explique Samuel Huntington :

« *La structure de la loyauté politique entre Arabes et entre musulmans a en général été l'opposé de celle qui prévaut dans l'Occident moderne. Pour ce dernier, l'État-nation est le parangon de la loyauté politique. Des loyautés plus restreintes lui sont subordonnées et sont subsumées dans la loyauté vis-à-vis de l'État-nation. Les groupes qui transcendent les États-nations (communautés linguistiques ou reli-*

gieuses, ou civilisations) requièrent une loyauté et un engagement moins intenses. Le long du continuum qui va des entités les plus étroites aux plus larges, les loyautés occidentales atteignent ainsi un sommet au milieu, la courbe de la loyauté formant en quelque sorte un U renversé. Dans le monde islamique, la structure de la loyauté a été presque l'inverse. L'islam connaît un creux au milieu de la hiérarchie de ses loyautés. Les « deux structures fondamentales et durables » [...] *étaient la famille, le clan et la tribu d'une part, et* « les unités formées par la culture, la religion et l'empire à plus grande échelle » *de l'autre.* »

Et Samuel Huntington d'ajouter : « *Le tribalisme et la religion (l'islam) ont joué et jouent encore, remarquait également un chercheur libyen, un rôle significatif et déterminant dans le développement social, économique, culturel et politique des sociétés et des systèmes politiques arabes. Bien évidemment, ils sont considérés comme des facteurs cruciaux façonnant et déterminant la culture politique arabe et l'esprit politique arabe.* »

Beaucoup d'États arabes sont « *des tribus avec des drapeaux* ».

Les États du monde arabe n'ont jamais résolu leurs problèmes de légitimité. Ils ne sont pour la plupart que des produits arbitraires du colonialisme occidental. Leurs frontières ne coïncident généralement pas avec celles des groupes ethniques. Le Kurdistan (pays des Kurdes), recouvrant cinq cent mille kilomètres carrés, est écartelé entre l'est de la Turquie, le nord-ouest de l'Iran, le nord de l'Irak, la corne nord-est de la Syrie et le Caucase (Arménie et Azerbaïdjan). Une autre ethnie, celle des Berbères, qui sont les habitants autochtones du Maghreb, est répartie de la Libye à l'Atlantique et de la Méditerranée à la boucle du Niger.

« *Ces États ont divisé la nation arabe,* dit Huntington, *mais, d'un autre côté, jamais un État panarabe n'a pu se matérialiser. En outre, l'idée d'État-nation souverain est incompatible avec la croyance en la souveraineté d'Allah et la primauté de la* Oumma. *En tant que mouvement révolutionnaire, le fondamentalisme islamique rejette l'État-nation au profit de l'unité de l'islam, tout comme le marxisme le rejetait au profit de l'unité du prolétariat international. La faiblesse de l'État-nation dans l'islam s'exprime aussi dans le fait que de nombreux conflits ont eu lieu entre* groupes *musulmans après la Seconde Guerre mondiale, alors que les guerres majeures entre États musulmans ont été rares, la plus importante ayant impliqué l'Irak, qui a envahi ses voisins.* »

L'identification à la *Oumma* et à la civilisation islamique prise comme un tout s'est renforcée au cours des trente dernières années. Huntington cite un chercheur des années quatre-vingts :

« *La conscience identitaire et unitaire musulmane s'est trouvée stimulée par la décolonisation, la croissance démographique, l'industrialisation, l'urbanisation et les modifications de l'ordre économique international associées notamment à la richesse pétrolière dans les pays musulmans. [...] Les communications modernes ont renforcé et affiné les liens entre musulmans. Le nombre de pèlerins à la Mecque s'est beaucoup accru, ce qui a créé une conscience plus forte d'une identité commune chez les musulmans, de la Chine au Sénégal, du Yémen au Bangladesh. Un nombre de plus en plus grand d'étudiants venus d'Indonésie, de Malaisie, du sud des Philippines et d'Afrique, suivent des cours dans les universités du Moyen-Orient, qui diffusent les idées et établissent des contacts personnels par-delà les frontières nationales. Il se tient régulièrement et de plus en plus souvent des conférences et des colloques entre intellectuels musulmans et oulémas (théologiens) dans des centres comme Téhéran, La Mecque et Kuala Lumpur. [...] Des cassettes (audio et désormais vidéo) répandent les sermons à travers les frontières internationales, de sorte que les prêcheurs influents touchent aujourd'hui un public qui va bien au-delà de leur communauté locale.* »

La progression de la conscience unitaire du monde musulman a multiplié les organisations internationales islamiques. Dès 1969, les dirigeants d'Arabie Saoudite, conjointement avec ceux du Pakistan, du Maroc, d'Iran, de Tunisie et de Turquie, ont organisé le premier sommet islamique de Rabat. Qui a donné naissance à l'Organisation de la conférence islamique (OCI), officiellement crée en 1972, avec Djedda pour siège. Tous les États à forte population musulmane appartiennent à l'OCI. D'autres organisations musulmanes sont apparues, comme le Congrès musulman mondial (crée par le Pakistan) et la Ligue mondiale musulmane (mise sur pied par les Saoudiens).

Les Occidentaux ne croient pas à l'unification, même relative, du monde arabo-musulman. Ils en veulent pour preuves ses divisions passées et actuelles, et le maintien en place des gouvernements que les islamistes prétendent renverser. Vingt-trois ans après la révolution iranienne, aucune révolution islamique n'a éclaté ailleurs. En Algérie, l'armée a mené une contre-offensive brutale contre l'islamisme, qu'elle a fait reculer. La guerre du Golfe en 1991 (où le facteur islamique n'avait pas pesé) a assuré aux États-Unis une suprématie militaire sans précédent au Moyen-Orient. Les islamistes, qui souhaitaient mettre en place une solution supranationale aux conflits de la région, semblent en être pour leurs frais.

Les années quatre-vingts furent marquées par la guerre Iran-Irak : contre un ennemi laïque et nationaliste, Saddam Hussein, l'Iran ne réussit pas à faire jouer la solidarité musulmane, notamment du fait qu'il est religieusement très minoritaire dans le monde arabo-musulman : il est chiite, alors que le sunnisme représente 90 % de l'islam. Le dictateur irakien eut le soutien moral des foules musulmanes, tandis que les grands mouvements islamistes du monde arabe sunnite, comme les Frères musulmans, restèrent neutres, puisque Saddam Hussein était à cette époque résolument laïcisant. Le clivage entre chiites et sunnites a repris de la vigueur, poussant le Pakistan au bord de la guerre civile en 1995.

L'Iran chiite, isolé dans l'islam sunnite, a mené une politique étrangère, par maints aspects, à la solidarité islamique : soutien aux Arméniens contre l'Azerbaïdjan, abandon des chiites d'Irak, d'Afghanistan et de Bahreïn face à la répression exercée contre eux (de 1991 à 1998), alliance avec la Syrie laïque, liens étroits avec la Russie à propos de la mer Caspienne, etc.

Certains mouvements islamistes ont semblé se transformer en mouvements islamo-nationalistes, reléguant au second plan les solidarités islamiques transnationales. Le Hamas a dressé le réquisitoire de Yasser Arafat non pas autour des valeurs de l'islam, mais de sa « *trahison* » des valeurs du peuple palestinien. Le Hezbollah libanais a cantonné la présentation de son combat au sud du pays à une lutte pour libérer le territoire national et il a reconnu la spécificité multiconfessionnelle du Liban pour élargir son audience aux chrétiens. Le Parti de la réforme au Yémen a contribué de façon décisive à la réunification du pays, allant à l'encontre des souhaits de son parrain saoudien.

La guerre du Golfe, en 1991, vit les divisions musulmanes portées au paroxysme, puisque l'attaque irakienne sur le Koweït rameuta contre lui une vaste coalition de pays musulmans fédérée par les États-Unis. Après la guerre du Golfe, le leader soudanais Hassan al-Turabi créa la Conférence arabe et islamique (CAIP) pour contrebalancer l'OCI dominée par les Saoudiens. Le CAIP connut rapidement un vif succès : dès sa troisième conférence, à Khartoum, début 1995, il rassemblait déjà plusieurs centaines de délégués d'organisations et de mouvements islamistes venus de quatre-vingts pays.

Face à toutes ces divisions, les Occidentaux concluent au caractère chimérique de l'idée d'unification du monde arabo-musulman fondée sur la *Oumma,* la communauté des musulmans. C'est méconnaître le fait que l'immersion des grands mouvements islamistes dans une forme de nationalisme laisse le champ libre à un radicalisme nouveau, sunnite, conservateur et supranational, dans son idéologie comme dans son recrutement.

Du butin pour les jeunes musulmans

Al-Qaida, le mouvement d'Oussama Ben Laden, est l'expression achevée de cette tendance. Son mot d'ordre, c'est le djihad, la guerre sainte. Sa cible : l'Occident, et au premier chef, les États-Unis. Al-Qaida est globale. Au lieu de se focaliser sur le conflit israélo-palestinien, Al-Qaida concentre ses efforts sur les djihads « périphériques », ceux d'Afghanistan, de Bosnie, de Tchétchénie, du Cachemire, des Philippines.

Vers ces djihads disséminés sur le pourtour extérieur de la terre d'Islam, Al-Qaida rameute les jeunes musulmans d'Europe, ceux des camps de réfugiés palestiniens, et de tous les pays musulmans. Tous ces jeunes ont un dénominateur commun : ils ne se reconnaissent pas dans les luttes nationales menées par leurs aînés, au Moyen-Orient ou ailleurs. Ils pensent la lutte en termes mondiaux. Ils mènent le combat de l'Islam contre l'Occident (et ses alliés). Ces jeunes sont les enfants de la mondialisation. Ils s'adaptent aisément aux modes d'activité transnationaux en vigueur dans les organisations terroristes islamiques comme Al-Qaida. Ils ont grandi avec l'antenne parabolique et le transport de masse : aussi voyagent-ils avec aisance. Ils vont de la banlieue parisienne aux camps d'entraînement d'Asie centrale, des beaux quartiers du Caire aux maquis du Cachemire ou dans les écoles de pilotage américaines.

Ces jeunes sont la relève de l'islam. Ils sont les vecteurs des nouvelles méthodes d'action, modernes et souples. Et de la nouvelle idéologie, transnationale, donc axée sur la *Oumma*.

Le fait qu'Al-Qaida mette l'accent sur le djihad est capital : celui-ci fournit à ces jeunes un objectif autrement galvanisant qu'une simple revendication nationaliste axée sur tel ou tel pays musulman, de nature à déboucher après la victoire, sur l'instauration de la charia (la loi islamique) dans le pays en question, généralement pauvre. Effectivement, les pays sous régime islamique (l'Iran, le Soudan, naguère l'Afghanistan des talibans) sont encombrés de difficultés économiques et sociales que l'instauration de la charia est impuissante à régler : ils sont une source de désillusion.

Le djihad contre l'Occident, c'est tout autre chose : c'est une immense promesse de butin. Et c'est, aux yeux de ses promoteurs, un habile stratagème pour éviter de s'empêtrer dans des dissensions internes à l'islam. Rien de tel que l'ivresse des conquêtes extérieures pour résoudre les conflits internes. La mise en œuvre de ce principe de dérivation centrifuge des énergies présida au lancement des croisades. Elle déclencha aussi bien d'autres guerres en différentes époques et différents lieux.

La révolution iranienne de 1979 a marqué le début de la première phase ascensionnelle de l'islamisme, qui sembla ensuite s'essoufler. Puis, l'émergence des organisations de type Al-Qaida a donné au radicalisme islamique son second souffle, celui qui le portera au pouvoir.

Ce radicalisme islamique a ses élites et ses masses de manœuvre, qui sont en croissance rapide. Il est en ordre de bataille. Un ordre souple, mobile, efficace.

Il a son idéologie : sus à l'Occident, pour redonner à la *Oumma* son unité et sa splendeur passées.

Le mouvement vers l'unité du monde musulman se dessine très nettement. La guerre d'Afghanistan a été un formidable creuset, d'où est sorti un réseau très étendu de groupes informels de vétérans ayant baroudé sur tous les fronts de la lutte intégriste : Algérie, Tchétchénie, Cachemire, Égypte, Tunisie, Bosnie, Palestine, Philippines et ailleurs.

Des groupes chiites et sunnites, surmontant leurs antagonismes religieux traditionnels, se sont rapprochés, sous le parrainage de la grande nation chiite du monde musulman : l'Iran. Ce dernier a institué une coopération militaire étroite avec le Pakistan. Et le Soudan, où les avions et navires iraniens font relâche. L'Iran et le Soudan unissent leurs efforts pour soutenir les groupes fondamentalistes, notamment en Algérie.

Le régime de Saddam Hussein s'est désenclavé. Celui-ci, après la guerre du Golfe, a remplacé dans ses discours les termes laïcisants du baasisme à l'irakienne par une rhétorique empruntée à l'intégrisme islamique. Dès 1994, le dictateur irakien a tissé des liens étroits avec le Soudanais Hassan al-Turabi. En même temps, il s'est rapproché de l'ennemi d'hier, l'Iran, ainsi que de la Syrie.

La Turquie, porte-étendard de l'islam

Le glorieux passé ottoman de la Turquie

Pour que le monde musulman parachève le processus unitaire déjà entamé, il lui reste à se doter d'un État phare. Les civilisations ont tendance à s'organiser autour d'un ou plusieurs États phares, comme le montre Samuel Huntington, qui exercent un effet d'aimantation sur les autres États appartenant à cette civilisation

« *(...) le concept de* Oumma, explique Huntington, *présuppose que l'État-nation n'est pas légitime, et pourtant la Oumma ne peut être unifiée que sous l'action d'au moins un État phare puissant qui fait actuellement défaut. L'idée de l'islam comme communauté politico-religieuse unifiée a signifié que les États phares se matérialisaient dans le passé seulement lorsque les suprématies religieuses et politiques (le califat et le sultanat) étaient combinées en une seule identité gouvernante. La conquête arabe rapide de l'Afrique du Nord et du Moyen-Orient au VIIe siècle a culminé dans le califat omeyyade qui avait pour capitale Damas. Il a été suivi au VIIIe siècle par le califat abbasside, basé à Damas et sous influence perse, et par les califats secondaires apparus au*

Caire et à Cordoue au Xe siècle. Quatre cents ans plus tard, les Turcs ottomans se sont étendus à travers le Moyen-Orient, prenant Constantinople en 1453 et établissant un nouveau califat en 1517. Presque en même temps, d'autres Turcs ont envahi l'Inde et formé l'Empire moghol. La montée en puissance de l'Occident a affaibli à la fois l'Empire ottoman et l'Empire moghol, et la fin du premier a laissé l'islam sans État phare. Ses territoires se sont retrouvés, en grande partie, divisés entre les puissances occidentales. Et lorsqu'elles se sont retirées, elles ont laissé derrière elles des États fragiles formés sur le modèle occidental étranger aux traditions de l'islam. Pendant la plus grande partie du XXe siècle, aucun pays musulman n'a été assez puissant et assez légitime culturellement et religieusement pour jouer le rôle de chef de file de l'islam et être accepté comme tel par les autres États islamiques et par les pays non islamiques. »

L'État phare doit être suffisamment surplombant pour se trouver à même d'exercer un effet d'aimantation puissant sur les autres États de la civilisation à laquelle il appartient, comme le précise Huntington :

« *Un État phare islamique doit posséder les ressources économiques, la puissance militaire, les compétences d'organisation et l'identité et l'engagement islamiques pour conférer à la* Oumma *une suprématie politique et religieuse.* »

La Turquie surplombe ses rivaux musulmans

Six États musulmans ambitionnent plus ou moins d'être les chefs de file de l'islam. Lequel d'entre eux est-il sur le point d'émerger comme État phare de l'islam, à la faveur de la crise économique et de la Troisième Guerre mondiale ?

L'Indonésie est le plus grand État musulman par la superficie : 1 904 400 kilomètres carrés. Son poids démographique est énorme (212,2 millions d'habitants). À ces deux avantages, s'ajoute celui d'un développement économique très rapide (PIB en 1999 : 141 milliards de $) qui s'inscrit dans la dynamique asiatique. Mais sa candidature à la fonction d'État phare de l'islam souffre d'un handicap rédhibitoire : elle est située à la périphérie de l'islam, très loin de ses centres arabes. En outre, sa culture et sa pratique de l'islam, très souple (quoiqu'en train de se radicaliser) résultent d'un cocktail plus ou moins syncrétique d'ingrédients indigènes, musulmans, hindous, chinois et même chrétiens : tout cela éloigne l'Indonésie du rigorisme islamique nécessaire au futur État phare musulman.

Aux antipodes géographiques de l'Indonésie, il est un pays qui, dans les années soixante, sous l'impulsion de son charismatique leader Gamal Abdel Nasser, ambitionna en vain le rôle d'État phare de l'islam : l'Égypte. Ses atouts sont ses 68,5 millions d'habitants et son emplacement central et stratégique au Moyen-Orient. Le Caire s'enorgueillit de la principale institution d'enseignement islamique, fondée en 970 par le califat fatimide : la vénérable université El-Azhar, très prestigieuse dans l'ensemble de l'islam. Mais l'Égypte pêche par sa faiblesse économique. Son PIB en 1999 était de 92,4 milliards de $, mais l'économie égyptienne est largement axée sur le tourisme, ce qui la rend dépendante de l'aide étasunienne (très importante) et des institutions internationales contrôlées par l'Occident, ainsi que des subsides accordés par les pays arabes producteurs de pétrole.

Contrairement à l'Égypte, l'Iran cumule tous les éléments de la puissance requis pour être un État phare islamique : la taille (1 650 000 kilomètres carrés), la population (67,7 millions d'habitants), la situation géographique centrale au sein de l'islam, les traditions historiques, les ressources pétrolières et le niveau de développement économique (PIB en 1999 : 101,1 milliards de $). Mais le handicap de l'Iran est à la mesure de sa puissance : il est chiite, alors que 90 % des musulmans sont sunnites. C'est rédhibitoire, d'autant que les relations entre les Iraniens et les Arabes ont toujours été antagonistes. Des tribus indo-européennes mèdes et perses, migrant de Russie méridionale et de Transcaucasie au cours du IIe millénaire avant J.C., colonisèrent les hauts plateaux iraniens. Iran vient de *Ayryānā Vaejo*, qui signifie « l'origine des Aryens ». Les Iraniens, envahis par les Arabes au VIIe siècle après J.C., ne cessèrent de revendiquer leur identité mède et perse. Leur langue, le persan, est loin derrière l'arabe en tant que langue de l'islam.

Le Pakistan, voisin de l'Iran, est un poids lourd, avec ses 803 000 kilomètres carrés, ses 156,5 millions d'habitants, et sa puissance militaire conventionnelle et nucléaire. Il détient une légitimité religieuse, par son prosélytisme islamique très agressif et ses efforts pour développer la coopération entre États musulmans. Mais c'est un pays assez pauvre (PIB en 1999 : 59,9 milliards de $), et travaillé par des divisions ethniques débouchant sur des tentations irrédentistes. Autre empêchement : le Pakistan est avant tout centré sur ses relations très tendues avec l'Inde, de nature à déboucher sur un affrontement nucléaire entre les deux pays.

Le berceau de l'islam qu'est l'Arabie Saoudite pourrait-il retrouver sa position initiale de leadership ? La présence des lieux saints de l'islam sur son sol lui confère un grand prestige religieux, conforté par le rigorisme wahhabite entretenu par la dynastie régnante. Sa langue est celle de l'islam. Elle détient 30 % des réserves mondiales de pétrole, ce qui fait d'elle une puissance financière. Elle fait pleuvoir des milliards de dollars sur les musulmans dans le monde entier, finançant la construction de milliers de mosquées et d'écoles coraniques, versant de plantureux subsides non seulement aux partis politiques et organisations islamistes, mais aussi aux mouvements terroristes, si sanguinaires soient-ils. Néanmoins, l'Arabie Saoudite ne sera pas l'État phare de l'islam. À cause de sa population relativement limitée (21,6 millions d'habitants) et de la vulnérabilité de son territoire désertique, sans autonomie alimentaire, et difficile à défendre.

Il reste un candidat au rôle d'État phare de l'islam, la Turquie. Celle-ci est auréolée d'un passé historique prestigieux, celui de l'Empire ottoman, qui assuma le rôle d'État phare de l'islam pendant des siècles. La population turque (66,6 millions d'habitants) a tout-à-fait l'effectif requis. La superficie de son territoire (qui occupe un emplacement stratégique) est satisfaisante (780 000 kilomètres carrés). Son niveau économique aussi, avec un PIB de 188,4 milliards de $ en 1999. La Turquie fait preuve d'une forte cohésion nationale, malgré un irrédentisme pugnace au Kurdistan turc, occupé par l'armée depuis le coup d'État de 1980. Ses traditions et ses compétences militaires multiséculaires plaident aussi pour elle au plus haut point.

Cependant, la candidature turque au rôle d'État phare de l'islam est, pour l'instant, grevée par un handicap : elle est un État laïque.

Parce que Mustapha Kémal en décida ainsi, en 1923, en fondant la République turque, premier « *État laïc musulman* ». Trois ans plus tard, Mustapha Kémal promulgua un code civil laïc se substituant à la charia. L'armée se vit échoir le rôle clé de défendre la laïcité turque contre toute tentative de retour du religieux au pouvoir. Ce qu'elle n'a cessé de faire avec détermination, sélectionnant avec soin les élèves officiers, et matant les tentatives de rébellion.

Le contexte de l'époque motivait les choix de Mustapha Kémal. L'Empire ottoman, au XIXe siècle et au début du XXe siècle, était surnommé « *l'homme malade de l'Europe* » : incapable de moderniser son économie et son armée, il s'enfonçait dans la banqueroute, accumulait les défaites militaires et se voyait amputer, de proche en proche, de ses possessions territoriales par les puissances européennes et la Russie. L'obscurantisme religieux portait une lourde responsabilité dans cette inaptitude à la modernité, en jetant un discrédit moral et spirituel sur les sciences et techniques européennes. Et les hommes de religion démontraient sans cesse leur incapacité à réformer l'islam de l'intérieur, afin de l'adapter aux nécessités de la modernité. C'est pourquoi Mustapha Kémal donna un violent coup de barre en direction de la laïcité, décidé à projeter la Turquie dans la modernité en contournant la religion et son clergé.

Cette politique laïcisante a engagé efficacement la Turquie dans la voie de la modernité. Elle a été reconduite par les successeurs de Mustapha Kémal. Mais elle a placé le pays en porte-à-faux entre l'islam et l'Europe. Et l'a empêché de récupérer son rôle d'État phare de l'islam au sortir de la Première Guerre mondiale.

Le kémalisme, imposant à la Turquie non seulement la modernité mais aussi les valeurs de la civilisation occidentale, notamment celles de la laïcité, en a fait un pays « déchiré » entre deux systèmes de valeurs. Comme la Russie, elle-même « déchirée » entre les valeurs slaves et européennes.

La laïcité turque a vécu

La disqualification turque au rôle d'État phare de l'Islam pour cause de laïcité est-elle irrémédiable ? Non. La laïcité turque est moribonde. Elle a commencé à se vider de son sens dès les années 1970-1980, lorsqu'un renouveau islamique turque s'est fait jour. Des élites techniciennes, à cette époque-là, se sont détournées du dogme kémaliste de la laïcité présenté comme une condition *sine qua non* du développement économique et social du pays, et firent l'apologie d'une culture islamique désormais réconciliée avec la modernité. Ces élites ont renoué de la sorte avec la ferveur islamique de jadis. Celle-ci était d'ailleurs restée, tout au long du XXe siècle, enracinée dans de vastes pans de la société turque qui vivaient à l'écart des cercles d'officiers laïcisants et des milieux intellectuels sécularisés, notamment dans les campagnes et en Anatolie : ces régions avaient été en quelque sorte le conservatoire d'un islam traditionnel.

Ce mouvement de réislamisation de la société turque a pris rapidement de l'ampleur, influençant l'échiquier électoral turc. Si bien que, dès 1983, le Premier ministre Turgut Ozal entreprit de courtiser un électorat en pleine croissance qui prônait la primauté de la religion sur la société, telle qu'elle s'exerçait aux temps anciens de l'Empire ottoman.

La misère, qui touchait 65 % de la population en 1995, fit émerger le Parti du bien-être (Refah Partisi, RP), mouvement islamiste prompt à s'assurer l'appui des masses par un travail intensif d'action sociale. En 1996, le *Refah* entra dans la coalition gouvernementale.

Les prises de position du Refah bousculèrent les dogmes kémalistes. Par exemple, celle selon laquelle l'islam moderne peut établir un « *ordre juste* » en distinguant les « *musulmans* » des « *autres* ». Les « *autres* » visés en l'occurrence étant les Alévis chiites, progressistes et laïcs. De même, le Refah prônait la distinction des hommes et des femmes, etc. C'est-à-dire le rétablissement de la charia.

Le Refah catalysa dans l'opinion publique un mouvement de contestation de la candidature de la Turquie à l'entrée dans l'Union européenne. Et de la politique d'alliance avec Israël. Il galvanisa l'opinion en faveur des musulmans de Bosnie et du Kosovo.

Le Refah finit tout de même par lasser la patience du pouvoir, notamment par ses manifestations répétées contre l'interdiction du port du voile dans les établissements scolaires. Il fut dissout en janvier 1998.

Qu'à cela ne tienne ! Il a été remplacé par le Parti de la Vertu (Fasilet Partisi, FP), que le président Demirel menaça d'interdiction en cas de victoire électorale.

Le marasme économique turc grandissant des années quatre-vingt-dix a accéléré une réislamisation de la société turque, magistralement orchestrée par le Fasilet. Celui-ci est très actif dans les quartiers misérables des grandes villes, où il apporte aide matérielle et morale.

Comment le Fasilet parvient-il à financer ses activités politiques, caritatives et prosélytes ?

En grande partie, grâce aux fonds récoltés auprès de l'immigration turque d'Allemagne et des autres pays d'Europe occidentale. C'est le Milli Gorus, une structure extérieure du Fasilet implantée au sein de la diaspora turque, qui se charge d'encadrer étroitement celle-ci, et de prélever les cotisations.

Le Fasilet est ainsi devenu une locomotive de la vie politique et sociale turque. Résultat : les barbes, jusque-là interdites en Turquie, fleurissent à nouveau, comme sous le califat ottoman. Les voiles islamiques et les *keffiehs* aussi. La société turque se réislamise à une vitesse stupéfiante. Comme en témoignent également la diffusion torrentielle, depuis une dizaine d'années, de livres, disques, vidéocassettes, séries télévisées, films, glorifiant l'Empire ottoman et louant Mahomet.

Dans *Guerres contre l'Europe* (éditions des Syrtes), ouvrage de référence, le géopoliticien français Alexandre Del Valle donne la mesure de la réislamisation de la société turque : « *En 1993, on comptait déjà 296 maisons d'éditions et de sociétés de presse, 300 publications dont quatre quotidiens, plusieurs centaines de radios libres musulmanes et de presses confessionnelles, ainsi qu'une trentaine de chaînes de télévisions libres propageant l'idéologie islamiste.* »

Depuis 1985, les gouvernements turcs ont épousé le mouvement pour conserver une légitimité politique. Cela s'est traduit par une série de mesures : octroi à la Direction générale des affaires religieuses (*Diyanet*) d'un somptueux budget, supérieur à celui d'autres ministères ; introduction de l'instruction religieuse dans les écoles publiques ; aides de l'État aux écoles islamiques, dont le nombre a été multiplié par cinq depuis 1985, et qui assurent la formation de 15 % des élèves de l'enseignement secondaire ; tolérance du port du voile en dehors des établissements publics.

Cette irrésistible ascension du fondamentalisme islamique en Turquie se traduisit par un raz-de-marée électoral en faveur du Fasilet Partisi aux élections municipales de 1994 : les candidats islamistes décrochèrent 17 grandes mairies, dont celles d'Istanbul et d'Ankara.

Les élections législatives anticipées de décembre 1995 furent à nouveau un succès pour l'islamisme, dont les couleurs étaient défendues cette fois-ci par le Refah Partisi : 25 % des voix pour le Refah, devant le Parti de la mère patrie (ANAP, conservateur) de Mesut Yilmaz (19,67 %) et le Parti de la juste voie (DYP, conservateur) de Tansu Ciller (19,21 %). Ces législatives portèrent, en juin 1996, l'islamiste Necmettin Erbakan à la tête du gouvernement de coalition.

Les militaires turcs ne restèrent pas passifs devant cette victoire électorale des islamistes. En 1997-1998, ils luttèrent énergiquement contre la « *réaction religieuse* ». Ils firent interdire le Refah en janvier 1998. Le 28 février 1997, un coup d'État larvé mené par l'état-major de l'armée au travers d'un organisme politique mis en place par lui, et auquel il transmet des « *recommandations* », le Conseil de sécurité national (MGK), conduisit à la démission du gouvernement islamiste de Necmettin Erkaban.

Les islamistes turcs ne se démontèrent pas pour autant. Le Fasilet (Parti de la vertu) se constitua pour remplacer le Refah, avec les mêmes cadres et sous le contrôle de l'ancien patron du Refah, Necmettin Erbakan, bien que celui-ci fût interdit de vie politique.

En janvier 2000, des affrontements eurent lieu entre islamistes radicaux et forces de l'ordre à Istanbul et Van. La répression fut relancée le mois suivant par la découverte des corps de 56 civils suppliciés par le Hezbollah (parti islamiste clandestin).

En avril 2000, plus de 200 enseignantes furent licenciées pour port du voile islamique.

Le 22 juin 2001, la Cour constitutionnelle ordonna la dissolution du Fasilet et la confiscation de ses biens. l'AKP (Parti de la justice et du développement), dirigé par le leader islamiste Recep Tayyip Erdogan, lui a succédé. Quoique hostile à la laïcité et à la modernité, ce parti islamiste se dit modéré. Il applique ainsi le principe du « *takiyyé* », inscrit dans l'islam traditionnel : lorsque la situation n'est pas mûre pour agir ouvertement aux fins d'installer la charia, le musulman doit masquer ses intentions par une attitude souple.

L'AKP connaît actuellement une poussée, attestée par les différents sondages concernant les élections du 3 novembre prochain : ils le donnent comme le premier parti, avec 20 % des votes ou même un peu plus. Le système électoral turc prévoit qu'une formation ayant moins de 10 % des suffrages ne peut obtenir de sièges au parlement. De nombreux partis seront au dessous de ce seuil en novembre. Résultat : avec 20 % ou 25 % des votes, l'AKP gagnera bien plus que 20 % ou 25 % des sièges. Ce parti islamiste pourrait ainsi disposer d'une majorité au parlement et devenir maître du destin de la Turquie.

On verrait alors Recep Tayyip Erdogan, dont toute la famille porte le foulard, et qui salue à l'islamique (en portant les mains à ses oreilles et avant de les croiser sur la poitrine) gouverner la Turquie en sous-main, car il est inéligible

Il est décidément bien loin, le kémalisme laïcisant...

L'armée, qui multiplie les purges en son sein, mène un combat d'arrière-garde contre cet intégrisme islamiste en plein essor, qui séduit de plus en plus les jeunes officiers et soldats.

La Turquie s'identifie au monde musulman, et non plus à l'Occident. Le fondamentalisme islamique est favorisé par la crise économique et les tensions internationales. Dans ce contexte, si l'armée tente un coup d'État contre un gouvernement islamiste sorti des urnes, cela débouchera à plus ou moins court terme sur une guerre civile, où les intégristes auront le dessus. D'une manière ou d'une autre, par les urnes ou la révolution, les intégristes islamiques turcs ont vocation à prendre le pouvoir à Ankara.

La Turquie réunira alors toutes les conditions pour être l'État phare du monde musulman. État phare, la Turquie le sera d'autant plus aisément qu'elle a des liens historiques avec les musulmans d'Afrique du Nord, du Moyen-Orient, des Balkans et d'Asie centrale, qui tous appartinrent à l'Empire ottoman. Les turcophones des Balkans et d'Asie centrale se sentent très intimement reliés à la Turquie. Qui entraînera facilement dans son sillage les peuples ouralo-altaïques d'Asie centrale, de langue turque, animés par un esprit panturc ou panouranien dû à une commune origine ethnique : le peuplement du territoire turc a largement été assuré par les invasions turco-mongoles à partir du XIe siècle. Celles-ci submergèrent les populations locales installées depuis l'antiquité, comme les Grecs d'Asie mineure.

Ainsi, la Turquie, ce n'est pas seulement 60 millions de Turcs, c'est 200 millions de turco-mongols qu'elle fédérera aisément. Des Balkans à l'Asie, ces peuples se regrouperont autour de la Turquie, porte-étendard de l'islam.

Les islamistes turcs déploient également une propagande panturque auprès des musulmans de Crimée, de la Volga et de Sibérie. Ils ambitionnent même de reconquérir l'ensemble de la Russie. Celle-ci subit pendant trois siècles le joug des musulmans. L'incendie de Moscou en 1382 par les Tatars de la Horde d'or qui avaient écrasé les Russes, est resté gravé dans la mémoires de ces derniers. Ce fut Ivan IV, dit « le Terrible », qui libéra la Russie, par la victoire de Kazan sur les « Tartares » en 1552. Les intégristes ne digèrent pas cette déroute pourtant très ancienne. Ils estiment que la Russie doit retomber sous influence musulmane le plus rapidement possible.

Un Grand Calife turc

Le prestige historique de la Turquie la désigne pour le rôle de leader de l'Islam. L'empereur ottoman Soliman le Magnifique est dans toutes les mémoires musulmanes. Son long règne (1520-1566) marqua l'apogée de la puissance turque et de la civilisation ottomane. Soliman était un esprit fort brillant : il maîtrisait l'arabe pour la religion, le persan pour les belles lettres, dont il était très féru, et le turc pour l'administration. C'était aussi un stratège militaire de grand talent : il prit Belgrade, Rhodes et la Hongrie en 1526. Combattant ses ennemis héréditaires, les Habsbourg, il fit le siège de Vienne en 1529 : il ne réussit pas à prendre la ville, mais il fit trembler l'Europe. Il enleva Tunis aux Espagnols en 1534, et Aden aux Yéménites en 1538.

L'empire Ottoman ne cessa pas de menacer l'Europe pendant des siècles. Les Turcs firent une seconde fois le siège de Vienne en 1683. Ce fut à nouveau un échec, mais pour l'Europe l'alerte fut chaude une fois de plus.

À partir du XVIe siècle, les Ottomans turcs dominèrent le plus important État musulman du monde, qui perdura jusqu'au premier quart du XXe siècle. Mais, au XIXe siècle, l'Empire ottoman, souffrit du refus sclérosant de la modernité imposé par les oulémas, hostiles à l'importation des sciences et des techniques européennes. Ainsi fragilisé, il naufragea sous les coups du colonialisme européen et de l'expansionnisme russe vers les mers chaudes.

Aujourd'hui, la vocation impériale turque renaît sous l'impact de l'intégrisme islamiste. La Turquie y puise un carburant hautement énergétique pour elle-même, les peuples turcophones et même le reste du monde arabo-musulman. Le rôle politique et militaire historique des Turcs, guerriers de la foi et soutien de l'islam sunnite orthodoxe, est mis en avant par les intégristes. Un rôle reconnu dès 1055, lorsque le calife abbasside conféra pour la première fois le titre de sultan (détenteur de l'autorité politique) au Grand Seldjoukide Toghroul. L'hégémonie dynastique turque s'étendit progressivement des Balkans au Turkestan. Le Maroc, le centre et le sud de la péninsule arabique, et l'Afghanistan, furent les seuls, ou presque, à échapper à ce phénomène historique.

La Turquie, qui a vocation à fédérer autour d'elle les peuples turcophones, sera un môle de puissance au sein du monde arabo-musulman. Elle en aimantera ainsi aisément la partie restante, notamment au Proche-Orient et au Maghreb. Les États intégristes de ces régions s'inféoderont eux aussi tout naturellement à ce nouvel Empire ottoman.

Les musulmans d'Asie du Sud et du Sud-Est (Pakistan, Indonésie Malaisie), géographiquement décentrés, suivront le mouvement d'un peu plus loin. Le nouvel Empire ottoman trouvera des modus vivendi souples avec les États musulmans devenus intégristes, comme il avait l'habitude de le faire du temps de sa splendeur. La structure impériale n'est pas celle, centralisatrice et niveleuse, de l'État-nation. Elle tolère les particularismes locaux. Le ciment, c'est l'esprit musulman de la communauté religieuse (*Oumma*).

Un leader turc charismatique pourrait fort bien émerger de la vague islamiste. Ce personnage hors du commun serait alors le Grand Calife dont a besoin le renouveau de l'islam. Il incarnerait à la fois le religieux et le politique, le guide spirituel et l'homme d'État, le calife et le sultan, à l'instar des compagnons du Prophète. Le prestige et le pouvoir de ce leader charismatique, adossés à la religion et non plus à la laïcité (contrairement à un Nasser par exemple), seraient incommensurables. Il serait la figure de proue de l'ensemble du monde musulman, qu'il serait en mesure de lancer, ou de relancer, à l'assaut de l'Occident.

Cette hypothèse peut sembler irréaliste. Mais l'alchimie de l'histoire fait soudainement surgir de l'anonymat des personnages d'exception lors des périodes d'exception. Les réminiscences historiques nourrissent les acteurs de l'histoire en train de se faire. Le Grand Califat est dans tous les esprits musulmans occupés de militantisme islamiste. Et les foules de la *oumma*, la communauté musulmane, aspireront de plus en plus à la réalisation de ce rêve exaltant qui leur est d'ores et déjà proposé par les réseaux intégristes. Réalisation que les États-nation arabo-musulmans n'entraveront pas : placés entre les tribus qui constituent la base, et la communauté religieuse (*oumma*) qui englobe tous les musulmans, leur statut est fragile, contrairement à celui de leurs homologues occidentaux. Une fois aux mains des intégristes islamistes, les États-nation musulmans (tout au moins la majorité d'entre eux) se regrouperont autour de l'État phare de la civilisation musulmane, la Turquie. Et sous l'autorité religieuse et politique du Grand Calife turc.

LE CONFLIT INTER-ÉTATIQUE OCCIDENT-ISLAM

Chapitre I

La toute-puissance du futur terrorisme islamiste d'État

Les États arabo-musulmans, une fois devenus intégristes, décupleront l'efficacité du terrorisme en mettant à sa disposition leurs services secrets et leurs arsenaux d'armes de destruction massive. Face au terrorisme d'État islamique et à ses kamikazes, la lutte antiterroriste menée par l'Occident sera vaine. Il sera menacé d'implosion.

UN TERRORISME D'UNE EFFICACITÉ SANS PRÉCÉDENT

La hantise des services secrets occidentaux

Au fur et à mesure qu'ils se saisiront des commandes des États arabo-musulmans, les intégristes les utiliseront pour développer des actions terroristes dans le *dar el-Harb*, le territoire infidèle. Cible prioritaire : l'Occident.

Les intégristes disposeront des laboratoires chimiques et bactériologiques mis sur pied et développés depuis de nombreuses années par les États arabo-musulmans tels que l'Algérie, la Syrie, le Pakistan, l'Iran. Et ils auront à leur disposition les services de renseignements de ces États.

Ainsi, les professionnels du renseignement piloteront méthodiquement les activités des terroristes islamistes. Comme le fait depuis plusieurs années l'Inter Service Intelligence (ISI), le service de renseignement pakistanais, avec les terroristes opérant au Cachemire contre les Indiens. Cet adossement du terrorisme islamiste à des appareils d'État, décuplera son efficacité. Ce système se mettra en place dans l'ensemble du monde arabo-musulman.

Terreur dans les ports

Le problème de la surveillance des ports fait cauchemarder les services de sécurité américains : ils craignent que les intégristes islamistes n'acheminent vers l'un des ports des États-Unis, par conteneur, une bombe nucléaire ou biochimique, que ces derniers feraient exploser une fois celle-ci arrivée à destination.

Pour empêcher cela, il faudrait connaître l'origine, le contenu et la provenance de tous les conteneurs qui entrent aux États-Unis. Tâche immense : 214 000 navires porte-conteneurs font escale chaque année sur les côtes américaines. Ils y déchargent 5,7 millions de conteneurs de 11 à 22 tonnes venus du monde entier. Comment les contrôler tous ?

Pour tenter d'y parvenir, les Américains mettent en place des standards renforcés de sécurité : scanners géants, réseaux informatiques sophistiqués, infrastructures adaptées, personnels qualifiés. Et ils ont demandé à une vingtaine de ports internationaux, représentant 80 % du trafic des conteneurs vers les États-Unis d'appliquer les mêmes règles de sécurité qu'eux. Des ports tels que ceux de Rotterdam, du Havre, d'Algésiras, de Felixtowe (Grande-Bretagne), de Hongkong, ont d'ores et déjà adopté les standards renforcés de sécurité mis au point par les Américains. D'autres ports suivront, sous l'aiguillon de la concurrence.

Mais pas tous, loin de là : cette sécurité renforcée est extrêmement coûteuse. Le plan de sécurité maritime que les Américains mettent en place est évalué à deux milliards de dollars. Ils comptent assurer le financement de ces dépenses par la mise en place d'une taxe générale sur les hommes et les marchandises.

En Europe, la sécurité coûterait entre 80 et 100 euros par conteneur. Les besoins en équipements des ports européens sont énormes. Par exemple, le Havre demande trois ou quatre scanners Sycoscan mobiles valant chacun 4,5 millions d'euros. Les Quinze devront se mettre d'accord pour financer cette sécurité maritime renforcée : cela se fera-t-il par taxe (suivant l'exemple américain), ou subventions ? Une absence d'harmonisation dans le mode de financement introduirait des distorsions de concurrence entre les ports européens.

Le renforcement de la sécurité maritime ne se limitera pas aux porte-conteneurs. L'Organisation maritime internationale compte faire adopter en décembre prochain une nouvelle charte mondiale de la sécurité, qui dépassera le trafic marchand : elle concernera aussi les grands paquebots, qui sont des cibles potentielles de première importance pour les terroristes.

La sécurité maritime renforcée est un dispositif dont la mise en place est compliquée et le coût exorbitant. Au fur et à mesure que les économies occidentales s'enfonceront dans la crise, elles auront des difficultés croissantes à assurer le financement de ce type de mesures.

La fiabilité du dispositif de sécurité maritime renforcée est-elle totale ? Le volume du trafic commercial international rend impossible une totale étanchéité du dispositif. Des armes de destruction massive passeront forcément à travers les mailles du filet, à la faveur de défaillances techniques ou humaines.

Une action terroriste réussie, de type chimique, bactériologique ou nucléaire, dans un port occidental de première importance comme New York ou Rotterdam, ou même de deuxième rang comme Marseille ou Gênes, entraînerait une psychose généralisée. Celle-ci plomberait un commerce international déjà fortement diminué par la crise économique, qui s'en trouverait aggravée.

Avions de ligne abattus au missile portable

Les aéroports restent des passoires, comme l'a récemment démontré une équipe de journalistes espagnols qui en ont testé quelques uns en Europe : dans plusieurs d'entre eux, ils ont réussi à embarquer avec des cutters ou des fourchettes dans leurs bagages à main sans se faire remarquer.

Quant aux soutes des avions, il est difficile de les sécuriser totalement, eu égard à la quantité de valises embarquées. Le recrutement du personnel au sol, qui assure le chargement des bagages et le remplissage des réservoirs de kérosène, ne présente pas toujours les garanties de sécurité nécessaires, loin de là. C'est le cas dans les aéroports occidentaux, et plus encore dans certains aéroports du tiers-monde où les avions font escale. Pour des réseaux terroristes, infiltrer ces personnels au sol pour déposer des explosifs dans les appareils ne représente pas un tour de force. En outre, la surveillance nocturne des avions stationnés sur les parkings laisse souvent à désirer.

Les menaces pesant sur les avions de ligne ne viennent pas seulement des passagers susceptibles de tromper les dispositifs de sécurité au sol, ou bien des personnels d'entretien et de maintenance. Le danger surgira de l'extérieur des aéroports, sous la forme de tirs de missiles.

Le 19 août dernier, les troupes fédérales russes connurent le pire crash aérien de leur histoire : un hélicoptère géant Mi-26 fut abattu par un missile alors qu'il faisait son approche de la base de Khankala, non loin de Grozny. Le Mi-26 est prévu pour emporter 80 hommes, mais celui-ci en convoyait le double, équipement compris. Résultat : 119 morts. Plus que le désastre du *Koursk*.

Quel type de missile a causé cette catastrophe ? Un missile portable Strela, de fabrication russe, équipé d'un détecteur à infrarouge. Il fut peut-être vendu aux Tchétchènes par des militaires russes corrompus. C'est encore un missile portable Strela qui, moins de quinze jours plus tard, abattit un Mi-24 de l'armée russe, à une centaine de kilomètres au sud-est de Grozny.

Les missiles portables antiaériens sont meurtriers. Lors de la guerre russo-afghane des années quatre-vingts, les moudjahidines firent des hécatombes d'hélicoptères et de chasseurs-bombardiers soviétiques au moyen des missiles Stinger que les Américains leur livraient en grande quantité. Et qui reprirent du service aux mains des troupes islamistes luttant au Cachemire contre l'armée indienne, lui occasionnant des pertes sévères en hélicoptères et en avions.

D'autre part, l'Iran et le Pakistan, la Corée du Nord, et leur grande alliée, la Chine, fabriquent (ou sont à même de fabriquer) des lance-missiles sol-air portables équipés d'un guidage infrarouge. Même si les performances de ces engins sont très inférieures à celles des produits high-tech des industries d'armement occidentales, elles sont largement suffisantes pour abattre des avions civils en phase d'atterrissage ou de décollage

Les services secrets d'États arabo-musulmans intégristes achemineront ces engins, en pièces détachées, jusqu'à de jeunes fanatiques des banlieues occidentales. Pour abattre un avion de ligne, ces missiles portables de courte ou moyenne portée, d'un usage aisé, sont une arme toute désignée. Ils sont transportables dans le coffre d'une voiture. La nuit tombée (pour plus de discrétion), le terroriste roulera jusqu'à un endroit désert, dans une forêt, un taillis, un champ situé à quelques kilomètres dans l'axe d'une piste. De là, il tirera en direction d'un avion de ligne volant à moins de trois mille mètres d'altitude, avant atterrissage ou après décollage. Le missile filera de lui-même vers la source de chaleur constituée par les réacteurs. Après avoir abattu sa cible, le terroriste remisera son lance-missiles dans le coffre de son véhicule, et quittera les lieux avant que les forces de sécurité ne les investissent.

Installer une surveillance autour des aéroports, pour fouiller systématiquement les véhicules afin de sécuriser une aire d'un rayon de vingt kilomètres mobilisera d'importants effectifs pour un résultat incertain. En outre, il faudra sans doute militariser le transport aérien civil, par exemple en équipant les avions de leurres antimissiles.

Pour les avions cargos, cela pourra être assez efficace, à condition de trouver suffisamment d'équipages prêts à poursuivre l'exercice de leur métier dans des conditions aussi particulières. Mais les voyageurs, eux, se détourneront du transport aérien. Là encore, les économies occidentales, déjà affaiblies par la crise, subiront un coup fatal.

Bombes sales dans les villes

Les terroristes dissémineront dans les villes occidentales des matières radioactives, qui émettent des rayons ionisants nocifs pour la santé. Les passants seront irradiés sans s'en rendre compte. Ces matières pourront être dispersées par l'explosion d'un détonateur classique, répandant un nuage de poussière radioactive sur la ville : c'est la « bombe sale ». L'effet de panique sera total, si l'on en juge par la psychose qu'inspire déjà, en temps normal, tout ce qui a trait à la radioactivité.

Les matières radioactives sont présentes dans divers secteurs d'activé. Le cobalt 60 est utilisé dans les services hospitaliers de médecine nucléaire, mais aussi dans les installations agro-alimentaires pour aseptiser des aliments.

Le trafic des matières radioactives s'est développé, notamment depuis la chute de l'Empire soviétique. Elles sont quelque fois laissées à l'abandon. À 15 kilomètres au nord de Grozny sont entreposées des centaines de tonnes de déchets nucléaires datant des années soixante-dix. L'endroit fut bombardé pendant la première guerre de Tchétchénie.

Ces matières radioactives sont facilement accessibles aux terroristes. Ainsi, en janvier 1998, la police tchétchène découvrait dans une carrière désaffectée située à quelques kilomètres de l'ancienne base militaire russe de Khankala, près de Grozny, un vieux bidon renfermant une importante source de radiations. Ce n'était pas la première fois que la police tchétchène faisait ce genre de découverte. Les autorités tchétchènes demandèrent alors à Moscou d'envoyer des combinaisons antiradiations ainsi que des appareils de mesure de la radioactivité, qui font défaut en Tchétchénie.

Fait plus grave encore : le 29 décembre 1998, un conteneur émettant une forte radioactivité et auquel était attaché une bombe était découvert à Argoun, à 15 kilomètres à l'est de Grozny. L'engin était placé près d'une voie de chemin de fer. Après plusieurs heures d'efforts, les démineurs et spécialistes réussirent à désamorcer la bombe.

L'explosion de bombes sales dans les grandes villes occidentales provoquera un effet de psychose qui désorganisera la vie économique. Même en ne répandant que de faibles doses de radioactivité, dont l'effet à long sur la santé n'est, il est vrai, pas encore bien connu.

Il faudra placer partout des compteurs de particules, afin de détecter le plus vite possible toute source anormale de radioactivité. Mais il sera impossible d'instaurer une sécurité absolue.

Attaques surprises de centrales nucléaires

Des commandos kamikazes tenteront d'attaquer des centrales nucléaires par surprise, au cœur de la nuit, pour en prendre le contrôle et provoquer un nouveau Tchernobyl, en actionnant les commandes des réacteurs nucléaires à cet effet.

Les alentours des centrales doivent être sécurisés par des commandos. L'identification des personnels qui pénètrent et ressortent quotidiennement de ces établissements mérite également une extrême vigilance. Un examen approfondi de la sécurité des centrales dans divers pays révélerait certainement d'inquiétantes failles.

Un sabotage de centrale nucléaire réussi par des terroristes islamistes aurait des conséquences équivalantes à celles de Tchernobyl, ou bien pires. La désorganisation économique qui s'ensuivrait serait fatale.

Mini-bombes atomiques et autres procédés

Les terroristes emploieront des mini-bombes atomiques transportables dans une valise. Ces engins existent, ils sont de fabrication russe. Ils ont été disséminés en terre d'Islam par les filières mafieuses et à la faveur de la corruption qui règne en Russie.

Bien d'autres possibilités s'offriront aux terroristes, telles que le déversement d'agents microbiens résistant aux faibles doses de chlore, dans les canalisations d'eau des grandes villes, facilement accessibles. Ou bien la dispersion de gaz toxiques dans les lieux à forte densité de population, comme le fit la secte Aoun avec du gaz sarin dans le métro de Tokyo, en 1995.

Des explosifs classiques peuvent être redoutables. Un pain de TNT, explosant aux heures d'affluence dans l'un des tunnels du métro parisien passant sous la Seine, inonderait une partie du réseau, faisant des milliers de victimes.

Multiplier les déraillements de trains à grande vitesse tels que le TGV en déposant des matériaux sur la voie est également facile.

Les moyens terroristes de désorganiser la vie économique et sociale occidentale fourmillent. Il n'y a pas lieu d'évoquer ici certains d'entre eux : ils sont d'une facilité qui les met à la portée de n'importe qui.

Les déboires de la lutte anti-terroriste

Le kamikaze : une arme absolue

Les kamikazes confèrent au terrorisme islamique une efficacité sans précédent. Leur acceptation de la mort démultiplie leurs possibilités de tuer. Il est un exemple historique qui illustre *a contrario* l'efficacité de l'esprit kamikaze : c'est celui de la tentative d'assassinat perpétrée contre Hitler par le colonel-comte Claus von Stauffenberg le 20 juillet 1944. Il avait pris contact avec la conjuration militaire visant à écarter du pouvoir Hitler et les nazis. Lui-même était fermement décidé à aller jusqu'au meurtre.

Lors d'une réunion d'état-major au QG de Hitler à Rastenburg, Stauffenberg déposa une sacoche contenant une bombe près du *Führer* qui se tenait debout face à une table garnie de cartes. Puis il quitta les lieux et entendit l'explosion. Il en conclut que Hitler était mort et regagna Berlin où se déclencha le putsch.

Hitler avait échappé de justesse à la mort, parceque l'un des participants à la réunion avait déplacé fortuitement la sacoche, sans se douter qu'elle contenait une bombe. Quand l'engin explosa, il tua plusieurs personnes mais pas Hitler : il ne fut que légèrement blessé. Aussitôt, s'abattit une implacable répression qui fit échouer le putsch, envoya Stauffenberg (et d'autres conjurés) à cette mort qu'il avait voulu éviter et alourdit l'emprise du régime nazi sur une Allemagne exsangue. La tentative de Stauffenberg a été contreproductive. Là où il a échoué, n'importe quel kamikaze islamique aurait réussi, tout simplement en ne quittant pas Hitler d'une semelle jusqu'à ce que la bombe explose.

Stauffenberg n'était pas un lâche : ce valeureux officier avait été blessé et amputé d'une main lors de la campagne de Tunisie en 1943. Mais il n'était pas suicidaire. Cela a fait toute la différence entre le succès et l'échec.

L'esprit kamikaze démultiplie l'efficacité de l'action terroriste. L'intégrisme islamique en est grand pourvoyeur. Il puise à volonté dans la jeunesse. L'Islam est à son apogée démographique : selon les Nations Unies, à partir de 1980, le pourcentage des 15-24 ans dans la population totale s'est établi à 20 %. Ce pourcentage se maintiendra jusqu'en 2005, pour descendre à 18 % en 2020. L'Islam ne sera pas avare en vie humaines.

Le terrorisme islamiste, en combinant l'emploi systématique de jeunes kamikazes et la puissance des appareils d'État, atteindra un niveau d'efficacité sans précédent. Ce terrorisme s'appliquera à une société occidentale ayant atteint, elle, un niveau de complexité également sans précédent, qui fait d'elle un géant de porcelaine. La capacité de l'Occident à encaisser les chocs terroristes est limitée. D'autant que sa démographie est aussi déprimée que celle de l'Islam est florissante.

L'Occident essaiera de venir à bout du terrorisme par la lutte antiterroriste. Ce combat-là est perdu d'avance. Quels que soient les moyens mis en place, ils ne suffiront pas à endiguer le flot incessant de kamikazes, dont certains seront pourvus d'armes de destruction massive. Ce sera une toile de Pénélope nécessitant des financements exorbitants, que les économies occidentales en crise ne pourront plus assumer.

Israël, laboratoire de l'Occident

Israël dispose de services de renseignement qui sont parmi les meilleurs du monde. Ils sont à même d'infiltrer les milieux arabes, grâce aux Israéliens originaires d'Afrique du Nord, bons connaisseurs des langues et des cultures arabo-musulmanes. Israël possède une grande expérience de la lutte antiterroriste, étant sur la brèche tous les jours depuis de nombreuses années. Et il ne parvient pas à endiguer la montée du terrorisme.

Les kamikazes, qui pourtant n'ont utilisé jusqu'à maintenant que des explosifs classiques, minent l'économie d'Israël et font fuir ses cerveaux. Le système kamikaze tient en échec la lutte antiterroriste israélienne.

Israël est le laboratoire de l'Occident en ce domaine. Ses échecs seront ceux de l'Occident.

Là où les services secrets israéliens échouent, comment leurs homologues américains réussiraient-ils ? Ils sont si WASP, si peu habiles à l'infiltration des milieux musulmans... Le 11 septembre a montré que la haute technologie, celle des satellites espions et des réseaux d'ordinateurs de la NSA (National Security Agency), les « grandes oreilles » de l'Amérique, ne suffit pas pour anticiper et désamorcer les tentatives d'attentats. Il est nécessaire de mettre en place du renseignement « humain », c'est-à-dire des agents allant sur le terrain pour infiltrer les terroristes : mission quasi impossible.

Chapitre II

Contre le terrorisme, le génocide nucléaire

L'Occident, géant de porcelaine menacé de destruction par le terrorisme d'État islamique, se verra dans l'obligation d'assurer sa survie par des frappes nucléaires anti-cités. Israël, que son territoire minuscule et enclavé en terre d'Islam rend très vulnérable, sera sans doute le premier pays occidental à passer à l'offensive nucléaire. L'Europe, ventre mou de l'Occident, sera plongée dans le chaos.

Riposte atomique israélienne

La superficie d'Israël est de 20325 kilomètres carrés. Qu'un kamikaze y fasse exploser une bombe chimique ou bactériologique, et ce mouchoir de poche deviendra invivable : il n'y a pas l'espace nécessaire à un repli.

Que décideront les dirigeants israéliens ? Continuer à faire de l'antiterrorisme « classique », en laissant Israël se déliter rapidement sous les coups du terrorisme d'État ? Lancer une offensive conventionnelle contre les États environnants qui encadrent les terroristes, pour les neutraliser ?

La guerre du Kippour en 1973 a laissé un mauvais souvenir aux Israéliens. L'Égypte et la Syrie (qui certes bénéficièrent de l'effet de surprise) furent sur le point de vaincre Tsahal. Sans l'intervention (clandestine) des avions américains de la VIe flotte, cette guerre aurait tourné à la catastrophe pour Israël. S'engager dans des opérations conventionnelles de grande envergure contre des États musulmans unis par la solidarité islamique serait hasardeux.

D'autant qu'Israël, qui compte 6 millions d'habitants seulement ayant un faible taux de natalité, ne peut pas s'autoriser d'importantes pertes. Tandis que ses ennemis, forts de leurs surabondants effectifs de jeunes, supporteront aisément des hécatombes dans leurs rangs. Un engagement conventionnel de grande envergure serait trop risqué pour l'État hébreu.

Israël ne se résignera pas à disparaître. Golda Meir avait prévenu : « *Il n'y aura pas de seconde Shoah* ». Sous-entendu : Israël défendra sa survie coûte que coûte, à coups de bombes atomiques s'il le faut.

Les leaders d'aujourd'hui, tels Sharon ou Netanhyau, sont aussi déterminés que Golda Meir.

Les dirigeants israéliens seront mis devant la nécessité de répondre à des actions terroristes avec armes de destruction massive, par des frappes atomiques d'anéantissement. Anéantissement des grandes villes, pour sidérer l'ennemi, le réduire à l'impuissance par destruction massive, extermination génocidaire. À l'instar de ce que firent les États-Unis, en lançant la bombe atomique sur Hiroshima et Nagasaki.

Pour Israël, ce sera cela, ou disparaître.

Israël sera sans doute le premier pays occidental placé devant la nécessité de procéder à des tirs atomiques pour survivre aux éreintements du terrorisme d'État intégriste islamique.

Les États-Unis, fer de lance de l'Occident

Les États-Unis emboîteront le pas d'Israël, déclenchant eux aussi des tirs atomiques de destruction totale. La foudre nucléaire embrasera le Proche-Orient, faisant des millions de victimes.

L'affrontement Occident-Islam sera alors total. Dans cette guerre, les États-Unis sont le fer de lance de l'Occident, dont Israël est un poste avancé qui joue sa survie face à des États voisins devenus intégristes islamiques et plus que jamais fanatiquement résolus à la guerre. L'Europe est directement exposée à la menace islamique par sa position géographique. Percluse de mauvaise conscience et de divisions institutionnelles paralysantes, elle ressemblera vite à un grand herbivore sans défense harcelé par une meute de loups affamés. Elle n'a pas le choix... L'affrontement lui est imposé par les intégristes islamistes : ils la désignent comme l'ennemi, elle aussi, contre son gré. Un ennemi de second rang pour l'instant, parce qu'ils se concentrent d'abord sur l'hyperpuissance américaine, « *le grand Satan* » et Israël « *le petit Satan* ». Ce dernier figure dans les priorités à cause de sa présence, jamais acceptée, dans le *Dar el-Islam*, la maison de l'islam.

Contrôler le Moyen-Orient

Dans cette guerre, les États-Unis poursuivront un objectif stratégique vital : la prise de contrôle du pétrole du Moyen-Orient, dont il est impossible de se passer. La demande mondiale de brut devrait passer de 77 millions de barils/jour en 2002 à 115 millions en 2020, estiment les experts. Cette prévision sera sans doute infirmée par les effets de la Troisième Guerre mondiale.

Quoiqu'il en soit, les besoins sont énormes. Et le Moyen-Orient joue un rôle clé pour les satisfaire. En effet, la production de cette région représente 43 % de la production mondiale. Elle devrait doubler d'ici à 2020 et représenter alors 51 % de la production mondiale. Les gisements d'autres régions, comme la Caspienne, ne sont pas du tout en mesure de remplacer ceux de l'Irak, de l'Arabie Saoudite, des Émirats arabes unis, du Koweït et de l'Iran.

Il sera hors de question, pour les États-Unis, de laisser ces immenses quantités d'or noir entre les mains des intégristes, qui détiendraient alors un moyen de chantage tout puissant sur l'Occident. Ils concentreront au maximum leur effort militaire sur cette région, comme le montre déjà l'attaque sur l'Irak.

L'Europe, ventre mou de l'Occident

L'Europe subira directement le contrecoup de cet affrontement proche-oriental. Elle a bradé ses budgets militaires depuis les débuts de la détente Est-Ouest, pensant qu'elle n'avait plus d'ennemis. Et elle trouvait bien commode de s'en remettre aux États-Unis pour assurer sa défense. Elle transférait vers le tonneau des Danaïdes que constituent ses budgets sociaux les fonds autrefois destinés à l'armée. Pour ce qui est de l'armement conventionnel, elle n'a plus grand-chose à mettre en ligne. Le 11 septembre a déclenché un léger sursaut dans certains pays, mais on est loin du compte : la France songe à lancer la construction d'un deuxième porte-avions, qui sera prêt dans dix ans...

Les dirigeants européens prétendent exercer un magistère moral sur les affaires du monde, alors qu'ils ont sacrifié les budgets militaires : inconséquence majeure, résultant d'une pensée angélique ou religieuse. « *Le Pape, combien de divisions ?* » demandait Staline avec un air sardonique. Le Pape n'en avait aucune. Mais dans les années quatre-vingts, il a fortement contribué à la chute de l'Union soviétique par une galvanisation religieuse de la très catholique Pologne. Combien l'Europe a-t-elle de divisions ? Très peu. Mais, contrairement au Pape, les dirigeants européens ne sont pas des chefs religieux, ils n'ont pas l'autorité spirituelle de ces derniers. Ils représentent un pouvoir laïc, désacralisé. Sans force militaire conséquente pour les appuyer, leurs avis ne sont pas écoutés.

L'Europe discute du sexe des anges, comme le faisait Byzance, avant qu'elle ne tombe aux mains des Turcs ottomans en 1453.

L'Europe cumule les handicaps : sur son territoire peuplé de vingt-six millions de musulmans (ou plus), passe la ligne de front Occident-Islam, matrice de guerres civiles à venir, qui seront attisés par la Troisième Guerre mondiale et la Grande Crise économique.

Cette dernière fera bondir les chiffres du chômage dans les populations d'origine immigrée vivant en Europe. Dans le même temps, les États seront obligés de diminuer l'aide sociale, parce que leurs recettes fiscales se réduiront comme peau de chagrin à cause de la contraction de l'activité économique. Il en résultera une forte dégradation des conditions de vie des jeunes des banlieues, qui augmentera leur réceptivité aux prêches des intégristes islamistes.

L'Europe est le champ-clos de l'affrontement de deux logiques : la logique égalitaire et assimilatrice de l'État-nation et la logique communautaire, qui refuse de disparaître dans le moule national homogénéisant.

La France a été le paradigme de l'État-nation. Depuis Philippe le Bel, ses rois l'ont patiemment construit pour unifier des régions culturellement très disparates. Après 1789, la France républicaine a poursuivi cet effort. Les Bretons, les Alsaciens-Lorrains, les Provençaux passèrent dans le grand moule assimilateur de l'État-nation français. Suivirent les immigrés polonais, italiens, arméniens, espagnols, portugais, etc. L'école républicaine a joué un rôle central dans ce processus. Mais la machine à assimiler butta sur l'immigration d'origine arabo-musulmane et africaine. L'assimilation n'a plus fonctionné, les taux d'échec scolaire sont devenus faramineux, et la violence n'a cessé d'augmenter.

Les immigrés appartenant à la civilisation judéo-chrétienne acceptent l'assimilation, qui leur est facile : ils partagent d'emblée avec le pays d'accueil un fonds commun de valeurs. Tandis que les immigrés appartenant à d'autres civilisations préfèrent conserver leurs valeurs communautaires, très différentes de celles des Français, plutôt que de les abdiquer. Le cas des Asiatiques est particulier. Ils s'intègrent à la vie française : ils excellent à l'école, au bureau et dans l'entreprise, et ils ne provoquent pas de violences. Mais ils ne s'assimilent pas, et entretiennent une intense vie communautaire.

En Grande-Bretagne, la communauté musulmane pakistanaise ne s'assimile pas elle non plus, tout en manifestant des velléités autonomistes, voire hégémoniques, à forte connotation islamiste. Elle cultive son autonomie communautaire, du berceau à la tombe. Le Bénélux, l'Allemagne, l'Italie, l'Espagne connaissent des problèmes similaires.

L'Europe se communautarise aux dépens de l'État-nation égalitaire, très affaibli. Cela donne des dialogues de sourds entre responsables politiques et communautés. Ceux-là parlent des exigences de la citoyenneté, celles-ci leur répondent en mettant en avant leurs particularismes culturels, dont elle ne veulent rien retrancher. Les deux logiques ne se rencontrent pas.

L'ex-Premier ministre Lionel Jospin, dont la probité intellectuelle est indiscutable, s'étonnait que la diminution du chômage enregistrée lors des années de reprise économique 1999-2000 se fût accompagnée d'une augmentation des chiffres de la délinquance. Il avouait avoir pensé « *naïvement* » qu'un recul du chômage entraînait nécessairement un recul de la délinquance. Effectivement, ce parallélisme existe quand l'assimilation fonctionne bien, pas lorsqu'elle est enrayée.

L'assimilation s'enraye là où il y a choc des civilisations. Et notamment choc avec l'islam.

En temps de paix, ce phénomène engendre de la délinquance à dose croissante. Dans le contexte de la Troisième Guerre mondiale, il débouchera sur la guerre intercommunautaire, qui enflammera presque toute l'Europe.

Ces conflits ressembleront, par leur extrême violence, à ceux du Liban des années 1975-1990, ou bien à ceux des Balkans des années quatre-vingt-dix. Les régions européennes à majorité musulmane combattront pour leur indépendance. Prenant fait et cause pour les frères de la communauté musulmane (*Oumma*) qui seront en guerre avec l'Occident, elles serviront de base à des opérations terroristes et à des raids dans le *Dar el-Harb*, le territoire de la guerre où sont les infidèles.

La France et l'Angleterre utiliseront leurs armes nucléaires

La Grande-Bretagne et la France possèdent des armements nucléaires sophistiqués : eux seuls donnent un poids militaire à l'Europe. Mais l'Europe n'existe pas, politiquement. La décision d'employer ces armes appartiendra aux gouvernements anglais et français, qui seront en quelque sorte garants du destin de l'Europe tout entière. Que décideront-ils ?

Les États islamiques attaqueront l'Europe. Leurs arsenaux leur en donneront les moyens. Ils ont été fournis par l'ex-URSS, la Chine et les pays occidentaux producteurs d'armements, notamment les États-Unis, la Grande-Bretagne, l'Allemagne, l'Italie, le France. Tous ces pays se sont livrés pendant plusieurs décennies à une compétition acharnée pour fournir l'Arabie Saoudite, les Émirats arabes unis, le Koweït, le Pakistan, l'Iran, la Syrie, la Libye et d'autres pays arabo-musulmans, en chasseurs bombardiers et hélicoptères dernier cri, en frégates lance-missiles ultramodernes, en sous-marins d'attaque performants. Les intégristes auront tout cela à leur disposition. Et ils seront approvisionnés en bombes atomiques et en fusées à courte et moyenne portée par le Pakistan, sitôt celui-ci contrôlé par leurs homologues du cru. La Chine et la Corée du Nord compléteront ces assortiments, dans le cadre de l'axe islamo-asiatique. Certes, ils auront des problèmes de maintenance du matériel. Qu'ils résoudront en cumulant la cannibalisation, l'emploi d'ingénieurs et techniciens occidentaux et russes attirés par de copieuses rémunérations, et par les compétences locales, de plus en plus nombreuses. Des pays comme le Pakistan et l'Iran en sont bien pourvus.

L'Europe est une proie appétissante. C'est un géant économique, un vaste marché unifié, mais sans défense. Elle n'a pas de direction politique au sens plein du terme. Les organes collégiaux qui la « dirigent » sont, par leur collégialité même, inaptes à prendre les décisions rapides qu'exigent les temps de crise. Comme ils furent inaptes à prévoir la montée des périls et à mettre en place des programmes de long terme, tels que la mise sur pied d'une force militaire proportionnée au poids démographique et économique de l'Europe.

Elle sera directement exposée à la menace intégriste islamique par sa position géographique. Son secteur sud sera frappé par des attaques conventionnelles, via Gibraltar, la Péninsule italienne et les Balkans. Et par des missiles à charges bactériologique, chimique ou nucléaire, tirés à partir du Maghreb et des Balkans. Les intégristes islamistes ne laisseront passer aucune occasion de « faire des cartons » sur l'Italie, le sud de l'Allemagne et de la France, et l'Espagne. Ils chercheront à anéantir Rome, ville à forte charge symbolique puisqu'elle abrite le Vatican (les intégristes font grand cas de la valeur symbolique des cibles). L'Europe essuiera des revers terribles avec leur cortège de massacres et de destructions.

La Grande-Bretagne et la France seront mises au pied du mur : leur faudra-t-il imiter Israël en procédant à des ripostes nucléaires ? La Grande-Bretagne, qui vole en formation avec les États-Unis, se décidera assez vite pour cette stratégie. La France pourrait hésiter plus longtemps, pour finalement s'y résoudre elle aussi, sous la violence des attaques musulmanes.

L'ENRÔLEMENT DES MAFIAS DANS LA GUERRE

Les mafias figurent parmi les acteurs de premier plan dans le monde moderne, où leurs activités sont favorisées par la mondialisation. Elles sont des forces avec lesquelles il faut compter. Déjà, lors de la Deuxième Guerre mondiale, le gouvernement américain a fait appel à la Mafia pour aider les troupes anglo-américaines à conquérir la Sicile, à l'été 1943.

Cosa nostra représente une force considérable qui se mettra d'emblée à la disposition du camp occidental dans cette Troisième Guerre mondiale.

Il n'en ira pas de même des mafias albanaise ou turque, qui choisiront le camp islamiste. La mafia tchéchène, active en Russie, est proche des milieux islamistes du Caucase.

Les yakusa japonais seront les alliés de l'Occident, les triades chinoises joueront la partie aux côtes de la Chine.

L'EFFET DOMINO DU CONFLIT OCCIDENT-ISLAM SUR LE RESTE DU MONDE

Chapitre I

L'échiquier de la Troisième Guerre mondiale

La guerre Occident-Islam enflammera le reste du monde. L'Asie entrera en guerre : l'Inde attaquera le Pakistan devenu intégriste islamiste. La Chine et l'Iran, alliés du Pakistan, viendront à son secours. Le Japon attaquera la Chine.

CONFLIT NUCLÉAIRE INDO-PAKISTANAIS

Le gouvernement de Pervez Musharraf disparaîtra dans le grand charivari intégriste. L'Inde ne supportera pas l'existence du nouveau gouvernement pakistanais, islamiste pur et dur avide de djihad, se délectant de la puissance que lui procurera l'arsenal nucléaire du « pays des purs ».

Les États-Unis seront très inquiets eux aussi, à cause de la dissémination des bombes atomiques que ne manqueront pas d'organiser les intégristes au profit des États musulmans en guerre avec l'Occident. Cette fois-ci, les Américains pousseront les Indiens à la guerre. Ceux-ci ne se feront pas prier pour lancer une attaque nucléaire destinée à anéantir le Pakistan avant qu'il ne les frappe. Ainsi, le conflit Occident-Islam s'étendra à l'Asie.

Les victimes du conflit indo-pakistanais se compteront par dizaines de millions. Ce sera masse contre masse. Le Pakistan, avec ses 145 millions d'habitants face à une Inde qui en compte un milliard, sera exsangue.

La Chine et l'Iran contre l'Inde

La Chine et l'Iran viendront en aide à leur allié pakistanais, montant ainsi en ligne aux côtés de l'Islam. La Chine, l'Iran et le Pakistan forment depuis plus d'une dizaine d'années une alliance triangulaire qui est l'un des maillons importants de l'axe islamo-asiatique. La Chine aide ces deux pays islamiques à mettre sur pied une industrie d'armement. Elle effectue des transferts de technologie à leur profit.

La Chine et l'Inde sont les deux grandes puissances rivales du Continent asiatique. Leur affrontement est inévitable.

La Chine inféodera les États d'Asie du Sud-Est. Les Chinois ne prisent guère les conceptions multipolaires en matière de sécurité. Jusqu'à l'arrivée des puissances occidentales en Extrême-Orient, les relations internationales y étaient centrées sur la Chine, selon différents types de subordination, d'autonomie ou de coopération.

La Corée du Nord se soumettra à la Chine. Corée et Chine ont des dénominateurs culturels communs. La Corée s'est souvent rangée aux côtés de la Chine par le passé.

La Malaisie, où la diaspora chinoise est très implantée, a une politique teintée d'antioccidentalisme. Elle s'est beaucoup rapprochée de la Chine ces derniers temps.

La Thaïlande, effrayée par la menace potentielle que représente le Viêt-nam, est prête à faire allégeance à la Chine.

L'Indonésie et le Viêt-nam ont des vues sur les îles Spratly, situées dans la mer de Chine méridionale, qui regorgent de pétrole. La Chine, bien sûr, entend faire main basse sur ces îles, dont les réserves pétrolières lui seront vitales lorsque les approvisionnements pétroliers issus du Moyen-Orient auront été interrompus par les péripéties de la Troisième Guerre mondiale.

Les navires chinois et vietnamiens s'y sont souvent affrontés dans les années soixante-dix et quatre-vingts. En 1979, le Viêt-nam a livré une courte guerre contre la Chine. Bien que le Viêt-nam soit de culture confucéenne comme la Chine, les relations entre les deux pays sont conflictuelles. Cependant, le Viêt-nam redoute un nouvel affrontement avec la Chine. Il préférera se ranger à ses côtes. Dans l'ensemble, les pays d'Asie du Sud-Est sont dans le même état d'esprit vis-à-vis de la Chine. Celle-ci, à la faveur de la Troisième Guerre mondiale, a vocation à étendre son influence sur l'Asie du Sud-Est.

La Chine trouvera un modus vivendi avec son allié, l'Islam, au sujet du Xinjiang, sa province de l'Ouest où habitent 7 millions de musulmans irrédentistes.

LE JAPON CONTRE LA CHINE

La Chine, en prenant le contrôle des îles Spratly dans le sud de la Mer de Chine, et des détroits qui sont une artère vitale pour le Japon, inquiétera celui-ci.

Le Japon dont le budget militaire est le deuxième du monde, ne tardera pas à entrer en guerre contre la Chine. Celle-ci dispose d'un arsenal nucléaire, et son alliée la Corée du Nord aussi. Mais le Japon sera adossé à celui des États-Unis. Ceux-ci seront obligés d'intervenir en faveur de leur allié japonais en procédant à des tirs nucléaires sur la Chine, que son urbanisation accélérée de la dernière décennie a rendu plus vulnérable.

LA RUSSIE RESTERA-T-ELLE DANS LE CAMP OCCIDENTAL ?

Que fera la Russie ? Se maintiendra-t-elle aux côtés de l'Occident contre le bloc islamo-asiatique, ou bien cédera-t-elle aux penchants anti-occidentaux d'un panslavisme renaissant ?

La Russie semble solidement arrimée au camp occidental, depuis que les Américains ont cessé de l'en exclure. Une Sainte Alliance anti-islamique a été instituée entre les États-Unis et la Russie, qui a les mains libres en Tchétchénie.

Les islamistes veulent « *reconquérir* » la Russie, qui fut musulmane au temps des mongols de la Horde d'Or. L'antagonisme entre mondes orthodoxe et musulman est net.

Mais à la faveur de la crise économique, le courant anti-occidental et panslaviste pourrait connaître une ascension rapide. Il n'est pas impossible que ce courant fasse passer son occidentalophobie avant le reste. Et qu'il cherche des accommodements avec l'Islam.

En ce cas, la Russie se donnerait à un Bonaparte russe jouant l'alliance avec l'Islam (qui mettrait un terme aux actions déstabilisatrices qu'il mène contre elle) pour mettre à sac l'opulente et vieille Europe.

Le choix que fera l'ours russe sera décisif pour le destin européen. Et le sien : s'il se dresse contre l'Occident, il lui causera un grand préjudice, mais cet affrontement l'éreintera. Il ne pourra empêcher la Chine surpeuplée de déferler sur l'Eurasie.

Chapitre II

Les gagnants et les perdants

Comme les deux premières, cette Troisième Guerre mondiale modifiera profondément la scène internationale. Les perdants seront l'Islam, l'Europe et la Russie. Les gagnants, les États-Unis et la Chine.

LES GAGNANTS : ÉTAT-UNIS ET CHINE

L'Amérique, État phare de l'Occident, verra son rôle confirmé par la Troisième Guerre mondiale. Dans un monde où tout sera à reconstruire, elle connaîtra alors un essor économique et politique prodigieux, qui la portera vers de nouveaux sommets.

Elle sera la locomotive d'un capitalisme rénové, épuré de ses excès passés. Les politiques de taux d'intérêt observeront les règles de prudence permettant d'éviter de nouvelles catastrophes économiques. Les effets sur l'environnement naturel seront soigneusement pris en compte.

La Chine aura elle aussi tiré son épingle du jeu, après avoir habilement instrumenté un Islam qui lui aura servi de masse de manœuvre dans le conflit planétaire. Elle aura certes, subi elle aussi des destructions importantes, mais elle ne sera plus en état de surpopulation, et elle aura établi une hégémonie sur l'Asie du Sud-Est, et peut-être la Russie et l'Europe.

LES PERDANTS : L'EUROPE, LA RUSSIE, L'ISLAM

L'Europe sortira-t-elle de la Troisième Guerre mondiale en ayant réalisé son unité politique, sous l'impact des événements ?

L'unification politique des grands ensembles s'est toujours effectuée dans la tragédie guerrière. L'unité américaine s'est faite au prix de la Guerre de Sécession, longue (quatre ans) et meurtrière. L'unité allemande est passée par l'affrontement avec l'Autriche et la guerre de 1870 avec la France. L'unité italienne se fit, elle aussi, dans le fracas des armes.

Autre hypothèse : l'Europe inféodée à la tutelle chinoise.

Dans tous les cas, elle aura payé un très lourd tribut à cette Troisième Guerre mondiale, qui se sera en bonne partie déroulée sur son sol.

Les pays pauvres sortiront de ce cataclysme presque entièrement dépeuplés, et frappés de plein fouet par ses retombées politiques, économiques et militaires. Notamment, les pays islamiques.

Conclusion

La Troisième Guerre mondiale est une revanche de la nature sur l'homme. Elle consacre le retour du Droit naturel, tel que le concevaient les Gréco-Latins : l'homme fait partie de la nature, il est dans la nature. Et il en subit les lois. À partir du XVIIIe siècle, la pensée occidentale a mis l'accent sur un volontarisme extrayant l'homme de la nature et lui assignant la mission de s'en rendre maître.

La Troisième Guerre mondiale entraînera la défaite de ce volontarisme.

Les forces de l'inconscient, précipitant les masses les unes contre les autres, auront organisé des hécatombes d'une ampleur sans précédent. Les problèmes de surpopulation qui, en bien des endroits, interdisaient tout essor économique et occasionnaient des dégâts écologiques importants, seront résolus : l'humanité aura perdu la moitié de ses effectifs, sinon les deux tiers.

Tout se sera passé comme pour une population de rats concentrée en surnombre dans une cage : l'agressivité devient paroxystique et les animaux s'entre-tuent. Le nombre des survivants diminue rapidement, ramenant la population ratière à un étiage en harmonie avec les ressources de l'habitat.

L'humanité, à l'évidence en surnombre sur la planète, aura connu le même phénomène d'ivresse guerrière régulatrice.

Table des matières

DEUXIÈME PARTIE

LE KRACH MONDIAL
ET LA GRANDE CRISE ÉCONOMIQUE

TROISIÈME PARTIE

L'IRRÉSISTIBLE ASCENSION DE L'INTÉGRISME ISLAMIQUE DANS LES PAYS ARABO-MUSULMANS

QUATRIÈME PARTIE

LE CONFLIT INTER-ÉTATIQUE OCCIDENT-ISLAM

CINQUIÈME PARTIE

L'EFFET DOMINO SUR LE RESTE DU MONDE

CET OUVRAGE
A ÉTÉ ACHEVÉ D'IMPRIMER
SUR ROTO-PAGE
PAR L'IMPRIMERIE FLOCH
À MAYENNE EN FÉVRIER 2003

N° d'éd. 158. N° d'impr. 56353.
D.L. : février 2003.
(Imprimé en France)